Jan Becker
Wow

Jan Becker mit Christiane Stella Bongertz

Die Magie des Staunens

Mit 15 Schwarz-Weiß-Abbildungen

PIPER

Mehr über unsere Autorinnen, Autoren und Bücher:
www.piper.de

Von Jan Becker liegen im Piper Verlag vor:
Ich kenne dein Geheimnis
Du wirst tun, was ich will
Das Geheimnis der Intuition
Du kannst schaffen, was du willst
Nichtraucher in 120 Minuten
Du kannst schlank sein, wenn du willst
Entspannt schaffst du alles!
Du kannst Wunder vollbringen
Mit Mental-Power zum Wohlfühlgewicht

ISBN 978-3-492-06061-5

Illustrationen: Sven Binner
Satz: Eberl & Koesel Studio, Kempten
Gesetzt aus der Whitman
Litho: Lorenz & Zeller, Inning am Ammersee
Druck und Bindung: CPI books GmbH
Printed in the EU

INHALT

TEIL II
ENTDECKEN

VORWORT

VON EINEM, DER AUSZOG, DAS STAUNEN ZU FINDEN – UND ES WEITERZUGEBEN

Staunen ist das große Thema meines Lebens.

Ich liebe es, zu staunen. Und ich liebe es, Menschen zum Staunen zu bringen. Zunächst galt diese Liebe vor allem der Begeisterung, die ich als Wundermacher auslösen konnte. Als Gedankenleser. Als Hypnotiseur. Manchmal auch als Zauberkünstler. Das Lachen, die Leichtigkeit, das Leuchten in den Augen meines Publikums steckten mich selbst an und faszinierten mich.

Wow!, dachte ich dann jedes Mal.

Bald entdeckte ich, dass die staunende Euphorie für alle im Publikum gleich war, egal welcher Herkunft, welcher Hautfarbe, welchen Geschlechts, welchen Alters die Leute waren und welche gesellschaftliche »Stellung« sie hatten. Im Staunen waren alle gleich, verbunden und einander zugewandt.

Wow!, dachte ich wieder.

Als ich dann begann, mit meinen Fähigkeiten Menschen darin zu unterstützen, im Leben neue Perspektiven zu finden, mehr Sinn und mehr Freude, und dabei belastende Gewohnheiten hinter sich zu lassen, merkte ich, dass Staunen zu noch viel mehr in der Lage ist. Es schafft Aha-Erlebnisse. Macht Mut. Lässt Dinge leicht erscheinen, die vorher unüberwindbare Hindernisse zu sein schienen.

Erneut empfand ich ein großes Wow!

Vor Kurzem fand ich heraus, dass das Staunen in den vergangenen Jahren in den Mittelpunkt der Forschung gerückt ist. Dabei wird immer klarer, welche unglaublichen transformierenden Kräfte diese lange vernachlässigte Emotion hat. Sie vertreibt Einsamkeit und Depression. Lässt Entzündungen und Stress schrumpfen. Macht friedlicher, freundlicher und hilfsbereiter. Toleranter. Kreativer. Glücklicher. Staunen weckt in uns den Wunsch, zu schützen, worüber wir staunen. Die Natur mit ihrem Reichtum an Tieren, Pflanzen und Lebensräumen. Unser friedliches Miteinander, in dessen Schutz wir zusammen so viel Gutes bewirken können.

Und wieder war mein Gedanke: Wow!

Je tiefer ich mich ins Thema einarbeitete, umso wundervoller wurde es. Ich stellte plötzlich fest, dass Staunen uns nicht nur miteinander verbindet, sondern auch einen Kanal zum großen Ganzen öffnet, dem Mysterium allen Seins. Beim Staunen geschehen Dinge in uns und mit uns, die sonst nur passieren, wenn Magie im Spiel ist. Oder Göttliches. Höhere Mächte.

Wie du es auch nennen magst.

All das hat mich so zum Staunen gebracht, dass mir plötzlich klar wurde: Ich muss ein Buch über die Magie des Staunens schreiben. Denn ich weiß seit meiner Kindheit, wie ich andere zum Staunen bringen kann und wo überall sich dieses wundervolle Gefühl versteckt. Ich beherrsche sozusagen das Staun-Handwerk, ich habe es von der Pike auf gelernt, in allen Facetten.

Ich will dir zeigen, wie Staunen dein Leben magisch verwandeln kann. Wo du es findest. Und wie. Und wie du dann den Zauber weitergeben kannst. An deine Familie. An Freundinnen und Freunde. An alle Menschen, die dir begegnen. Denn: Unsere Welt ist polarisierter und geteilter denn je. Wir brauchen etwas, das uns einander wieder näherbringt.

Staunen kann das, davon bin ich überzeugt.

Doch bevor wir zusammen in das Abenteuer des Staunens aufbrechen, möchte ich dir noch ein wunderbares Gedicht ans Herz legen. Es stammt von der Künstlerin Susan Ariel Rainbow Kennedy – kurz: SARK.[1] Ich bin darüber gestolpert, während ich an diesem Buch gearbeitet habe. Mir war sofort klar, dass es mit diesem Gedicht beginnen muss, denn es schwingt dich verspielt und zauberhaft aufs Thema ein:

Leitfaden zum Künstlersein

Lass dich fallen.
Lerne, Schnecken zu beobachten.
Pflanze unmögliche Gärten.
Lade jemand Gefährlichen zum Tee ein.
Fertige kleine Zeichen, die »Ja« sagen,
und verteile sie überall in deinem Haus.

Werde ein Freund von Freiheit und Unsicherheit.
Freue dich auf Träume.
Weine bei Kinofilmen,
schaukle, so hoch du kannst, mit einer Schaukel bei Mondlicht.

Pflege verschiedene Stimmungen,
verweigere dich, »verantwortlich zu sein« – tu es aus Liebe!
Mache eine Menge Nickerchen.
Gib Geld weiter. Tu es jetzt. Das Geld wird folgen.
Glaube an Zauberei, lache eine Menge.
Bade im Mondschein.

Träume wilde, fantasievolle Träume.
Zeichne auf die Wände.
Lies jeden Tag.
Stell dir vor, du könntest zaubern.
Kichere mit Kindern. Höre alten Leuten zu.
Öffne dich. Tauche ein. Sei frei. Schätze dich selbst.

Lass die Angst fallen, spiele mit allem.
Unterhalte das Kind in dir. Du bist unschuldig.

Baue eine Burg aus Decken. Werde nass. Umarme Bäume. Schreibe Liebesbriefe.

In diesem Sinne wünsche ich dir viel Vergnügen auf deiner Reise ins Staunen!

Dein Jan Becker

WICHTIG! Dieses Buch ist interaktiv. Du findest darin Experimente, Übungen, Meditationen und Selbsthypnosen. Bei vielen der Übungen und Experimente spielen handschriftliche Notizen oder auch kleine Skizzen eine wichtige Rolle. Darum lege ich dir auch ans Herz, dir ein **JOURNAL** zu besorgen. Eine schöne Kladde, die du gerne anschaust und anfasst. Außerdem ein Schreibwerkzeug, das dir gut in der Hand liegt und angenehm über das Papier gleitet. Das sage ich nicht nur, weil ich ein bisschen altmodisch bin, mir persönlich Notizbücher gefallen und ich gerne mit der Hand schreibe, sondern weil auf diese Weise Geschriebenes nachweislich besser in Erinnerung bleibt. Dein Journal wird so zugleich ein Tagebuch des Staunens sein als auch ein Wegbereiter für immer mehr Wow-Erlebnisse. Probiere es aus – und, ja, staune.

TEIL I
STAUNEN

1

DAS WUNDER EINES WOW-MOMENTS – UND WARUM STAUNEN UNSER LEBEN VERZAUBERN KANN

»Wer staunt, hat den wichtigsten Schritt schon getan: Er wird in Zukunft anders denken, fühlen und handeln: wird selbst Wunder und Zeichen sein in unserer entzauberten, entgeisterten Welt.«[2]
Peter Schellenbaum, Psychoanalytiker

In welchen Momenten hast du das in deinem Leben gedacht? Und vor allem auch: gespürt? Ich meine diese überwältigende Emotion, die uns kurz den Atem stocken, unsere Kinnlade herunterklappen und unsere Augen kugelrund werden lässt. Die manchmal ganz leise daherkommt, als stilles Staunen, als tiefe Bewunderung, als Ehrfurcht oder Glück des Moments. Die auch schon mal echte Gänsehaut verursacht und bei der uns sogar zuweilen Tränen in die Augen steigen, ohne dass wir uns das richtig erklären können. Diese Emotion, die uns spüren lässt, gerade bei etwas Besonderem dabei zu sein. Die uns vermittelt, mit jeder Faser von Körper und Geist lebendig und mit etwas verbunden zu sein, das größer ist als wir selbst. Vielleicht sogar mit etwas so Großem, dass nichts Geringeres als der Sinn von allem, was ist, hindurchscheint.

Im Englischen wird dieses Gefühl unter anderem mit dem lautmalerischen Begriff »Awe« bezeichnet, der schon selbst klingt wie das raunende »Oh!« oder »Ah!«, das uns oft spontan entfährt, wenn uns etwas zum Staunen bringt. Die offizielle deutsche Übersetzung von »Awe« lautet »Ehrfurcht«, und auch wenn eine gute Portion Ehrfurcht in so einem Wow-Gefühl drin ist, klingt mir »Ehrfurcht« mit der »Furcht« darin viel zu negativ. Ich sage lieber »tiefes Staunen«, denn meiner Erfahrung nach liegt einem Wow-Gefühl eine besondere Art des Staunens zugrunde, die in der Lage ist, unser gesamtes Leben positiv zu transformieren.

Das sage nicht nur ich. Auch die Forschung hat das in den vergangenen Jahren erkannt, sie bescheinigt dem »Awe«-Gefühl eine Vielzahl von positiven Effekten. Dazu gehören mehr Ausgeglichenheit, Selbstakzeptanz und Erfüllung. Gesteigerte Kreativität, besseres Denkvermögen, geschärfte Erinnerung und gestärkte Resilienz. Tiefere Verbundenheit mit der Natur und anderen Menschen und dadurch mehr Hilfsbereitschaft und Einfühlungsvermögen, aber weniger Gefühle von Einsamkeit und Depression. So ein Wow-Gefühl hat zudem körperlich messbare Effekte wie eine tiefgreifende Stressreduktion und die Verringerung von Entzündungen. Das Wow-Gefühl kann dir sogar helfen, magische Rituale erfolgreich umzusetzen und so deine Wünsche wahr werden zu lassen. Zu alledem wirst du später noch mehr erfahren.

Doch der Reihe nach!

Denk jetzt bitte noch mal kurz an den gerade erwähnten Ausruf »Oh!«. Wenn wir diesen Ausruf mit etwas anderem verbinden – wie »O Tannenbaum« oder »O schau!«, wird er im Deutschen ohne »h« geschrieben. »O«, der Laut des Erstaunens, ist damit das kürzeste Wort der deutschen Sprache. Ich finde das faszinierend, denn ein O ist ein Kreis und damit ein ganz besonderer Buchstabe. Er repräsentiert das Unendliche, den Kreislauf des Lebens, und zugleich ist er der perfekte Fokuspunkt, in dem du deine Aufmerksamkeit bündeln kannst. Und dafür nutzen wir das O jetzt auch gleich einmal:

DAS GROSSE O

Ich möchte dich jetzt bitten, dein Journal[3] zur Hand zu nehmen und auf eine Seite ein großes O zu zeichnen. So groß, dass darin Platz ist für Notizen, also gern über die gesamte Seite.

Nun lege das Journal zur Seite.

Setze dich bequem auf einen Stuhl, mit geradem Rücken und den Füßen fest auf dem Boden. Lege deine Hände locker auf die Oberschenkel, mit den Handflächen nach oben, empfangsbereit.

Stelle dir nun ein O an der gegenüberliegenden Wand vor. Fokussiere dich auf dieses O. Nur auf das O. Durch die Öffnung werden dir in Kürze Erinnerungen an die Wow-Momente deines Lebens zuströmen.

Während du dich weiter auf das O konzentrierst, atme tief in den Bauch ein, sodass deine Bauchdecke sich hebt und wieder senkt, wenn du ausatmest.

Sobald du merkst, dass die Wogen deiner Gedanken sich glätten, schließe die Augen. Das O ist immer noch im Zentrum deiner Aufmerksamkeit.

Nun beginnen dir durch das O die Wow-Momente deines Lebens zuzufließen. Große und kleine. Lange zurückliegende und solche, die sich erst kürzlich ereignet haben.

Öffne wieder die Augen.

Nun schreibe bitte alle Wow-Momente (oder O-Momente), an die du dich erinnern kannst, in dein großes O hinein. Auf die nächste Seite male bitte ein weiteres O – in das kommen die Wow-Momente, die du ab diesem Moment erlebst.

Falls dir in der Übung nur wenige oder gar keine Wow-Momente eingefallen sind: keine Sorge. Vielleicht ist deinem Unterbewusstsein noch nicht so ganz klar, was genau als Wow-Moment gelten könnte. Das wird dir bei der Lektüre dieses Buches immer klarer werden. Ich fange einmal damit an, dir zu erzählen, wie ich mit diesem ganz besonderen Gefühl und seiner transformierenden Kraft Bekanntschaft gemacht habe.

EIN ZAUBER, DER DIE WELT ANHALTEN UND SOFORT VERÄNDERN KANN

Eine der ersten Gelegenheiten, bei denen ich das Wow-Gefühl bewusst erlebt habe, war ein Familienfest. Ich war damals sieben Jahre alt.

Die Stimmung war gedrückt, denn erst vor Kurzem war ein Verwandter gestorben, ein anderer hatte seinen Job verloren. Ich selbst war allerdings einigermaßen aufgeregt, denn ich hatte die letzten Tage und Wochen damit verbracht, mein erstes großes Zauberkunststück einzustudieren. Heute war der Tag, an dem ich es erstmals vorführen wollte: das Becherspiel, das Historikern zufolge älteste Zauberkunststück der Welt. Das Becherspiel gibt es in etlichen Varianten, und du hast es sicher auch schon mal gesehen. Dabei geht es im Wesentlichen darum, kleine Bälle auf magische Weise unter Bechern erscheinen und wieder verschwinden zu lassen. Meine Bälle waren Wattebällchen, die meine Mutter zum Abschminken verwendete, als Becher dienten mir ausgespülte Joghurtbecher, und mein Zaubertisch war ein Schneidebrett aus der Küche, das ich als Brücke zwischen zwei Stühle gelegt hatte.

Als ich meine kleine Show ankündigte, verstummten die Gespräche. Meine Verwandten kamen näher, und alle Blicke richteten sich erwartungsvoll zunächst auf mich – und dann auf meine Hände und das schnelle Hin und Her und Auf und Ab der Becher. Es herrschte gespanntes Schweigen, nur manchmal, wenn wieder ein Bällchen verschwunden oder an unerwarteter Stelle aufgetaucht war, war ein leises »Oh!«, ein ungläubiges »Nein!« oder »Wie ging das denn?« zu hören. Nach jedem Weg- und Herbeizaubern klatschte mein Publikum, doch dann ging mein Kunststück auch schon rasant weiter, das hatte ich trainiert. Wie ein richtiger Zauberer ließ ich meinen Zuschauern keine Zeit zum Nachgrübeln. Den wirklichen Clou hatte ich mir fürs Ende aufgespart: Zum krönenden Abschluss zauberte ich statt der Wattebällchen drei Zitronen unter den Joghurtbechern hervor! Meine Verwandten sperrten die Augen und Münder auf, ich hörte ein kollektives »Woah!«, und dann brach ein riesiger Applaus und Jubel los.

Nun war es an mir, eine Gänsehaut zu bekommen.

Ich hatte mich getraut. Meine Komfortzone verlassen, etwas Neues gewagt, mein Lampenfieber überwunden und vor – für meine damaligen Begriffe als Kind – großem Auditorium gespielt. Mein Kunststück war geglückt, jeder Handgriff hatte gesessen. Die Zeit hatte stillgestanden, so war es mir jedenfalls vorgekommen. Ich hatte meine Verwandten in einem Moment des Innehaltens in eine andere Welt entführt, und nun staunte ich über den Effekt, den das gehabt hatte. Ich staunte über ihre Begeisterung, die allein ich ausgelöst hatte. Ein überwältigendes Gefühl durchströmte mich, und ich wusste, dass gerade etwas Großes passiert war. Etwas, das mein ganzes Leben prägen würde. Nach diesem Auftritt war ich ein anderer Jan als der, der sich vor ein paar Minuten hinter den Zaubertisch gestellt hatte.

Und das zu spüren, war ein echter Wow-Moment!

Doch nicht nur ich hatte einen solchen Moment. Das traf auf alle meine Zuschauer zu. Ich hatte sie verblüfft, sie unerwartet zum Staunen gebracht und damit ihre Welt ebenfalls angehalten. Und nicht nur angehalten, ich hatte diese Welt ohne Zweifel verändert: Das, was sie zuvor bedrückt und beschäftigt hatte, war mit einem Mal aus ihren Gedanken verschwunden. An die Stelle des Kummers war etwas Neues getreten, was dafür gesorgt hatte, dass das Bedrückende auch nach dem Zauberkunststück erst einmal nicht oder nur in abgemilderter, hoffnungsvollerer Form zurückkehrte. Darum war nach meinem Trick die Stimmung bei uns eine völlig andere als zuvor. Meine Tanten, Onkel, Cousinen und Cousins, meine Eltern und alle anderen Anwesenden wirkten plötzlich ganz gelöst. Es wurde gelacht, die Gespräche plätscherten leicht dahin. Die Themen kreisten zunächst um meine Aufführung und dann um Leichtes und Optimistisches wie den nächsten Urlaub, leckere Rezepte oder lustige Anekdoten.

Während das Becherspiel ein Trick gewesen war, hatte hier eine tatsächliche Verwandlung stattgefunden.

Echte Magie!

Sie lag nicht in dem, was ich aufgeführt hatte, sondern darin, was dadurch mit den Zuschauern – und mir – geschehen war. Mein Trick war dabei »nur« der Auslöser.

Natürlich dachte ich mit meinen sieben Jahren darüber nicht so analytisch nach, aber ich spürte sehr wohl die wundersame Veränderung, die noch lange nach meiner Vorstellung anhielt. Und das bescherte mir gleich einen weiteren Wow-Moment.

WER ANDERE ZUM STAUNEN BRINGT, BLEIBT FÜR IMMER IN ERINNERUNG

Mitte der Neunzigerjahre brachte dann ein Zaubertrick mich selbst zum tiefen Staunen. Ich war in Dresden, um mir mit ein paar Freunden die Weltmeisterschaften der Zauberkünstler anzusehen. Natürlich wurden dort jede Menge großartige Tricks und Illusionen zum Besten gegeben, aber ein wirkliches Awe-Gefühl, das bis heute in mir nachhallt, hat mir nur ein einziger Trick beschert – und der war nicht Teil des offiziellen Programms.

Es war nach den Shows, und wir waren abends unterwegs, um in einem Restaurant zu Abend zu essen. Mit dabei war ein Amerikaner, den wir auf der Veranstaltung kennengelernt hatten. Da ich heute keinen Kontakt mehr zu ihm habe und ihn nicht fragen kann, ob er mit einer Nennung hier einverstanden ist, ändere ich hier seinen Namen und nenne ihn Bob. Kurz bevor wir im Restaurant ankamen, blieb Bob stehen und erklärte, er könne leider nicht mitkommen. Er hatte uns zuvor erzählt, dass er in den USA ein Zaubercafé führte, in dem er auch selbst auftrat. Nun sagte er, das Café stecke leider in finanziellen Schwierigkeiten. Darum müsse er sparen, ein Abendessen sei heute leider nicht drin.

Zum Abschied öffnete er seinen Geldbeutel. Ich konnte sehen, dass etwas darin lag, was aussah wie ein zusammengefalteter Zeitungsausschnitt. Mehr konnte ich allerdings nicht erkennen. Bob forderte mich auf, ihm spontan den Namen eines beliebigen Prominenten zu nennen. Ich sagte: »Michael Jackson.« Bob grinste und erwiderte: »Wäre es nicht unglaublich, wenn das hier ein Zeitungsauschnitt über Michael Jackson wäre?« Mit diesen Worten zog er den Zettel hervor und faltete ihn auseinander. Und siehe da: Es war tatsächlich ein Text über Michael Jackson!

Mit diesem Knalleffekt ließ Bob meine Freunde und mich stehen. Uns allen war mit einem »Wow!« die Kinnlade heruntergeklappt. Auch wenn Bob nicht beim Essen dabei war, war er das Gesprächsthema des Abends. Keiner von uns hatte auch nur den Hauch einer Ahnung, wie es sein konnte, dass er den zu meinem Tipp passenden Zeitungsschnipsel dabeigehabt hatte. War das Zufall? Wohl kaum. Hatte er mir telepathisch »Michael Jackson« eingegeben? Vielleicht. Hatte er vorher irgendeine Bemerkung fallen lassen, die bei allen Menschen zuverlässig die Assoziation »Michael Jackson« auslöst? Nicht ausgeschlossen. Hatte er mich im Laufe des Tages unbemerkt hypnotisiert und mir den Auftrag gegeben, auf seine Frage nach einem Prominenten »Michael Jackson« zu sagen, was ich wieder vergessen hatte? Möglich. Wir hatten tausend Theorien, aber die Auflösung kannte nur Bob.

So war Bob gewissermaßen trotzdem bei unserem Abendessen mit dabei – vielleicht war es genau das, was er mit der Zauberei im Sinn gehabt hatte. Leider war uns damals, mit Anfang zwanzig und alle selbst knapp bei Kasse, nicht in den Sinn gekommen, zusammenzulegen und ihn einzuladen. Natürlich wünsche ich mir heute, wir hätten es getan, aber das lässt sich nun mal nicht mehr ändern.

Etwas anderes wird sich auch nicht ändern: Ich werde Bob nie vergessen! Hätte er uns nicht so zum Staunen gebracht, wäre dieser Abend sicher wie so viele andere mit im Strudel des Vergessens untergegangen. So aber werde ich vermutlich noch meinen Enkelkindern von Bob und seinem mirakulösen Zeitungsausschnitt erzählen.

Bob hatte Begeisterung bei uns ausgelöst und damit einen Moment voller Bedeutung geschaffen, einen Leuchtturm ins endlose

Meer der Erinnerung gesetzt. Denn das passiert, wenn wir andere und uns selbst staunen machen: Etwas davon bleibt für unser ganzes Leben – und wird vielleicht sogar noch in Form von Geschichten an die nächsten Generationen weitergegeben.

Eine andere berührende Geschichte über die durchs Zaubern ausgelöste Kraft des Staunens habe ich kürzlich in einem Podcast gehört. Ein hoher Chef eines südamerikanischen TV-Senders hatte eines Tages keine Lust mehr auf seinen Job – und entschloss sich, stattdessen zaubern zu lernen. Als Erstes besorgte er sich das Buch *Große Kartenschule* von Roberto Giobbi, das ich auch kenne (und dir hiermit ausdrücklich ans Herz lege, falls du einfache, aber verblüffende Kartentricks lernen möchtest). Eines Tages saß er mit seinen Karten in einem Café und übte neue Tricks. Während er so versunken dort saß, kam eine alte Dame am Stock in Begleitung von zwei etwas jüngeren Frauen herein. Die drei setzten sich an einen Tisch ihm gegenüber und beobachteten interessiert, was er mit seinen Karten anstellte.

Schließlich hielt es die ältere Dame nicht mehr aus und fragte: »Sind Sie Zauberer?«

Er antwortete: »Nein, noch nicht. Ich übe noch.«

»Das sieht aber schon toll aus«, entgegnete sie. »Können Sie uns etwas vorführen?«

Er zögerte zunächst etwas, weil er nicht sicher war, ob er schon genug geübt hatte, doch schließlich zeigte er drei Tricks. Sie klappten, sehr zu seiner eigenen Freude – und zur Begeisterung seiner Zuschauerinnen.

Nach einer Weile verließen die drei Frauen das Lokal, doch eine der jüngeren kam kurz darauf wieder zurück und sagte: »Ich möchte mich bei Ihnen bedanken. Das hier ist das Stammcafé meiner Mutter, aber einen Zauberer hat sie hier noch nie gesehen. Sie ist krank und wird bald sterben. Dank Ihrer Zauberei werden meine Schwester und ich Mama für immer mit dieser Begeisterung und dem Lachen in Erinnerung behalten, die Sie bei ihr ausgelöst haben. Danke!«

WAS DAS STAUNEN BEIM ZAUBERN MIT DEM STAUNEN BEI EINER HYPNOSE ZU TUN HAT

Falls du schon andere Bücher von mir gelesen hast, bei einer meiner Shows warst oder ein Seminar von mir besucht hast, weißt du, dass ich heute nicht mehr als Zauberkünstler auftrete, jedenfalls nicht offiziell.

Auf meinen Visitenkarten steht als Beruf »Wundermacher«, und ich arbeite vor allem als Hypnotiseur und Life-Coach. Trotzdem hat die Zauberkunst einen besonderen Platz in meinem Herzen und hat mir die Tür zu meinem Beruf – oder besser: meiner Berufung – geöffnet. Seit meinem Auftritt als Siebenjähriger wollte ich mich selbst und andere zum Staunen bringen, und da war die Hypnose, mit der ich wenige Jahre später in Berührung kam, eine logische Folge.

Heute weiß ich, dass ein Zaubertrick im Grunde nichts anderes tut als das, was eine Hypnose macht: Beides holt uns zu hundert Prozent ins Hier und Jetzt. Unsere Aufmerksamkeit ist wie mit einem Brennglas auf das, was da gerade vor uns oder auch mit uns geschieht, fokussiert. Alles andere wird ausgeblendet.

Beim Zaubern ist die Show das Zentrum der hyperfokussierten Aufmerksamkeit. Oder genauer gesagt: das, worauf der Zauberkünstler die Aufmerksamkeit lenkt, damit sein Trick gelingt. Bei einer Hypnose wird die völlige Aufmerksamkeit in der Regel auf einen einzelnen Gedanken gerichtet (wie das genau funktioniert, erfährst du später noch). Bei Showhypnosen früherer Zeiten war das oft irgendetwas Albernes, zum Beispiel ein Gedanke, der eine Person aus dem Publikum dazu brachte, sich mit einem Huhn zu identifizieren. Im Anschluss hüpfte der Hypnotisierte zum Amüsement des Publikums gackernd über die Bühne, bis der Hypnotiseur ihn erlöste.

Ich selbst würde das großartige Instrument der Hypnose niemals dafür missbrauchen, jemanden derart bloßzustellen. Stattdessen biete ich als Gedanken meist einen förderlichen Glaubenssatz an, der alte hinderliche Glaubenssätze ersetzen kann. Dieser Gedanke wird mindestens für die Dauer der Hypnose zur Realität und oft auch darüber hinaus, wie zum Beispiel bei einer Hypnose gegen Flugangst oder einer Nichtraucher-Hypnose. So können auch im Handumdrehen neue Gewohnheiten etabliert werden – was sonst oft nur durch konsequente, disziplinierte Wiederholung möglich ist und häufig genug nicht klappt. Der Grund dafür ist, dass durch den Hyperfokus eine Trance entsteht, dadurch stehen die Tore des Unterbewusstseins weit offen, und die Botschaft gelangt direkt dorthin, wo sie hinsoll, und kann unmittelbar Nutzen bringen.

Manchmal fällt durch die Kraft der Hypnose auch plötzlich ein Groschen, der lange geklemmt hat. Das ist einer Besucherin einer meiner Shows passiert. Sie hatte sich zusammen mit anderen freiwillig für eine Bühnenhypnose gemeldet. Was ich nicht wusste: Sie konnte ihren Arm schon seit Jahren wegen eines Unfalls nicht mehr richtig bewegen. Während der Hypnose schwebte aber der Arm aller, die am Experiment teilnahmen, an einem vorgestellten Ballon in die Höhe. Auch ihrer. Da es keinen Ballon gab, war dieses »Schweben« definitiv ein Resultat ihrer Willens- und ihrer Muskelkraft. Und plötzlich realisierte die Besucherin, dass sie sich jahrelang selbst hypnotisiert hatte: Sie hatte sich den Gedanken – oder auch: den Glaubenssatz – angewöhnt, der Arm funktioniere nicht. Darum hatte sie gar nicht mehr probiert, ihn zu benutzen. In Wirklichkeit war er aber längst wieder in Ordnung und einsatzbereit.

Spätestens seit diesem Tag habe ich den Verdacht, dass Jesus, der ja bekanntlich Lahme wieder gehen gemacht hat, vermutlich einfach ein geschickter Hypnotiseur war und eine so gute Show ablieferte, dass heute noch von ihm erzählt wird.

Wie bei Zauberkunststücken haben viele Menschen also auch bei einer Hypnose einen Wow-Moment: Einmal wegen der – ja – er*staun*lichen Erfahrung währenddessen. Und einmal, weil diese Erfahrung etwas Wunderbares mit ihrem Leben macht. Für mich hat die Zauberkunst den Weg zur Hypnose geebnet, denn sie hat mich auf magische Weise berührt.

ZAUBERN VERWANDELT IMMER AUCH DIE ZAUBERNDEN

Falls du es auch mal mit dem Zaubern probieren möchtest, stehen dir wunderbare Transformationen bevor.

So kam eine große britische Studie kürzlich zu einem überraschenden Ergebnis.[4] Zwar neigen Angehörige kreativer Berufsgruppen häufiger als andere Menschen zu psychischen Problemen. Dabei gibt es allerdings eine große Ausnahme: die Zauberkünstlerinnen und -künstler. Deren Psyche ist nicht nur stabiler als die anderer Kreativer. Sie ist sogar weniger anfällig für Störungen als die der Durchschnittsbevölkerung. Das wundert mich überhaupt nicht. Alle Zauberkünstler, die ich kenne, sind außergewöhnlich ausgeglichene Menschen – und da schließe ich mich selbst ein, denn auch wenn ich nicht mehr offiziell damit auftrete, bleibt die Zauberkunst mein Startpunkt auf dem Weg in meine ganz eigene Welt, die ich immer noch täglich als eine Welt voller Wunder erlebe.

Zaubern hat meiner Erfahrung nach einen tiefgreifenden, regelrecht therapeutischen Effekt auf die Zaubernden selbst. Das gilt vor allem, wenn du das Ganze als Spiel betrachtest.

Spielen – Staunen – Erkennen – so lautet ein ganz wichtiger Dreiklang, der meiner Arbeit ebenso wie großen Transformationen in meinem Leben zugrunde liegt – und auf den wir später noch einmal zurückkommen werden. Spielen ist Ausprobieren ohne den Druck, dass etwas unbedingt gelingen muss. Das ist ein bisschen so, wie wenn du mit Bleistift Notizen machst oder eine Skizze anfertigst, statt einen Kugelschreiber zu benutzen: Du weißt, du kannst nachbessern und im Zweifel alles wieder wegradieren, und bist dadurch viel freier bei dem, was du zu Papier bringst.

Das Tolle ist: Wenn du nur lange genug spielst, wirst du unweigerlich immer besser. Das gilt für alle Tätigkeiten, aber beim Zaubern merkst du es recht schnell, denn die meisten Zaubertricks sind grundsätzlich für alle gut erlernbar. Das ist so ähnlich wie Autofahren: Anfangs kommt es dir ganz unmöglich vor, sich die vielen nötigen Handgriffe, Pedaltritte und Kontrollblicke zu merken, doch irgendwann fließt alles wie von selbst.

Beim spielerischen Zaubern geschehen mehrere wunderbare Dinge auf einmal mit dir. Übst du einen Trick immer wieder, bis du ihn wirklich beherrschst, trainierst du es, mit Spaß an etwas dranzubleiben. Eine fürs Leben ungemein nützliche Fähigkeit, wenn du Ziele gleich welcher Art erreichen möchtest.

Außerdem lernst du, dir plastisch einen gewünschten Ablauf zum Erreichen eines Ziels vorzustellen, du schulst dein Visualisierungsvermögen. Und du trainierst, strukturiert zu denken, denn wenn du die einzelnen Schritte nicht in der richtigen Reihenfolge ausführst, funktioniert dein Trick nicht. Beides ist im täglichen Leben ebenfalls sehr hilfreich, um Ziele zu erreichen und Wünsche zu verwirklichen.

Eines Tages bist du dann so weit, mit deinem Kunststück vor ein erstes Probepublikum aus Freunden und Familie zu treten. Erst nur im ganz privaten Rahmen aufzutreten, so wie ich es auch gemacht habe, empfehle ich dir übrigens ausdrücklich. Das ist ein hervorragender Weg, risikofrei immer besser zu werden.

Trotzdem verlässt du mit dem Auftritt deine Komfortzone – auch das ist ein Erfolg, den dir niemand mehr nehmen kann. Hier ist wieder das Schöne: Bei dem, was du nun aufführst, spielst du nur, es kann dir also gar nichts passieren. Geht etwas schief, ist gemeinsames Gelächter garantiert, und du musst fürs nächste Mal eben nur noch ein bisschen mehr üben, das ist alles.

Gelingt dein Trick aber (und die Wahrscheinlichkeit ist sehr hoch, wenn du geübt hast und du dich nicht gleich mit einer David-Copperfield-Performance überforderst und lebende Pferde herbei- und die Freiheitsstatue wegzaubern möchtest), bringst du zunächst einmal vor allem dich selbst zum Staunen: Ich kann das ja! Das klappt! Wow! Das ist nicht nur ein Wow-Erlebnis, sondern bereits deine erste Erkenntnis.

Dein Staunen wird dann durch das Staunen deines Publikums noch verstärkt – es entsteht sozusagen ein potenziertes Staunen. Das unvermeidliche Ergebnis davon ist: Du gewinnst Selbstvertrauen.

Gerade, wenn du eher ein unsicherer Mensch bist, kann dir Zaubern darum dabei helfen, selbstsicherer zu werden. Du lernst, vor anderen Menschen etwas zu präsentieren. Auch Schüchterne profitieren. Schüchterne Menschen müssen zwar nicht automatisch zugleich unsicher sein, aber ihnen ist es in der Regel ein Graus, im Mittelpunkt zu stehen. Der Vorteil bei einem Zaubertrick ist, dass die Blicke auf das gerichtet sind, was du tust – und nicht auf dein Gesicht. Du musst keinen komplexen Vortrag halten, bei dem alle an deinen Lippen kleben, sondern dir nur – wenn überhaupt – einen Minitext merken. So wächst du ganz langsam und in deinem Tempo in eine neue zusätzliche Fähigkeit hinein, die dir im Leben viele Türen öffnen kann. Denn wenn du einmal einen Zaubertrick performen kannst, ist der Schritt zu anderen Präsentationen nicht mehr weit. (Wir werden in Kapitel acht noch darauf zu sprechen kommen, wie Staunen auch fernab von Zaubertricks zwischenmenschliche Situationen zu unvergesslichen Erinnerungen transformiert.)

Jeder Koch fängt mit Rezepten anderer an. Doch wenn er die Grundfertigkeiten verinnerlicht hat, kann er damit beginnen, sich kreativ auszutoben. Wenn du Zaubern zu einem Hobby machst, wirst auch du irgendwann anfangen, den Tricks, die du kennst, eine persönliche Note zu geben, sie abzuwandeln oder dir vielleicht neue auszudenken. Auf diese Weise regt Zaubern auch die Kreativität an.

Als wäre das alles noch nicht genug, ermöglicht dir Zaubern außerdem, mühelos mit anderen in Kontakt zu treten. Nachdem du dein Zauberkunststück aufgeführt hast, werden andere Menschen ganz automatisch auf dich zukommen – das erlebe ich immer wieder, wenn mich zwischendurch mal die Zauberlust überkommen hat, wie neulich in einer Taverne im Urlaub in Griechenland. Zaubern bezaubert eben. Ein Gesprächsthema habt ihr obendrein direkt, und, auch nicht zu vergessen: Du bist auf jedem Fest ein gern gesehener Gast.

All das macht das spielerische Zaubern zur perfekten Übung, um über sich hinauszuwachsen, Mut zu sammeln und neue Wege zu beschreiten – und um mehr Staunen in die Welt zu bringen. Natürlich ist es auch eine ausgezeichnete Idee, Kinder zum Zaubern zu animieren, denn sie profitieren von all den Vorteilen vielleicht am meisten.

Nach dieser Ode an die Zauberkunst ist wahrscheinlich klar, was jetzt kommt. Genau: ein einfacher, aber verblüffender Zaubertrick, den du ganz leicht lernen kannst, der aber deine Freundinnen, Freunde und deine Familie garantiert zum Staunen bringt – und dich über deine neuen Fähigkeiten gleich mit!

DIE MÜNZE UND DAS WASSERGLAS

Für diesen Zaubertrick benötigst du:

- Einen stabil stehenden Tisch – möglichst mit Tischdecke, die dir mindestens bis zum Schoß reicht
- Sitzgelegenheiten auf gegenüberliegenden Seiten des Tisches für dich und dein Publikum
- Ein stabiles Wasserglas
- Eine Münze, etwa ein Eineurostück
- Zeitungspapier oder eine große feste und nicht durchscheinende Serviette

Eine Voraussetzung für das Funktionieren dieses Tricks ist es, dass du deinem Publikum frontal gegenübersitzt. Deine Zuschauerschaft sollte ebenfalls sitzen, damit niemand von stehender Warte aus sehen kann, was du hinter und unter dem Tisch heimlich tust. Eine Tischdecke trägt dazu bei, dass niemand den Trick durchschaut. Wichtig ist, dass du die Aufmerksamkeit des Publikums auf die Münze lenkst.

Als Erstes zeigst du mit geheimnisvoller Miene die Münze vor.

Sage: »*Dies ist eine ganz normale Münze.*«

Gib die Münze dann ins Publikum, alle sich davon überzeugen, dass die Münze nicht präpariert ist. Deine Zuschauer sollen denken, dass es um die Münze geht.

Frage nun: »*Ist die Münze eine normale Münze? Würdet ihr das bestätigen?*«

Die Leute im Publikum werden nicken, ihre Aufmerksamkeit ruht auf der Münze.

Sage: »*Ich lege diese Münze nun auf den Tisch. Was liegt oben? Zahl oder Kopf?*«

Die Zuschauer sagen, was oben liegt.

»*Schaut genau hin. Ich stülpe jetzt ein Wasserglas über die Münze.*«

Du stülpst das Glas darüber.

»*Welche Seite der Münze liegt jetzt oben?*«

Die Zuschauer bestätigen, dass dieselbe Seite oben liegt.

Nun legst du das Zeitungspapier – oder die auseinandergefaltete Serviette – auf das umgedrehte Glas und drückst das Papier rundum fest an, sodass die Konturen des Glases darunter deutlich sichtbar sind. Wichtig ist, dass das Papier das gesamte Glas abdeckt, sonst funktioniert der Trick nicht.

Kündige an: »*Ich werde nun versuchen, die Münze mit Gedankenkraft herumzudrehen.*«

Bewege das Glas mit der Münze geheimnisvoll auf dem Tisch hin und her. Murmele: »*Abrakadabra!*«

Hebe das Glas wieder an. Natürlich liegt immer noch dieselbe Seite oben, und die Münze sieht ganz normal aus.

Tu, als seist du überrascht: »*Oh! Ich versuche es noch einmal.*«

Stülpe das Glas wieder über die Münze, und bewege beides geheimnisvoll hin und her. Sage deinen Zauberspruch, und hebe das Glas wieder. Alles sieht noch genauso aus wie vorher.

Sage wieder: »*Oha! Irgendwas mache ich wohl falsch ...*«
Das scheinbare Missglücken ist natürlich nur ein Ablenkungsmanöver.

Nun kommt der Trick:

Während dein Publikum den Blick auf das Geldstück richtet und vielleicht sogar lacht, weil der Trick nicht zu klappen scheint, ziehst du deine Hand, die das Wasserglas mit seiner Papierhülle hält, so weit zu deinem Körper und zur Tischkante heran, dass du das Wasserglas heimlich hinter dem Tisch aus dem Papier herausnehmen oder in deinen Schoß gleiten lassen kannst. Da das Papier weiterhin die Form des Glases behält, fällt das den Zuschauern nicht auf.

Stülpe nun die leere Papierhülse wieder über die Münze. Dein Publikum nimmt an, dass du immer noch das Glas in der Hand hältst.

Bitte dein Publikum nun um Mithilfe.

Eine Person soll die Hand über das Glas halten und sich vorstellen, die Münze zu verzaubern und mit Gedankenkraft herumzudrehen.

Sage dann: »*Okay, ich glaube, jetzt hat es funktioniert! Du kannst deine Hand zurückziehen.*«

Sobald die Person die Hand zurückgezogen hat, haue unvermittelt auf das glasförmige Papier und plätte es. Zieh das Papier weg und hole gleichzeitig das Glas aus deinem Schoß hervor. Für deine Zuschauer sieht es so aus, als hättest du das Glas durch Tisch und Münze gehauen. Natürlich liegt die Münze immer noch genauso da wie zuvor – und du kannst sie nun demonstrativ umdrehen.

Wichtig ist, dass du den Trick, bevor du ihn aufführst, übst, bis jeder Handgriff und jedes Wort sitzt. Du kannst jemanden einweihen, der beim Üben prüft, ob alles glaubwürdig aussieht. Oder du stellst eine Kamera, zum Beispiel dein Handy, auf ein Stativ und checkst selbst, wann du bereit für deine erste Show bist.[5]

Noch viel schneller lernen lässt sich der nächste Trick.

MIT FINGERSPITZENGEFÜHL

Das schöne Wort »Fingerspitzengefühl« gibt es nur in wenigen Sprachen, Deutsch ist eine davon. Wenn wir einen Gegenstand mit Fingerspitzengefühl betasten, zum Beispiel eine Blüte, machen wir das in der Regel, indem wir ihn ganz vorsichtig zwischen den Daumen und die restlichen Finger einer Hand nehmen.

Der Begriff »Fingerspitzengefühl« kann uns so vor Augen führen, dass wir uns sensibel, ohne Hast und in kleinen Schritten in jedes neue Thema oder auch Problem einfühlen und uns ihm nähern können. In unserem eigenen Tempo. Dadurch erscheint Neues nicht mehr als unüberwindliches Hindernis, sondern als machbares Projekt.

Damit du dich immer wieder daran erinnern kannst, bietet sich ein weiterer Zaubertrick an, mit dem du andere – vor allem Kinder – ohne jegliches Zubehör verblüffen kannst. Du brauchst dazu lediglich deine Hände. Stelle dich dazu frontal vor dein Publikum, und übe den Trick vorher eine Weile vor dem Spiegel, damit du die Bewegungen verinnerlichst.

Halte die linke Hand waagerecht vor deinen Körper, die Handfläche zeigt zum Bauch.

Die rechte Hand hältst du senkrecht vor deinen Körper, die Handfläche zeigt nach vorn, die Finger nach oben.

Winkele nun den Daumen der linken Hand ab, sodass das obere Fingerglied im Spiegel nicht mehr sichtbar ist.

Winkele auch den Daumen der rechten Hand ab, sodass das obere Daumenglied mit dem Daumennagel in Richtung Spiegel zeigt.

Vervollständige nun mit dem sichtbaren Daumenglied der rechten Hand den Daumen der linken Hand.

Decke die Kontaktstelle mit dem Zeigefinger der rechten Hand

ab, sodass es aussieht, als sei der Daumen der linken Hand vollständig.
Wenn du nun die rechte Hand mit dem weiterhin abgewinkelten Daumen zur Seite bewegst, sieht es aus, als ob du das oberste Daumenglied der linken Hand abziehst.
Setze es dann wieder auf, und strecke in einer schnellen Bewegung alle Finger. Tada: Der Daumen ist wieder dran.

Doch natürlich sind nicht nur Zaubertricks dafür gut, uns und andere überwältigende »Wow!«-Momente erleben zu lassen. Es gibt noch viele weitere Gelegenheiten, die uns dieses magische Gefühl bescheren können – und dazu kommen wir jetzt!

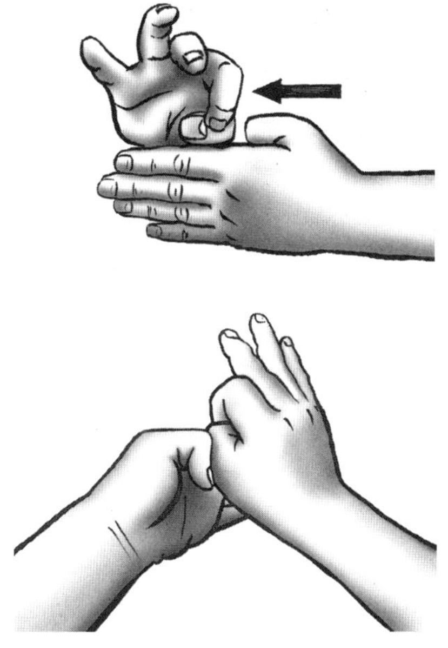

2

TIEFES STAUNEN: WIE SICH WISSENSCHAFTLER (ENDLICH) AUF DIE FÄHRTE DIESER GANZ BESONDEREN EMOTION HEFTETEN, WO DU SIE FINDEST – UND WO EHER SELTEN

»Ehrfürchtiges Staunen – Awe – entsteht in einem Reich, das verschieden ist von der alltäglichen Welt von Materialismus, Geld, Besitzerwerb und Statussymbolen – in einem Reich, das über das Profane hinausgeht und das viele heilig nennen.«[6]
Dacher Keltner, Emotionsforscher

Kürzlich wurde Finnland – gefolgt von Dänemark, Island und Schweden – zum siebten Mal hintereinander zum glücklichsten Land der Welt gekürt. Was meinst du, woran das liegt? Ist es das kühle Klima? Der Schnee im Winter? Die Mittsommerfeiern im Sommer? Die Sauna? Das Eisbaden? Das besondere Design?

Bestimmt ist es von alledem etwas, aber daneben spielt wahrscheinlich mit hinein, dass in Finnland – wie auch in anderen nordischen Ländern – emotionale Bildung großgeschrieben wird. In manchen Schulen gibt es Emotionen sogar als eigenes Fach. Im Unterricht setzen die Kinder sich mit ihren Gefühlen, denen ihrer Mitmenschen und mit Emotionen allgemein auseinander. Sie lernen, dass alle Gefühle ihre Berechtigung haben, nicht nur die »positiven«. Sie lernen aber ebenso, dass wir »negative« Gefühle nicht an anderen auslassen dürfen, sondern alle Menschen, Tiere und die Natur Respekt verdient haben. So wird frühzeitig der Grundstein für ein friedliches Miteinander, ein zufriedenes Leben und mentale Gesundheit gelegt. Außerdem wird ein Verständnis dafür vermittelt, wie wir Menschen ganz grundsätzlich funktionieren, denn dabei spielen Emotionen eine ganz zentrale Rolle.

Emotionen leiten uns durch unseren Alltag. Sie sind es, die uns dazu bringen, etwas zu tun. Weil wir positive Emotionen damit verbinden, haben wir Sex mit unserer oder unserem Liebsten, treffen wir uns mit Freunden, verputzen einen sahnigen Schoko-Eisbecher oder sausen im Schwimmbad die Rutsche hinunter. Emotionen halten uns aber auch davon ab, etwas zu tun. Wir nehmen Abstand davon, einen knurrenden Hund zu streicheln, weil er uns Angst macht – und verhindern so, gebissen zu werden. Beim Verkäufer, der mit unglaubwürdigen Versprechungen Skepsis in uns hervorruft, kaufen wir nichts – und schützen uns dadurch vor unnötigen Ausgaben. Und weil es uns vor Erbrochenem ekelt, machen wir darum lieber einen Bogen – so vermeiden wir ansteckende Keime.

SPIELEN – STAUNEN – ERKENNEN – MIT DIESEM TRIO IST GUT LERNEN

Es sind auch die Emotionen, die Ereignisse als wichtig und darum als erinnerungswürdig markieren, nicht unser Verstand. Langfristig erinnern wir uns an besonders gute, aber auch an besonders beängstigende oder traurige Momente. Vor allem aber bleiben uns Momente erhalten, in denen wir gestaunt haben – meine Verwandten sprachen noch jahrelang über meine Auftritte im Familienkreis. Und natürlich erinnere ich mich auch selbst sehr genau an diese wunderbaren Erlebnisse.

Woran ich mich hingegen nur noch schwach erinnere – wenn überhaupt –, ist ein großer Teil des Stoffes, den ich in der Schule lernen musste. Leider gelingt es nur wenigen Lehrkräften, die Kinder für ihr Fach und den Lernstoff wirklich zu begeistern. Wenn aber bereits Schulbücher spannend gestaltet wären und der

Unterricht Erlebnisse und damit spielerische Staun-Momente in den Mittelpunkt stellen würde, sähe das sicher anders aus. Spielen erleichtert das Staunen, und Staunen erleichtert das Lernen, oder besser:

Staunen *ist* Lernen!

Das merke ich täglich in meiner Arbeit, denn Staun-Momente lenken die Gedanken in neue Richtungen und setzen fast immer einen Erkenntnisprozess in Gang. Nicht umsonst ist eines meiner Credos in meinen Seminaren und im Coaching die Abfolge Spielen – Staunen – Erkennen. Neben einem Fach »Emotionen« wäre es darum eine sehr gute Idee, in der Schule die Kraft des Staunens zu nutzen. Wie im visuellen Experiment, das ich dir jetzt zeige:

DAS LEBEN IST EINE BAUSTELLE

Schau dir einmal die folgende Form an. Was siehst du darin? Schreibe deine Ideen dazu bitte in dein Journal.

Und was siehst du hier? Schreibe es auf.

Und hier?

Und schließlich in dieser Form?

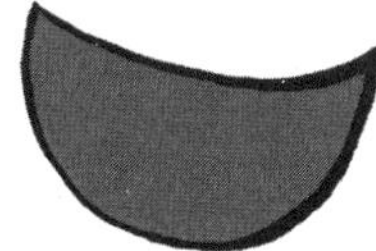

Als ich diese Übung zum ersten Mal gemacht habe, sah ich in der ersten Form einen kleinen Vogel mit spitzem Schnabel, wie etwa einen Pinguin oder eine Blaumeise. Als ich länger hinschaute, verwandelte er sich in einen Sonnenaufgang zwischen zwei Bergen. Dann in einen Gamsbart, wie er manchmal an Jägerhüten klemmt. Die zweite Form wurde zunächst zu einem linken Ohr, dann zum abnehmenden Mond, dann zu einem Mandarinenstückchen. Die dritte war anfangs ein Laib Käse, aus dem jemand schon ein Stück herausgeschnitten hatte. Dann erkannte ich eine Katze darin. Die vierte war der lachende Mund einer Comicfigur. Oder eine Schale. Je länger ich schaute, umso mehr sah ich in den Formen.

Nun schau dir doch einmal alle vier Formen gemeinsam an.

Na, staunst du?
Ohne dass du etwas dagegen tun kannst, siehst du hier jetzt eine Herzform – obwohl eigentlich kein Herz abgebildet ist, sondern lediglich die merkwürdigen Formen von vorhin, in denen du wahrscheinlich – wie ich – jede Menge Dinge entdeckt hast, als du sie separat wahrgenommen hast. Dinge, die sich nun einfach aufgelöst und zu einem Herz formiert haben. Fort sind Käse, Ohr, Katze, Pinguin und alles andere.
Aber Achtung: Das Herz ist nicht etwa die »wahre« Bedeutung der Formen. Das Herz ist ein Konstrukt deines Gehirns, genauso wie deine Ideen zu den separaten Formen.
Das Gehirn bastelt nämlich aus dem, was du wahrnimmst, nach Möglichkeit immer etwas Bekanntes. Du kannst dabei nur ein Herz erkennen, weil du das Symbol »Herz« irgendwann als kleines Kind kennengelernt hast und auch gelernt hast, dass es für ein Gefühl der Liebe steht. Stammtest du aus einer abgeschiedenen Kultur, in der es dieses Symbol nicht gibt, hättest du hier vermutlich etwas ganz anderes gesehen.
Dieser Konstruktionsvorgang beschränkt sich dabei nicht auf Bilder und Symbole. Dein Gehirn ist ständig zugange, filtert und

deutet. Genauso wie dein Gehirn dieses Herz »errechnet« und ihm Bedeutung zuschreibt, konstruiert es deine gesamte Wirklichkeit, inklusive deiner Gefühle. Darum habe ich dieses kleine Experiment auch »Das Leben ist eine Baustelle« genannt.
Später mehr dazu.

Dass wir heute nicht nur übers Staunen, sondern überhaupt so frei über Emotionen sprechen und sie ganz normale und wichtige Forschungsfelder in vielen wissenschaftlichen Disziplinen sind – allen voran in der Psychologie, aber auch in der Wirtschaft, Soziologie, Biologie, Neurowissenschaft oder Medizin –, hat ebenfalls mit einem Staun-Moment zu tun, in den vor allem ein ganz bestimmter Forscher die Wissenschaftswelt versetzt hat.

EMOTIONEN GALTEN LANGE ALS NICHT ERFORSCHBAR

In den Fünfzigerjahren des vorigen Jahrhunderts begann der US-amerikanische Psychologe und Anthropologe Paul Ekman zusammen mit einigen anderen Wissenschaftlern, in einer Reihe von Felduntersuchungen Gesichtsausdrücke zu dokumentieren, die bestimmte Emotionen begleiten, etwa Ärger, Ekel, Angst, Traurigkeit, Überraschung, Freude und Verachtung. Später definierte Ekman diese sieben als unsere Grundemotionen.

Dass Ekman und seine Kollegen sich gerade dieses Forschungsfeld aussuchten, war ungewöhnlich, denn Emotionen waren damals ein Stiefkind der Wissenschaft – und das hatte eine lange Tradition. Schon bei Platon galten Emotionen als chaotisch, nicht fassbar und animalisch. Nicht zu vergleichen mit den grandiosen Höhenflügen, zu denen der denkende menschliche Geist sonst fähig ist. Emotionen schienen im Vergleich mit der hochgeschätzten menschlichen Vernunft und Rationalität unzuverlässig und sprunghaft, darum mussten sie von Letzterer gebändigt werden. Dabei sind Denken und Fühlen, Körper und

Geist – wie wir inzwischen wissen – aufs Engste miteinander verwoben.

Sigmund Freud hatte den Kern der Emotionen Anfang des 20. Jahrhunderts auf die Unterscheidung »Lust« und »Unlust« reduziert. Sein jüngerer Kollege Carl Gustav Jung war ähnlicher Ansicht und zweifelte daran, dass Gefühle in ihrer Flatterhaftigkeit je zufriedenstellend definierbar sein könnten. Es schien wenig sinnig, etwas zu erforschen, was nicht einmal genau definiert werden kann. Viele ambitionierte junge Wissenschaftler, die Karriere machen wollten, machten darum für lange Zeit um Emotionen einen Bogen, mit ihrer Erforschung ließ sich kein Blumentopf gewinnen.

Ekman war das egal – vielleicht stachelte es ihn sogar an. Emotionen interessierten ihn, und er fuhr damit fort, sie aus der Aschenputtel-Ecke hervorzuzerren. Mit der Zeit ermutigte das auch andere, sich stärker mit dem Themenfeld zu befassen.

Die Studienergebnisse von Ekman und seinen Kollegen deuteten damals darauf hin, dass die emotionsbegleitende Mimik kulturübergreifend gleich war – und dass damit Charles Darwins These von universellen und klar unterscheidbaren Emotionen als Ergebnis einer evolutionären Entwicklung stimmte. Das sorgte in der Wissenschaftswelt für Aufruhr, denn Forscher wie die Ethnologin Margaret Mead waren davon überzeugt, die emotionale Mimik sei kulturell erlernt.

Paul Ekmans Sicht setzte sich durch und galt lange als Standard. In jüngerer Zeit wird allerdings immer klarer, dass bei der Wahrnehmung von Emotionen, ihrem Ausdruck in Mimik und Körpersprache und ihrer Bezeichnung mit Gefühlsbegriffen tatsächlich subtil kulturell vermittelte Konzepte die Hauptrolle spielen. Nach der von der prominenten Neurowissenschaftlerin und Psychologin Lisa Feldman Barrett entwickelten »Theorie der konstruierten Emotionen« liegen diesen Konzepten zwar körperliche Vorgänge zugrunde, die sie »Affekte« nennt, allerdings bewegen diese Affekte sich stufenlos auf einem Spektrum zwischen »angenehm« und »unangenehm«. Wie und ob wir einzelne Punkte auf diesem Spektrum wahrnehmen, in Körpersprache und Mimik ausdrücken und wie wir sie bezeichnen, lernen wir Barretts Theorie zufolge wie eine Sprache.

Ekman, der 2024 neunzig Jahre alt wurde, geht inzwischen von einer Kombination aus angeborenen Ausdrücken und kultureller Anpassung aus.[7] Unter Wissenschaftlern herrscht derzeit eine hitzige (und oft ziemlich emotionale) Debatte, was angeboren ist und was nicht.

Unbestritten bleibt bei alledem, dass unsere Gefühle eine extrem wichtige Rolle spielen und für jeden von uns absolut real sind. Klar ist auch, dass unter anderen Paul Ekman den Grundstein für die heutige Emotionsforschung gelegt hat. Er und viele andere, die sich von ihm inspirieren ließen, widmeten sich systematisch den mit Emotionen zusammenhängenden zentralen Fragen: Wie funktionieren unsere Gefühle? Warum haben wir sie überhaupt? Und was machen sie mit uns?

DER EMOTIONENKNOPF

Es gibt ein tolles Kinderbuch von der niederländischen Illustratorin Mies van Hout, das *Heute bin ich* heißt und das ich gerne in meinen Seminaren verwende. Darin werden viele unserer Gefühle von wunderschönen bunten Fischen im Meer verkörpert. Wie wir Menschen sind auch die Fische mal mutig, mal ängstlich, mal neugierig, mal wütend, mal verlegen und so weiter.

Die Botschaft des Buches ist, dass alle Gefühle sein dürfen, denn Probleme entstehen oft erst dann, wenn wir versuchen, unsere Gefühle zu unterdrücken. Trotzdem streben die meisten von uns danach, möglichst immer glücklich zu sein, Freude zu spüren und Angst, Trauer, Wut und allen anderen »negativen« Gefühlen auszuweichen. Das ist verständlich, aber Emotionen, die nicht gesehen und als Gefühle anerkannt werden, suchen oft andere Wege, sich bemerkbar zu machen. Manche Psychologen gehen zum Beispiel davon aus, dass unterdrückte Wut sich in Depressionen oder in Süchten äußern kann, weggeschobene Angst kann in Aggression gegen uns selbst und andere umschlagen.

Wenn wir aber erkennen, dass alle Emotionen und die daraus erwachsenden Gefühle normal sind, können wir diese auch alle anerkennen und, natürlich ohne anderen oder uns selbst zu schaden, ausleben. So werden wir langfristig ausgeglichener und gesünder.

Wenn du also das nächste Mal eine Emotion verspürst – ob du sie nun als Freude, Verlegenheit, Sorge, Stolz, Ängstlichkeit, Liebe, Sehnsucht, Traurigkeit, Glück, Wut oder vielleicht auch als Wow-Gefühl bezeichnen würdest –, schau sie dir doch einmal genauer an und versuche, mit ihr zu spielen:

Frage dich: Wo im Körper hast du die Empfindung? Wie genau fühlt sie sich an?

Danke dem Gefühl, dass es da ist, denn es möchte dich an etwas Bestimmtes erinnern. Erkenne das an. Sage (oder denke) zum Beispiel: »Liebe Sorge, ich weiß, dass du mich vor unangenehmen Erfahrungen bewahren möchtest, ich weiß das zu schätzen!«

Frage dich: Ändert diese Anerkennung schon etwas an deiner Empfindung des Gefühls?

Imaginiere nun an der Stelle, an der sich die Emotion in deinem Körper befindet, einen Drehregler, an dem du sie stufenlos einstellen kannst.

Drehe am Knopf, und mache die Empfindung in deinem Körper größer. Im nächsten Schritt machst du sie kleiner. Spiele eine Weile damit herum.

Entscheide, was du mit der Emotion machen willst: Soll sie kleiner und kleiner werden und verschwinden, weil sie dich eher behindert – wie zum Beispiel sorgenvolle Grübelei über rein hypothetische zukünftige Ereignisse? Willst du bewusst noch eine Zeit lang darin schwelgen – wie etwa in der Trauer um einen verstor-

benen Menschen oder ein Haustier? Oder möchtest du vielleicht, dass die Emotion vom Kopf bis zu den Zehenspitzen deinen ganzen Körper erfüllt, weil sie sich so gut anfühlt – wie die Freude über einen wundervollen Tag?
Vielleicht möchtest du dein Gefühl auch umwandeln? Vielleicht willst du aus Ängstlichkeit das Gefühl von Zuversicht erwachsen lassen? Aus Wut Vergebung? Aus Trauer Liebe?
Probiere es aus. Halte deine Erfahrungen in deinem Journal fest.

DIE WIR-EMOTION: DIE NOCH KURZE FORSCHUNGSKARRIERE DES STAUNENS

1988 besuchte ein junger Wissenschaftler namens Dacher Keltner den mittlerweile recht bekannten Paul Ekman in dessen Wohnung. Ekman hatte ihn für ein Bewerbungsgespräch zu sich gebeten, denn Keltner hatte soeben seinen Doktor gemacht und interessierte sich für ein Fellowship-Stipendium in Ekmans Emotions-Lab an der Uni in San Francisco. Nach dem Gespräch gingen die beiden Männer noch auf Ekmans Dachterrasse mit atemberaubendem Blick über die Bucht von San Francisco. In einem Versuch, Small Talk zu betreiben, fragte Keltner den älteren Wissenschaftler, welchem Gebiet ein junger Forscher wie er sich wohl am besten widmen sollte.

Ekman antwortete ohne Zögern – und vielleicht auch ein bisschen inspiriert vom großartigen Ausblick – mit einem Wort: »Awe!«

Mit dem tiefen, ehrfürchtigen Staunen, das im Englischen mit Awe bezeichnet wird, hatte sich bisher niemand eingehend beschäftigt, obwohl Emotionen als Forschungsfeld – nicht zuletzt dank Ekman – gerade dabei waren, in Mode zu kommen.

Für dieses Nichtbeschäftigen gab es Gründe.

Einerseits ließ sich die tiefe Art des Staunens, die mit »Awe« beschrieben wird, nicht »auf Knopfdruck« hervorrufen, was in Experimenten mit Traurigkeit, Ekel, Freude oder Angst problemlos zu klappen schien. Diese »Unberechenbarkeit« erschwerte das Design von Studien. Mangels Forschung war nämlich auch noch nicht bekannt, was die Auslöser dieser etwas mysteriösen Emotion sind. (Hätten die Forscher mich gefragt, hätte ich ihnen den Tipp gegeben, es mal mit Zaubertricks zu versuchen.)

Eine andere Hürde bestand darin, dass die Emotionsforschung sich auf die von Darwins »Survival of the Fittest« abgeleitete These versteift hatte, alle Emotionen dienten im Grunde dem Selbsterhalt und dem persönlichen Vorteil des sie empfindenden Individuums.

Staunen fällt aber aus dieser Definition heraus. Es hat keinen individuellen Vorteil, zumindest keinen unmittelbaren. Es sichert nicht direkt unser eigenes Überleben. Stattdessen scheint das Gefühl uns vor allem dazu zu bringen, uns mit anderen zu verbinden und unseren persönlichen Vorteil sogar hintanzustellen.

Staunen ist ein Wir-Gefühl, kein Ich-Gefühl.

Das passte nicht zum hedonistischen Lebensgefühl der ichbezogenen Achtzigerjahre.

STAUNEN – DAS MYSTERIUM UNTER DEN GEFÜHLEN

Doch das ist lange her, die Zeiten haben sich gewandelt. Bekanntlich müssen wir der Tatsache ins Auge sehen, dass wir die großen Probleme unseres Planeten und der Menschheit wie Klimawandel, Kriege, Umweltzerstörung, Ressourcenknappheit und soziale Ungleichheit nicht lösen können, wenn alle immer lediglich an sich selbst denken. Das geht nur gemeinsam, in Kooperation. Und indem wir unseren Blick über den Tellerrand hinaus auf die großen Zusammenhänge richten. Und genau darum ist auch das verbindende Gefühl des Staunens so aktuell wie nie zuvor.

Seit dem Gespräch auf Paul Ekmans Dachterrasse – von dem Dacher Keltner übrigens in seinem jüngsten Buch *Awe – the Transformative Power of Everyday Wonder* (Awe – die transformierende Kraft des alltäglichen Staunens) erzählt – ist auch in Keltners Karriere viel passiert. Er erhielt damals nicht nur das Stipendium, sondern ist heute selbst Psychologieprofessor in Berkeley in Kalifornien.

Keltner hat seine wissenschaftliche Laufbahn der Erforschung positiver, verbindender Emotionen gewidmet. Und in den vergangenen gut zwanzig Jahren ist er tatsächlich Ekmans Rat gefolgt und hat diese mysteriöse Wow-Empfindung namens »Awe« unter die Lupe genommen. In der ersten Hälfte der Nullerjahre haben er und sein Kollege Jonathan Haidt als Erste überhaupt eine Definition dieses Gefühls aufgestellt.

Beim Staunen sind zwei Aspekte ganz zentral:

- Wer ein Wow-Erlebnis hat, hat den Eindruck, bei etwas Großem oder Bedeutungsvollem dabei zu sein.
- Dieses Erlebnis erweitert das bisherige persönliche Verständnis von der Realität.[8]

Dabei kann das »Große« tatsächlich groß sein, etwa wenn die betreffende Person am Rande eines Ozeans steht, mit in den Nacken gelegtem Kopf in den Weltraum schaut oder von einem Berggipfel in den Alpen den Blick über das Gebirge schweifen lässt. Oder es kann »groß« im übertragenen Sinne sein, etwa eine Erkenntnis, ein glückliches Zusammentreffen, eine Offenbarung oder auch etwas Rätselhaftes – wie etwa das Anschauen eines Zauberkunststücks.

ACHT WICHTIGE QUELLEN DES WOW

Dacher Keltner hat bei seinen Forschungen häufige – vielleicht die häufigsten – Quellen für Awe, das tiefe oder ehrfürchtige Staunen, ausgemacht. Diese Quellen nennt er »Eight Wonders of Life«, die »Acht Wunder des Lebens«, die ich dir im Folgenden vorstelle. Keltners Kategorien können dir eine gute erste Orientierung geben, wo Wow-Erlebnisse warten oder wo du nach ihnen suchen kannst[9] (warum das wiederum eine gute Idee ist, wird sich dir erschließen, wenn wir die Vorteile des Staunens noch genauer unter die Lupe nehmen):

Moralische Schönheit Den ersten Teilbereich hat der Psychologe *moral beauty* genannt, moralische Schönheit. Keltner hat mit seinem Team festgestellt, dass moralisches, selbstloses Handeln die mit Abstand häufigste Ursache überhaupt für ein Wow-Gefühl ist. Besonders scheint das der Fall zu sein, wenn die bewunderte Handlung unter erschwerten Bedingungen stattfindet.

Zum Beispiel kann dich ehrfürchtiges Staunen überfallen, wenn du eine Reportage darüber liest, wie sich jemand in Gefahr begibt, um Menschen in Kriegsgebieten zu helfen. Wie eine Mutter ohne Rücksicht auf ihre eigene Unversehrtheit ihre Kinder aus dem brennenden Haus der Familie rettet. Oder wie Wildhüter unter Einsatz ihres Lebens eine Elefantenherde vor Elfenbeinjägern beschützen.

Auch wenn dich auf einer Reise in entlegene Gebiete jemand einlädt und großzügig mit dir teilt, obwohl er oder sie selbst kaum etwas hat, ist das von moralischer Schönheit und ein Grund für ehrfürchtiges Staunen. Solch selbstloses Handeln kann sehr inspirierend sein, indem es uns dazu anregt, selbst anderen zu helfen. Vielleicht nicht unter Einsatz unseres Lebens, aber möglicherweise durch eine Spende für eine Organisation, die die Mutigen unterstützt.

Und wenn wir staunend von Ehrfurcht für die guten Taten anderer erfüllt sind, selbst wenn wir nur darüber lesen, passiert etwas, ja, Erstaunliches: Wir fühlen uns diesen Menschen nah – und unser Körper reagiert, als wäre das tatsächlich so. Er produziert Oxytocin[10], das Bindungshormon, das normalerweise vor allem dann entsteht, wenn wir uns in körperlicher Nähe zu anderen befinden: wenn Mütter ihre Babys stillen, wenn wir Sex haben, uns küssen, wenn wir andere Menschen an den Händen halten oder uns herzlich umarmen.

Kollektiver Überschwang, *collective effervescence*, nennt Keltner den nächsten Teilbereich des tiefen Staunens, nach dem französischen Soziologen Émile Durkheim, der den Begriff einführte, weil er kollektiven Überschwang als konstituierenden emotionalen Faktor jeder Religion sah. Nun geht es beim Staunen zwar nicht notwendigerweise um Religion, aber umgekehrt baut Religion immer auf Rituale, die die Teilnehmenden im Staunen vereinen.

So ein Staun-Moment könnte etwa so aussehen, dass du zusammen mit anderen in der Weihnachtsmesse die altbekannten Lieder singst und auf einmal realisierst, dass sich alle Weihnachten deines ganzen Lebens in diesem Moment vereinen, weshalb du von Kopf bis Fuß eine Gänsehaut bekommst.

In diesen gemeinsamen Überschwang geraten wir auch, wenn wir mit anderen in eine kollektive Trance fallen, etwa bei einem Konzert unserer Lieblingsband oder wenn wir im Fußballstadion für unseren Lieblingsverein die »Welle« machen.

Oder wenn wir eine kollektive Tanztrance erleben, ob nun auf der Tanzfläche in unserem städtischen Lieblingsclub oder auf Events wie dem bekannten Musik-und-Kunst-Festival »Burning Man« in der US-amerikanischen Black-Rock-Wüste, zu dem jedes Jahr Tausende Menschen aus der ganzen Welt pilgern. Die Wüste führt mich zum nächsten Bereich:

Wildes Staunen, *wild awe*, ist eine weitere hervorragende – und gut zugängliche – Quelle des Staunens. Mit »wild« ist hier die Wildnis oder die Natur gemeint.

Ein Wow-Gefühl hängt nämlich nicht unbedingt von der Anwesenheit oder von Aktionen anderer Menschen ab, Naturerlebnisse sind eine nahezu unerschöpfliche Ressource in Sachen Wow. Etwa, wenn du in einer warmen Sommernacht in den endlosen Sternenhimmel hinaufblickst und dir gleichzeitig vollkommen unbedeutend und absolut dazugehörend vorkommst. Wenn im Winter in der Nähe des Polarkreises plötzlich die schillernden Farben von Nordlichtern den Himmel erfüllen. Wenn du einen überwältigenden Sonnenaufgang am Meer oder in den Bergen erlebst und du mit einem Mal ahnst, wie alles auf wundersame und erhabene Weise miteinander verbunden ist. Oder auch, wenn dir die entfesselten Naturkräfte bei Sturm und Gewitter wohlige Schauer über den Rücken jagen.

Allerdings muss *wild awe* nicht unbedingt gigantisch sein, um uns zum Staunen zu bringen. Es kann dich auch befallen, wenn du bei einem Spaziergang im Wald ein paar Eichhörnchen begegnest, die nicht weglaufen, sondern dich neugierig beäugen. Oder wenn du dir im Park oder Garten die feinen Verästelungen eines Blatts anschaust und du plötzlich vollkommen überwältigt bist ob der unfassbaren Perfektion der Natur.

Musikalisches Staunen, *musical awe*, ist noch ein wichtiger Bereich des ehrfürchtigen Staunens. Es zeigt sich etwa, wenn wir angesichts der ergreifenden Schönheit von Bachs Weihnachtsoratorium in haltloses Schluchzen ausbrechen und nicht wieder aufhören können. Oder wenn wir einer außergewöhnlich virtuosen Musikperformance zuhören, die uns nicht nur unter die Haut geht, sondern tiefe Ehrfurcht vor dem Können der Musizierenden in uns auslöst. Oder wenn wir zusammen Musik machen, singen oder uns dazu bewegen.

Musik gibt einem geübten Komponisten zum Beispiel auch die Möglichkeit, eigenes Staunen zu verarbeiten, es in Noten zu gießen und damit anderen zugänglich zu machen. Improvisierende Musiker drücken Emotionen wie das Staunen mit ihren Instrumenten ähnlich aus, wie wir das mit unserer Stimme tun würden. Oft ist das musikalische Staunen darum mit dem kollektiven Überschwang kombiniert, und bei manchen Kunst-Performances oder Events – wie etwa dem bereits erwähnten »Burning Man« – ist es auch mit der nächsten Kategorie verwoben:

Heilige Geometrien, *sacred geometries*, ist der leicht kryptische Name, den Keltner der nächsten Kategorie des Staunens gegeben hat, bei der es aber keineswegs nur um geometrische Formen oder Religiöses geht. Gemeint ist vor allem visuelle Kunst. »Geometrien« bezieht sich auf wiederkehrende Strukturen menschlichen Lebens oder in der Natur. Mit »heilig« spielt Keltner darauf an, dass wir diese instinktiv als bedeutungsvoll empfinden, etwa die »Symmetrien der Liebe zwischen Eltern und Kind in Abbildungen der Madonna mit Kind von Raphael oder da Vinci«.[11] Ich selbst hätte diese Staun-Kategorie vermutlich eher »Durch Kunst vermitteltes Staunen« genannt.

Wie auch bei Musik ist es eine Besonderheit visueller Kunst, dass sie als Konservierungsmöglichkeit von Wow-Erlebnissen dient und es möglich macht, das eigene Staunen für andere fassbar und zugänglich zu machen und sogar durch Zeit und Raum zu transportieren. So können wir heute noch über außergewöhnliche Kunst staunen, die vor langer Zeit entstanden ist. Von Frida Kahlos Selbstporträts über Yves Kleins Blau über Triptychen in alten Kirchen bis hin zu Höhlenmalereien aus der Steinzeit. Allein die Vorstellung, dass jemand vor vielen Jahren – manchmal vor unvorstellbar langer Zeit – diese Werke geschaffen hat, ist umwerfend.

Dass ein berühmter Maler oder eine berühmte Malerin irgendwann genau diese Pinselstriche getan hat, die wir vor unserer Nase haben. Aber auch Kunsthandwerk, wie Masken, Körbe oder andere Gebrauchsgegenstände, bis hin zu Architektur und Design, können uns solch wohlige Schauer des Staunens verursachen. Kunst kann etwas universell Menschliches oder auch etwas sehr Persönliches in uns berühren und daraufhin zum Klingen bringen. Sie ist für Künstler wie Betrachter manchmal auch eine Möglichkeit, Ungeheuerliches – etwa grauenvolle Erlebnisse im Krieg oder andere Traumata – zu verarbeiten und in etwas Positives zu verwandeln. Denn auch schreckliche Erfahrungen können ungläubiges Staunen auslösen.

Das fundamentale Es nennt Keltner – noch etwas kryptischer – die nächste Staun-Kategorie: *the fundamental it.* An anderen Textstellen bezeichnet er sie auch als *mystical awe*, also mystisches Staunen, was vielleicht etwas klarer vermittelt, um was es geht: spirituelle Erfahrungen, die uns mit etwas in Berührung bringen und die Verbindung zu etwas ahnen lassen, was viele von uns nicht mit dem »fundamentalen Es«, sondern mit dem »Göttlichen« beschreiben würden. Für andere passt das Bild besser, dieses Etwas als Quelle oder Ursprung allen Seins zu bezeichnen. Wieder andere nennen es die Verbindung von allem oder das allumfassende Bewusstsein.

Mit Bewusstsein ist dabei nicht unser Alltagsbewusstsein gemeint, also nicht unser wacher Zustand im Unterschied zum schlafenden. Gemeint ist stattdessen ein spirituelles Bewusstsein, das alles, was ist, durchdringt und auf diese Weise verbindet – damit befassen wir uns später noch eingehender.

Falls du mit solchen Konzepten noch keine Berührung hattest, klingt das jetzt für dich vielleicht etwas abgehoben. Wenn du noch nicht selbst erlebt hast, dass du dich mit diesem Allumfassenden verbinden kannst, wirkt das vermutlich so, als würde ich dir versichern, dass der Weihnachtsmann mit einem von Rentieren gezogenen Schlitten die Geschenke bringt. Doch ich möchte dich bitten, deine Skepsis einmal beiseitezuschieben und einfach die Experimente zu testen, die ich dir in diesem Buch vorschlage. Von der Existenz des Weihnachtsmanns werden sie dich vermutlich nicht überzeugen – aber möglicherweise von etwas anderem.

Wenig überraschend sorgen übernatürliche – eben mystische – und wissenschaftlich nicht ohne Weiteres erklärbare Erlebnisse für Wow-Gefühle. Wenn du nach Lourdes pilgerst und dir dort tatsächlich die Jungfrau Maria erscheint, zum Beispiel. Oder wenn dir eine rätselhafte innere Stimme an der Supermarktkasse zuflüstert, ausnahmsweise mal ein Rubbellos zu kaufen, und du dann tatsächlich gewinnst.

Selbst so etwas wie Yoga kann dir mystische Wow-Erfahrungen vermitteln. Eine ganze Reihe von Posen entsprechen Körperhaltungen, die Menschen häufig einnehmen, wenn sie staunen (etwa ein nach hinten geneigter Oberkörper) oder wenn sie etwas ehrfurchtsvoll anbeten (etwa in die Höhe gehobene Arme oder ein tiefes Verbeugen). Darum können diese Haltungen – über Assoziationen und den Mechanismus des Body Feedbacks, auf den ich später noch genauer eingehe – ebenfalls Staunen hervorrufen und sind damit ähnlich wie Kunst ein Transportmittel fürs Staunen durch Zeit und Raum. Das ist die rationale Erklärung. Keltner erzählt in seinem Buch aber auch vom Yogi und Mystiker Gopi Krishna, der durch Yoga eine außerkörperliche Erfahrung hatte, bei der er in einem »Meer aus Licht« eins mit dem allumfassenden Bewusstsein wurde.[12]

Eine solche außergewöhnliche Erfahrung lässt sich nicht allein mit Body Feedback erklären, sondern hier kommen noch andere Komponenten hinzu, wie starke Fokussierung, zum Beispiel durch sehr bewusste Atmung. Du wirst bei einer gewöhnlichen Stunde im Yogastudio nebenan darum vermutlich erst mal keine Out-of-Body-Erfahrung haben. Trotzdem kannst du Yoga als möglichen Zugang zu anderen Sphären nutzen – übrigens auch, wenn du normalerweise gar kein Yoga machst. Ich werde dir später eine Atemübung zeigen, die Yogis – und manche Magier – empfehlen, um den ätherischen Körper zu erfahren. Der ätherische (oder auch: energetische) Körper gilt als die innere Schicht der Aura, die sich normalerweise mit dem physischen Körper überlappt. Eine solche Übung kann an sich schon ein Wow-Erlebnis sein – und der erste Schritt zu noch intensiveren Erfahrungen.

Nach diesem kleinen Schlenker noch mal zurück zu Keltners Kategorie des mystischen Staunens. Ähnlich wie Yoga-Übungen können auch bestimmte körperliche Elemente religiöser Rituale, etwa der Fall auf die Knie oder den Bauch, das Verbeugen in verschiedenen Varianten, ein Heben oder Falten der Hände oder Tänze mystisches Staunen auslösen oder verstärken. Das tun sie ganz besonders, wenn religiös aktive Menschen diese Rituale in Zeremonien kennengelernt haben, die in ihrer gesamten Inszenierung – zum Beispiel mit Kerzen, bestimmter Musik oder auch geheimnisvollen Düften – bereits etwas Mystisches ausstrahlen. Die gelernten Gesten können dann – wie auch alle anderen Elemente des Rituals – als hypnotische Anker fungieren, also als Signal für das Gehirn, bestimmte Inhalte wie zum Beispiel auch passende Emotionen wieder hervorzukramen: in diesem Fall mystisches Staunen.

Mystische Staun-Erlebnisse führen oft zum Bedürfnis, die Erfahrung künstlerisch auszudrücken, in Bildern, Musik, Geschichten oder Gedichten, die dann erneut eine Quelle für Staunen sein können und teilweise wieder unter eine der vorherigen Kategorien fallen. Es ist ein bisschen wie ein Spiegelkabinett, in dem eine endlose Reihe von Spiegeln zu sehen ist: Staunen erzeugt Staunen!

Leben und Tod, *life and death*, ist Keltners Kategorie Nummer sieben. Denn auch große und unvermeidliche Ereignisse des Lebens berühren uns auf besondere Weise. So bringt das Erleben einer Geburt fast immer ein tiefes ehrfürchtiges Staunen mit sich. Ganz besonders natürlich, wenn es die Geburt des eigenen Kindes ist, wie vermutlich die meisten Eltern bestätigen können. Auch schon vor der Geburt kann das Bewusstsein, dass neues Leben entsteht, oder das sichtbare Schlagen des kleinen Herzens auf dem Ultraschallmonitor ein Wow! aus tiefster Seele auslösen. Plötzlich scheint durch dieses Bild der tiefere Sinn allen Seins hindurch, ebenso wie sich die überwältigende bedingungslose Liebe, die die meisten Eltern für ihre Kinder empfinden, bereits erahnen lässt.

Ähnlich tief berührt es uns, wenn wir den Moment miterleben, in dem jemand, den wir lieben, diese Welt wieder verlässt. Vielleicht fragst du dich jetzt, wie der Tod in diese ansonsten so lebendige Aufzählung hineinpasst. Doch gerade die Gegenwart des Todes und das Begleiten eines Sterbenden ist etwas so Großes und vom Kopf her Unbegreifliches, dass es neben Traurigkeit und Schmerz oft ein Gefühl großer Ehrfurcht auslöst. Wir können uns – zum Beispiel – plötzlich überwältigend lebendig fühlen und den Wunsch verspüren, unser Dasein besser zu nutzen, als wir es bisher getan haben. Oder wir empfinden große Dankbarkeit, diesen Menschen in seinem Leben gekannt und begleitet zu haben.

Menschen, die Nahtod-Erfahrungen machen, wenn sie zum Beispiel einen Herzstillstand haben, beschreiben dies oft als außerkörperliche Erfahrung. Sie schweben über ihrem Körper, nehmen einen Tunnel wahr, an dessen Ende ein wunderbares Licht wartet, oder es gibt keinen Tunnel, sondern nur gleißendes Licht. Je nach Kulturkreis begegnen Menschen in diesem Zustand verstorbenen Verwandten oder auch religiösen Figuren, die gekommen sind, um sie abzuholen. Häufig bringen Menschen aus diesen Erfahrungen einen großen Frieden und Zuversicht für ihr weiteres Leben mit, weil sie nun davon überzeugt sind, dass der Tod nicht das Ende ist, sondern nur ein Übergang zu etwas anderem.

Eine solche Erkenntnis wiederum grenzt an die letzte Kategorie:

Offenbarung, *epiphany*, ist nach Keltner schließlich das »achte Wunder des Lebens«, das das mystische Staunen noch eine Stufe in Richtung spirituelle Erleuchtung weiterträgt (diesem Thema werden wir uns noch sehr ausführlich im letzten Kapitel widmen). Denn wir *begegnen* bei einer Offenbarung nicht nur etwas Großem, Göttlichem, Verbindendem, sondern wir *begreifen* es auch intuitiv auf einer nicht in Worte zu fassenden Ebene. Dieses Begreifen kennst du vielleicht auch unter dem Begriff »Erleuchtung«: Plötzlich geht ein Licht auf.

Wenn du zum Beispiel an einem schamanischen Ritual teilnimmst und du dabei mit einem Mal die profunde Eingebung hast, was der Sinn deines Lebens ist und wie du von dort weitergehen sollst. Wenn du einen Weg findest, die Verbindung zum »Göttlichen« willentlich herzustellen, und nicht darauf warten musst, dass dir irgendwie zufällig »mystisches Staunen« begegnet. Oder wenn sich dir ganz einfach über Nacht offenbart, wie und dass alles miteinander verbunden ist, wie es mir mit elf Jahren und später noch einmal während einer schweren Krankheit passiert ist – mehr dazu später.

EIN WOW KOMMT SELTEN ALLEIN

Falls du vorhin noch nichts oder nur wenig im großen Wow-O eintragen konntest, hast du nun vermutlich einiges an Inspiration bekommen und deiner Erinnerung auf die Sprünge geholfen.

Aber auch wenn die gerade genannten Kategorien erste große Staun-Schubladen bereitstellen, sind sie zwangsläufig nicht vollständig und auch nicht eindeutig. Beispielsweise ist tiefes ehrfurchtsvolles Staunen, was auch immer es verursacht – ob ein Zaubertrick, ein Besuch im Planetarium oder einfach ein Blick auf die Blütenstempel einer Blume, in der du die Fibonacci-Sequenz erkennst –, bereits für sich genommen *immer* eine spirituelle, mystische Erfahrung und fällt darum schon allein deshalb in die Kategorie »Das fundamentale Es« (oder eben: mystisches Staunen).

Du kannst auch zusammen mit anderen überwältigende Naturerfahrungen machen und dadurch kollektiven Überschwang gleich mit erleben. Oder du besuchst ein fantastisches Konzert in einer natürlichen Höhle oder einer Grotte am Meer und erlebst dort zugleich *wild awe* und *musical awe*. Wenn dann plötzlich alle Besucher gemeinsam anfangen, sich in Trance zu tanzen, kommt vielleicht noch der kollektive Überschwang, *collective effervescence* hinzu.

Außerdem gibt es noch viel mehr Dinge, die meiner Erfahrung nach ganz sicher ein Gänsehaut-Wow auslösen können, sich aber trotzdem nicht eindeutig in eines der aufgeführten Staun-Felder einsortieren lassen. Nehmen wir beispielsweise das Anschauen einer akrobatischen Zirkus- oder Varietéshow, die uns wegen der schier unglaublichen Körperbeherrschung der Vorführenden, unerwarteter Stunts oder ganz besonderer Geschicklichkeit in ihren Bann zieht. Das Lesen besonderer Geschichten oder Gedichte, die faszinierende Bilder vor unserem geistigen Auge erscheinen lassen. Ein plötzlicher Perspektivwechsel und eine daraus erwachsende Erkenntnis, die im Handumdrehen ein Problem in nichts auflöst. Das Anschauen eines meisterhaften Films oder

Theaterstücks. Eine gelungene Überraschung, die Freunde uns bereiten. Berauschender Sex oder ein unverhoffter Kuss, der vielleicht unser ganzes Leben umkrempelt.

Staunen hat unendlich viele Gesichter.

WICHTIG IST NICHT, WELCHE SORTE WOW-ERFAHRUNG DU HAST – WICHTIG IST NUR, DASS DU SIE HAST

Zum Glück ist es auch überhaupt nicht wichtig, alles ganz genau einzuordnen. Wichtig ist allein, dass wir diese Erfahrungen haben! Das heißt natürlich nicht, dass Wow-Kategorien außerhalb der Wissenschaft nutzlos sind. Denn sie geben uns gute Anhaltspunkte, wo wir nach Staun-Momenten suchen können.

Und vielleicht passen etwa Akrobatik-Aufführungen ausgezeichnet irgendwo mitten dazwischen. Zwischen das musikalische Staunen (denn sie sind ja oft wie Tanz von Musik untermalt), das wilde Staunen (mit dem trainierten menschlichen Körper als Naturereignis) und das Staunen über visuelle Kunst (denn eine visuelle Sensation sind sie allemal).

Ich bin auch nicht ganz sicher, in welche der Staun-Fächer ich das Wow des Zauberns legen soll – und damit mein im vorigen Kapitel beschriebenes Erlebnis, das ich mit sieben Jahren hatte, als ich für meine Familie den uralten Becher-Trick aufgeführt habe. Für mein Publikum lag die Erfahrung wahrscheinlich irgendwo zwischen dem Staunen über visuelle Kunst und jenem, das mystische Erfahrungen einem vermitteln.

Für mich war es allerdings nichts Geringeres als eine Offenbarung, denn ich habe an diesem Tag den Weg erkannt, den ich in meinem Leben gehen will.

DER KERN ALLEN STAUNENS IST DER IMPULS ZUR VERWANDLUNG

Der gemeinsame Nenner des Wow-Gefühls ist trotz so vieler verschiedener Auslöser immer der gleiche:

Das Staunen dringt plötzlich wie ein wundersamer Zauber bis in unseren Wesenskern und verwandelt uns und unsere Welt.

Es verwandelt zum Beispiel unsere Perspektive auf die Realität oder unsere Stimmung. Manchmal »nur« ein kleines bisschen und vorübergehend, häufig aber auch grundlegend und dauerhaft. Und je häufiger wir uns selbst und andere zum Staunen bringen, umso deutlicher spüren wir den Effekt.

In der Tiefe ist das Staunen trotzdem gleich: Du hältst das Schnattern deiner Gedanken an und kommst zu hundert Prozent in den gegenwärtigen Moment. Das bringt dich in die einzige Zone, in der du wirklich bist, und auch in den einzigen Moment, in dem Veränderung möglich ist: das Jetzt. Und du ahnst oder spürst deutlich, dass in diesem Jetzt noch mehr ist, das erforscht werden kann und will. Eine eigene Welt, ein tieferer Sinn. Oft gewinnst du durch die neue Perspektive auch eine neue Erkenntnis.

DEINE WOW-MOMENTE – UND WAS SIE MIT DIR ZU TUN HABEN

Zu diesem Zeitpunkt bist du vermutlich (noch) nicht mit Methoden vertraut, die es dir ermöglichen, mehr Wow-Momente in dein Leben zu bringen. Das wird sich bald ändern, denn mein Ziel ist es, dir mit diesem Buch verschiedene Wege zu mehr Wow, zu mehr tiefem Staunen und so auch zu den damit verbundenen wunderbaren Vorteilen zu zeigen.

Bevor du diese Wege bewusst beschreiten kannst, werden dir Wow-Momente häufig gerade dann begegnen, wenn du nicht damit rechnest. Du bist dabei, dich mit irgendetwas mehr oder weniger Alltäglichem zu beschäftigen, und plötzlich geschieht etwas – vielleicht nur für dich persönlich – Spektakuläres, reißt dich aus deinen Gedanken und mitten hinein ins Geschehen im Hier und Jetzt.

Zum Beispiel, wenn du durch den Regen spazierst, und auf einmal klart der Himmel auf, die Sonne kommt hervor, und ein wunderschöner Regenbogen ist zu sehen. Oder du bist bei einem Familienfest, und ein Kind führt einen verblüffenden Zaubertrick vor. Oder du hast dich widerwillig zu einer Party »mitschleppen« lassen, tanzt plötzlich die ganze Nacht durch und fühlst dich so »Wow« und lebendig wie zuletzt vor zwanzig Jahren. Oder du hast unerwartet eine Erkenntnis oder eine Begegnung, die dein ganzes Leben auf den Kopf stellt – oder wenigstens dem ganzen Nachmittag ein Glitzern verleiht. Oder du kannst mit einem Mal ein Musikstück flüssig auf dem Klavier spielen, das dir zu Beginn deiner Klavierstunden als Ding der Unmöglichkeit erschienen ist. Oder, oder, oder.

Diese plötzlichen Wow-Momente kannst du in der Regel nicht willentlich herbeiführen. Trotzdem hast du häufig wesentlich dazu beigetragen, dass du sie erleben konntest.

Wie?

Indem du zum Beispiel trotz Schmuddelwetter nicht drinnen hocken geblieben bist. Indem du dich von einer Freundin hast überzeugen lassen, zur Feier mitzugehen. Indem du angefangen hast, etwas Neues zu lernen, und jetzt völlig überrascht von deinen eigenen Fähigkeiten bist. Und so weiter – du verstehst das Prinzip, denke ich.

Nimm darum bitte jetzt dein Journal und einen Stift zur Hand, und blättere zu den beiden Os mit deinen Wow-Momenten.

Frage dich nun zu jeder Eintragung:

Habe ich dazu beigetragen, dass ich diesen Wow-Moment erleben konnte?

Wenn ja, wie genau?

Schreibe noch einmal kurz den jeweiligen Wow-Moment ins Journal und dann die Antworten zu diesen Fragen darunter. Diese Fragetechnik stammt aus der sogenannten Positiven Psychologie. Sie lenkt bewusst deinen Blick darauf, wie du mit deinem Verhalten eine positive Erfahrung möglich gemacht hast. Das versetzt dich in die Lage, Muster zu erkennen. Dann kannst du es mit immer gezielteren Aktionen in Zukunft wahrscheinlicher machen, dass dir ein ähnlich schönes Erlebnis noch einmal widerfährt. Natürlich kannst du nicht beeinflussen, ob gerade dann ein Regenbogen entsteht, wenn du dich entschieden hast, einen Spaziergang zu machen.[13] Oder ob dir ein Eichhörnchen vor die Füße hüpft. Aber zu Hause auf dem Sofa vor dem Fernseher ist die Wahrscheinlichkeit, dass dir überhaupt etwas Wunderbares widerfährt, um ein Vielfaches geringer.

Als ich angefangen habe, diese Technik selbst anzuwenden, habe ich festgestellt, dass ich vor allem dann besondere Momente erlebt habe, wenn ich meine Komfortzone verlassen und etwas *getan* habe. Trotz Wind und Wetter rausgegangen bin in die Natur. An etwas drangeblieben bin, was mich interessiert, auch wenn es mit viel Üben verbunden war – wie an der Zauberkunst und später der Hypnose. Wenn ich an einem Tag besonders konzentriert und ohne zu prokrastinieren, gearbeitet habe und in einen Flow geraten bin. Meinen inneren Schweinehund und meine Trägheit überwunden und mich etwas getraut habe, etwa in die Mongolei zu fliegen, um von den dortigen Schamanen zu lernen. Wenn ich etwas Neues ausprobiert habe. Wenn ich ein Buch gelesen habe über ein Gebiet, das mir zuvor fremd war und das in mir etwas berührt. Wenn ich mich auf etwas voll und ganz eingelassen und es genossen habe, wie eine Bühnenshow.

Dein Wow-Journal mit deinen aktuellen Staun-Momenten führst du am besten täglich zu einem fixen Zeitpunkt, zum Beispiel vor dem Einschlafen. So stellst du die Weichen für immer mehr erstaunliche Augenblicke in deinem Leben.

WO DU WOW-GEFÜHLE SELTENER FINDEST

Die Staun-Forscher rund um Dacher Keltner haben für ihre Arbeit Hunderte Menschen auf der ganzen Welt danach gefragt, welche Situationen oder Erlebnisse ihnen Wow-Momente beschert haben – dabei heraus kamen die vorhin vorgestellten »Acht Wunder des Lebens«.

Vielleicht ist dir aufgefallen, dass in der Aufzählung bestimmte Dinge nicht vorgekommen sind. Dinge, die gemeinhin als sehr erstrebenswert gelten, wie etwa Geld, Besitz, äußerliche Attraktivität und Status.

Das ist kein Zufall.

Mit Erlebnissen, die uns wirklich unter die Haut gehen, die uns mit Sinn erfüllen und uns mit anderen verbinden, haben Finanzen, Besitztümer und Ansehen nur wenig zu tun. Die von Dacher Keltners Team befragten Personen gaben selten an, dass Geld oder materielle Dinge ihnen Wow-Gefühle beschert haben. Das Wesentliche scheint sich woanders zu verstecken.

In anderen Studien zeigte sich, dass Menschen, die weniger wohlhabend sind, häufiger Wow-Erlebnisse haben als reichere Personen und in ihrer ganz alltäglichen Umgebung regelmäßig staunen.[14] Wohlstand scheint manchmal sogar die Fähigkeit zum Empfinden des alltäglichen Wow zu behindern, während weniger Betuchte das Staunen immer wieder in der Natur finden, im Tanz, in der Musik oder im Zusammensein mit anderen.

Daraus lässt sich natürlich nicht der Umkehrschluss ziehen, dass wohlhabende Menschen keine Wow-Momente erleben können!

Es kommt darauf an, was sie mit ihrem Wohlstand verbinden. Manche Menschen häufen nämlich Reichtum und materielle Güter an, um etwas zu kompensieren. Etwa eine innere Leere oder das Fehlen von Sinn. Einige Wohlhabende sind vor allem aus dem Grund wohlhabend, weil sie meinen, erst dann Sicherheit zu finden und sich zurücklehnen zu können, wenn sie noch mehr haben. Solche Menschen hetzen durchs Leben, sind nie zufrieden, aber immer gestresst und mit den Gedanken in der Zukunft. Oder sie vergleichen sich ständig mit anderen, die noch mehr haben, in noch luxuriöseren Resorts ihren Urlaub verbringen und noch spektakulärere Häuser, Autos, Boote, Rennpferde, oder was sonst noch so begehrlich erscheint, besitzen.

Eigentlich klar, dass dann die Muße und Offenheit fehlen, das

»Wow« eines ganz gewöhnlichen Moments, der keinen Cent kostet, überhaupt wahrzunehmen.

Menschen, die so leben, kultivieren ein »Mindset des Mangels«, in dem nie etwas ausreichend oder gut genug ist. So ungefähr beschreibt es sinngemäß die Aktivistin und Fundraising-Expertin Lynne Twist. Twist hat es sich zum Lebensziel gesetzt, mehr soziale Gerechtigkeit in die Welt zu bringen und Armut und Hunger zu bekämpfen. In den mehr als vier Jahrzehnten ihrer Arbeit hatte und hat Twist sowohl mit extrem armen Menschen zu tun als auch mit Superreichen – und hat die Erfahrung gemacht, dass es auf die Einstellung zum Geld ankommt, ob Geld glücklich macht. Wer nicht nur anhäuft und auf seinen eigenen Vorteil bedacht ist, sondern auch mit Liebe weitergibt – in der Überzeugung, dass genug für alle da ist –, der kann wohlhabend sein und zugleich Geld in ein Mittel »moralischer Schönheit« verwandeln, mit dem Gutes und potenziell auch das eine oder andere »Wow« in die Welt fließt.[15]

Dazu passen neuere Untersuchungen des Psychologen und Nobelpreisträgers Daniel Kahneman[16], die – entgegen früheren Studien – ergeben haben, dass Geld das Glücksempfinden doch häufig steigern kann. Mit einer Ausnahme: Menschen, die aus anderen Gründen als aus Geldmangel unglücklich sind, werden durch mehr Geld auch nicht glücklicher. Durch regelmäßige Wow-Erlebnisse aber wahrscheinlich schon! Wie das – unabhängig vom Einkommen und Besitz – vonstattengehen kann, dem werden wir noch auf den Grund gehen.

Geld muss also kein Hindernis sein, um Wow-Gefühle zu erleben, aber es ist auch keine Voraussetzung. Was allerdings definitiv Wow-Gefühle abblockt, ist etwas anderes:

NUR EIN GEDANKE?

Es gibt ein Wort, das ein »Mindset des Mangels« häufig kennzeichnet und zuverlässig Wow-Erlebnisse und Staunen verhindert. Dieses Wort kommt harmlos daher, ist aber eine echte Spaßbremse. Es lautet:

NUR

Sieh selbst:
So ein Regenbogen ist doch *nur* Physik.
Das sind *nur* hunderttausend Euro.
Das ist doch *nur* ein Zaubertrick.
Dass du da etwas spürst, das ist *nur* Einbildung.
Deine Schmerzen sind *nur* psychosomatisch.
Das war doch *nur* eine Kleinigkeit.
Wenn du dich toll fühlst, sind das *nur* Chemikalien in deinem Gehirn.
Das ist doch *nur* ein Gedanke.
Das ist *nur* Hypnose.
Das hat er doch *nur* gesagt, um sich einzuschmeicheln.

Sobald du einem Satz ein »nur« hinzufügst, schrumpft das Gesagte. »Nur« reduziert, relativiert, macht klein, spricht ab. Ein »Nur« ist aber nicht allein ein Verhinderer von Wow-Erlebnissen, es ist auch ein Beförderer von Gewalt, fehlender Empathie, es verhindert Wertschätzung und wird und wurde benutzt, um sogar schlimmste Verbrechen zu rechtfertigen. Oft wird dann etwas gesagt wie: »Das war doch nur ein Klaps«, »Das ist doch nur einer von den anderen«, »Das ist doch nur ein Tier«.
Denk daran, wenn dir das nächste Mal das Wort »nur« durch den Kopf schießt oder auf der Zunge liegt – in den allermeisten Fällen ist es besser, darauf zu verzichten.

Zwei bestimmte Eigenschaften begünstigen allerdings Wow-Momente. Eigenschaften, die Kinder noch im Überfluss haben und die auch wir Erwachsenen uns zum Glück (wieder) aneignen können, falls sie uns vorübergehend abhandengekommen sein sollten – und dazu kommen wir jetzt.

3

ZURÜCK AUF LOS: WARUM EIN GROBES WOW DARIN LIEGT, DAS WUNDER IN ALLEM ZU SEHEN – UND IN UNS DIE SEHNSUCHT NACH DEM STAUNEN AUS KINDERTAGEN SCHLUMMERT

»Die wahre Lebenskunst besteht darin,
im Alltäglichen das Wunderbare zu sehen.«
Pearl Sydenstricker Buck, Schriftstellerin

300 Meter pro Stunde.

Das war in etwa das Tempo, in dem sich meine Kinder – und damit auch ich – fortbewegt haben, wenn ich sie früher in der KiTa abgeholt und mit ihnen auf dem Heimweg einen Park durchquert habe. Jeder dieser Spaziergänge war ein einziges Abenteuer, das jeweilige Kind verwandelte sich unmittelbar in eine beflissene Forscherin oder einen eifrigen Forscher. Jeder Stein, jedes Stöckchen, jedes Blatt wurde zum Untersuchungsgegenstand. Wurde befühlt, beschnuppert, eingehend von allen Seiten betrachtet und oft auch in diversen Experimenten eingesetzt: Kann ich mit dem Stöckchen Laub aufspießen? Was passiert, wenn ich mit diesem Stein über den Gehweg kratze? Kann ich durch ein Blatt hindurchsehen? Natürlich wurde auch jeder Marienkäfer, jede Amsel, jede Ameise, jedes Eichhörnchen, jeder Hund und jede Katze zum Beobachtungsobjekt, mindestens so spannend wie ein Besuch im Zoo. Da ich als schützender Papa-Bodyguard dabei war, waren keine Gefahren zu befürchten. Alles konnte mit leuchtenden Augen und kleinen Händen ohne Hast eingehend inspiziert werden.

Für kleine Kinder ist dieser Zustand des Staunens noch permanent, denn für sie ist alles neu und spannend. Sie müssen die Welt schließlich erst noch kennenlernen. Sind wir Eltern oder andere vertraute Bezugspersonen in der Nähe, tun selbst die Kleinsten das fast immer furchtlos, mit großer Begeisterung und meist ausgesprochen ausdauernd.

Kinder besitzen etwas im Überfluss, was Erwachsene oft nicht mehr oder kaum noch haben (und das sind die zwei Eigenschaften, auf die ich am Ende des vorigen Kapitels angespielt habe): Neugier und Offenheit für neue Erfahrungen. Dank dieser Eigenschaften haben Kinder ständig Wow-Erlebnisse und sehen die Welt um sie herum als das, was sie ist: ein großes Wunder!

VOM SCHLEICHENDEN VERSCHWINDEN DER WUNDER, WENN WIR ES UNS IM ERWACHSENENLEBEN EINRICHTEN

Vielleicht hast du als Kind auch *Momo* von Michael Ende gelesen. In dieser Geschichte animieren die sogenannten »grauen Herren« die Menschen zum Zeitsparen. Sie sollen ihre Zeit nicht mehr mit vermeintlich unnützen Dingen »verschwenden«: dem Pflegen von Freundschaften und dem Singen im Chor, dem Lesen zum Vergnügen, einem Abend im Kino, dem liebevollen Kümmern um andere Menschen und Tiere oder einfach nur dem gelegentlichen Nichtstun oder Sinnieren.

Die Erwachsenen lassen sich davon überzeugen, streichen alles, was Zeit »kostet«, aber ihr Herz erfüllt, aus ihrem Leben – und verlieren damit nicht nur die Freude (und mit ihr alle Wow-Momente), sondern auch die Zeit, die ihnen in diesem Leben zur Verfügung steht – denn auf die haben es die fiesen Grauen abgesehen, weil sie sonst nicht existieren können.

Zum Glück gibt es das Mädchen Momo, das die geraubte Zeit in einer gefährlichen Aktion im letzten Moment befreien kann.

Manchmal scheint es mir, als seien die grauen Herren real und immer noch aktiv, denn ich beobachte, wie sich für viele Menschen die Entdeckerfreude aus Kindertagen irgendwann langsam verliert. Häufig dann, wenn wir nach der Ausbildung oder dem Studium in ruhigere Fahrwasser gleiten. Dabei wird unsere Welt oft nach und nach entzaubert. Weniger bunt und weniger begeisternd. Grauer. Wir glauben zu wissen, wie der Hase läuft, zumindest in unserer eigenen kleinen Nische der Welt. Die einstigen Wunder sind noch immer da, aber wir gucken sie uns nicht mehr so genau an. Gehen achtlos an ihnen vorüber – oder, schlimmer noch, wir gehen nicht, sondern eilen, gehetzt von all unseren To-dos, daran vorbei. Es gibt ja immer so viel zu tun.

Wir Menschen neigen außerdem tendenziell dazu, uns über die Jahre in unserer – häufig unmerklich immer weiter schrumpfenden – Komfortzone häuslich einzurichten. Das ist zwar nicht sonderlich aufregend, aber sehr bequem und beruhigend vorhersehbar. Ab einem gewissen Alter haben wir unsere Routinen und folgen ihnen, oft ohne die kleinste Veränderung. Jeder Tag sieht mehr oder weniger aus wie der vorhergehende. Wir halten uns an das, was wir kennen, denn unbewusst macht uns Neues und Unbekanntes ein bisschen Angst – und so vermeiden wir es nach Möglichkeit. Unsere Fühler über unseren gewohnten Radius hinaus auszustrecken, ist auch nicht mehr zwingend notwendig, wir haben ja alles, was wir brauchen, und wissen alles, was wir wissen müssen.

Meinen wir zumindest, denn wir merken nicht, wie unsere Seele insgeheim nach neuen Abenteuern dürstet. So wird Staunen für viele Erwachsene zum seltenen Vergnügen, und der Forscherdrang aus Kindertagen ist nur noch eine weit entfernte Erinnerung.

STAUNEN MACHT UNS RESILIENTER UND GLÜCKLICHER – UND UNSER LEBEN ZUM SCHATZKÄSTCHEN

Leider bringen wir uns mit so einer Vermeidungshaltung um wundervolle Erfahrungen.

Das wusste schon der römische Philosoph Seneca. Der hat um 50 nach Christus die Abhandlung *De brevitate vitae* geschrieben, was übersetzt »Von der Kürze des Lebens« bedeutet. In der Schrift geht es darum, dass viele Menschen das Leben als zu kurz beklagen. Seneca war hingegen der Meinung, das Leben sei – ganz unabhängig von seiner tatsächlichen Länge – nur zu kurz für jene, die es nicht zu nutzen wüssten. Um die Lebenszeit sinnvoll zu füllen, war es nach Seneca wichtig, sich zuerst die eigene Endlichkeit vor Augen zu führen. Denn nur dann ist es möglich, die Kostbarkeit des Augenblicks wahrzunehmen. Über die Wunder um uns herum zu staunen und jeden Moment so zu leben, dass er zu einem funkelnden Edelstein in der Schatulle der persönlichen Erinnerungen wird. Wer aber die eigene Sterblichkeit verdrängt, lebt so, als hätte er ewig Zeit. Und wird häufig zum *homo occupatus*, dem beschäftigten Menschen, der das Leben vollstopft mit Dingen, die vermeintlich getan werden müssen, aber die das Herz nicht erfüllen. Und wenn diese »Beschäftigten« dann das letzte Stück ihres Lebens erreicht haben, müssen sie schmerzlich einsehen, dass sie ihre Lebenszeit vergeudet haben und nicht einmal schöne Erinnerungen geschaffen haben, an denen sie sich nun erfreuen können. Um diesem bedauerlichen Schicksal vorzubeugen, warb Seneca für die Muße, *otium*. Innehalten, schauen, Dinge mit Bedacht tun und staunen – so wie Kinder es ganz von selbst noch tun.

Die moderne Forschung bestätigt Seneca: Es sind vor allem neue oder besondere Erfahrungen, die uns staunen lassen und die uns als glückliche Erinnerungen erhalten bleiben.[17] Und Menschen, die in ihrem ganz normalen Alltag Muße zum Innehalten und Staunen finden – die also immer wieder erfüllende Erfahrungen machen, im Bekannten Neues entdecken und das

Wunder in allem erkennen –, führen nachweislich ein reicheres Leben.[18]

Mit »reicher« ist dabei nicht materieller Reichtum gemeint – wenn auch die Eigenschaften, die durchs Staunen gefördert werden, dir dabei helfen können, auf erfüllendere Weise mehr Geld zu verdienen.

Menschen, die es gewohnt sind, regelmäßig alltägliches Staunen zu erleben, schaffen einerseits Erinnerungen, die sie auch durch schwerere Zeiten tragen. Denn das, was uns staunen macht, bleibt – siehe oben – im Gedächtnis. Andererseits entdecken sie selbst in schwierigen Situationen noch Wunderbares und neue Aspekte, weil sie eine Achtsamkeit dafür entwickelt haben.

Verschiedene Untersuchungen haben außerdem gezeigt: Die im Alltag Staunenden sind offener für neue Ideen, Erfahrungen und Begegnungen und haben weniger Angst vor dem Unbekannten. Das sind – um noch einmal das Thema Geld aufzugreifen – die Grundeigenschaften von erfolgreichen Unternehmern. Es sind aber auch die Eigenschaften von resilienten Menschen, die etwas Neues suchen und finden, wenn etwas Altes nicht mehr für sie funktioniert oder weggebrochen ist. Von Menschen, die sich von Krisen nicht unterkriegen lassen. Von Menschen, die das, was sie zum Staunen bringt – wie die Wunder der Natur –, als schützenswert begreifen und darum etwas tun, um sie zu bewahren. Es sind auch die Eigenschaften von Abenteurern und vielen Heldinnen und Helden in spannenden Geschichten, die in die Welt hinausziehen, um sie mit ihrem Tun ein bisschen besser zu machen. Von Heldinnen und Helden, die Hindernisse überwinden und sie zu etwas Gutem transformieren.

PERSÖNLICHKEITSEIGENSCHAFTEN SIND NICHT SO UNVERÄNDERLICH WIE GEDACHT – VOR ALLEM OFFENHEIT FÜR NEUES LÄSST SICH STEIGERN

Klingt es nicht inspirierend, das eigene Leben mithilfe von Staunen ein bisschen mehr zur wunderbaren Heldenreise zu machen?

Eventuell liegt dir jetzt ein »Aber« auf der Zunge. Vielleicht, weil du nicht so der Draufgängertyp bist und du beim Begriff »Heldenreise« zusammenzuckst. Oder weil du schon einmal gehört hast, die jeweiligen Anteile der sogenannten Big Five – Extraversion, Gewissenhaftigkeit, Verträglichkeit, Neurotizismus und eben Offenheit – an der individuellen Persönlichkeitsstruktur seien im Prinzip unveränderlich. Diese Ansicht war tatsächlich in der Psychologie lange verbreitet, inzwischen hat sich das geändert. Es hat sich gezeigt, dass es durchaus möglich ist, an den eigenen Persönlichkeitszügen zu arbeiten, wenn wir das denn wollen.[19]

Du kannst zum Beispiel sehr gut deine Offenheit steigern, gleichzeitig aber deinen Neurotizismus verringern. Neurotizismus ist eine Eigenschaft, die dir, wenn sie überhandnimmt, das Leben sehr schwer machen kann, weil du dabei unter anderem unter gesteigerter Ängstlichkeit, Reizbarkeit und grundsätzlichem Pessimismus leiden kannst.

Staunen kann dir eine sehr große Hilfe bei der Arbeit an deinen Persönlichkeitsmerkmalen sein – und damit dazu beitragen, dass du ausgeglichener wirst. Es kann eine ebenso sichere wie stabile Brücke heraus aus deiner Komfortzone bilden, die dich in eine magische neue Welt führt, auch wenn du dir das derzeit vielleicht noch schwer vorstellen kannst – dazu kommen wir gleich.

VERSTEHE!

In meinen Seminaren bitte ich die Leute häufig, eine Frage zu stellen, die sie momentan bewegt, und auf einem Blatt Papier festzuhalten. In der Regel geht es dabei um Veränderung, um anstehende Entscheidungen, um Pläne, um Richtungswechsel. Kurz: um Neues, das auch schon mal Angst machen kann.
Eine häufige Frage ist zum Beispiel: »Soll ich den Beruf wechseln?« Jemand anders fragte einmal: »Ist es okay, mal allein in Urlaub zu fahren?«, und eine Teilnehmerin wollte wissen: »Wie stelle ich es an, ein Buch zu schreiben?«
Irgendeine Frage bewegt alle. Darum möchte ich auch dich jetzt einmal bitten, (d)eine aktuelle Frage in deinem Journal zu notieren.
Nachdem alle ihre Frage aufgeschrieben haben, erkläre ich im Seminar, dass ich nun das Einverständnis aller brauche, damit wir mit der jeweiligen Frage arbeiten können. Darum notieren alle – auch du jetzt bitte – unter ihrer Frage das Wort

EINVERSTÄNDNIS.

Nun schau dir das Wort »Einverständnis« noch einmal genau an – und trenne es nach dem »Ein« am Anfang. Heraus kommt:
EIN VERSTÄNDNIS
Anschließend schau erneut auf deine Frage – und versuche, *ein neues Verständnis* für sie zu entwickeln: Was verstehst du eigentlich genau darunter? Im Falle des potenziellen Berufswechsels zum Beispiel: Welcher andere Beruf soll es denn sein? Wann soll der Berufswechsel stattfinden? Warum möchtest du nicht mehr in deinem alten Beruf arbeiten? Im Urlaub-Beispiel könntest du schauen: Wohin möchtest du fahren? Warum willst du alleine reisen? Und wenn es um ein Buchprojekt geht, könnten die Folgefragen lauten: Was will ich für ein Buch schreiben? Warum? Was soll das für mich bringen?

Mit deinem Einverständnis erlaubst du dir also, dich mit deiner Frage näher zu beschäftigen – oft werden wichtige Entscheidungen nämlich immer wieder vertagt –, und du gewinnst ein neues Verständnis für dein Anliegen. So wird aus einer eher vagen Frage schnell etwas sehr Konkretes, häufig auch bereits ein erster Plan. Das nimmt schon viel von der anfänglichen Angst. Bei Letzterem kann auch das nächste Experiment helfen.

IM FLUSS DER EWIGKEIT

Viele Menschen fürchten sich insgeheim davor, was passiert, wenn sich ihr Leben ändert. Zum Beispiel durch einen neuen Job, einen neuen Wohnort, eine neue Liebe oder auch eine Trennung. Dieses Experiment spielt damit, dass – egal, was passiert – jeder von uns im Fluss der Ewigkeit, der verbindenden Essenz unser aller Dasein, schwimmt. Auf Englisch würde das heißen: SHE oder HE

SWIMS

Unser irdisches Dasein ist bei diesem Schwimmen gleichbedeutend mit einem kurzen Heben des Kopfes, einem Bewusstwerden unserer selbst, unseres Ichs, unseres Lebens, unseres Körpers. Dabei schwimmen wir weiter in diesem unendlichen, alles verbindenden Fluss. Und auch wenn etwas Umwälzendes passiert, was die Welt, wie wir sie kennen, auf den Kopf stellt, bleibt diese Wahrheit gleich. Um das zu verstehen, stelle jetzt bitte mal nicht die Welt, aber das Buch auf den Kopf. Fällt dir etwas auf?

Wenn du dich also das nächste Mal nicht an eine Herausforderung rantraust, an ein neues Projekt, eine Bewerbung, einen Schritt in eine neue Richtung, denke an dieses Experiment – und dann horche in dich hinein, was du wirklich tun willst, wenn du keine Angst mehr hättest.

SOLL ICH ODER SOLL ICH NICHT? WIR SCHRECKEN VOR NEUEM ZURÜCK …

Falls du dich vorhin ein kleines bisschen ertappt gefühlt hast, weil du auch eher selten auf abenteuerlichen Pfaden wandelst: Keine Sorge, das ist erst mal ganz normal!

Dass die meisten von uns sich nicht mehr Hals über Kopf in neue Erfahrungen stürzen, wie wir es als Kinder getan haben, liegt an unserem Gehirn. Alles, was von unseren Gewohnheiten abweicht, ist für das viel beschäftigte Organ zwischen unseren Ohren erst einmal ziemlich anstrengend. Es kann dabei nicht auf bereits etablierte Konzepte zurückgreifen, alles gerät ein wenig durcheinander und muss neu organisiert werden. Eine solche Neuorganisation ist durchaus kein Ding der Unmöglichkeit. Unser Gehirn ist sogar ganz meisterhaft im Umorganisieren, es ist bekannt für seine lebenslange neuronale Plastizität, also die Anpassungsfähigkeit an neue Umgebungen und Herausforderungen.

Aber so ein Einsatz ist energiezehrend, und das sieht unser Gehirn als Problem. Es ist sozusagen »vom Werk aus« auf Energiesparmodus eingestellt, weil Energie – Nahrung – im Laufe der Menschheitsgeschichte zumeist ein rares Gut war. Es war wichtig, nicht unnötig Energieressourcen zu vergeuden, die vielleicht noch gebraucht wurden, zum Beispiel zum Schutz vor Kälte, um vom Jagdausflug lebendig wieder nach Hause zu kommen. Die bereits erwähnte Neurowissenschaftlerin Lisa Feldman Barrett spricht hier vom »Körperbudget«: Das Kosten-Nutzen-Management dieses Budgets ist die Hauptaufgabe unseres Gehirns, immer mit dem allem übergeordneten Ziel, uns am Leben zu erhalten.[20] Darum »rät« uns unser Gehirn oft erst einmal gerne, lieber ein bisschen zu chillen, als vorschnell nerviges Chaos anzurichten. Bei kleinen Kindern ist das noch anders: Sie haben anfangs noch keine Routinen – auch darum sind sie automatisch im Entdeckermodus.

Der zweite Grund für eine Abneigung gegen Neues hat ebenfalls mit dem Erbe unserer Vorfahren aus der Steinzeit zu tun.

Gingen die im Urwald vorwiegend auf Nummer sicher und hielten sich in bereits gut ausgekundschafteten Gefilden auf, minimierten sie das Risiko, unangenehme Überraschungen zu erleben. Die konnten nämlich im ungünstigsten Falle das Letzte sein, was sie erlebten – zum Beispiel, wenn sie auf feindlich gesinnte Stämme stießen oder auf eine hungrige Bestie. Wenn sie also in der Ferne eine sich sachte bewegende Form sahen, die sowohl ein sich im Wind wiegender Busch sein konnte als auch ein gefährliches wildes Tier, war es überlebenstechnisch klug, auf die Möglichkeit »gefährliches Tier« zu tippen und schnell das Weite zu suchen. Das Gleiche galt, wenn sie einem Fremden begegneten, von dem sie nicht wussten, ob er feindlich oder freundlich gesinnt war.

Die Wagemutigen oder Sorglosen, die sich immer fürs Weitergehen entschieden, wurden dagegen eher überfallen oder gefressen. Sie konnten uns darum – ganz im Gegensatz zu den Vorsichtigen – ihre Gene selten weitergeben. Darum und weil wir uns an Gefährliches besser erinnern, erliegen auch wir heute noch oft, wie unsere Ahnen, dem sogenannten *Negativity Bias*: Wir halten Neues häufig instinktiv im ersten Moment eher für gefährlich als für inspirierend.

... UND SEHNEN UNS GLEICHZEITIG NACH NEUEN ERFAHRUNGEN

Doch unter bestimmten Umständen lässt sich unser Gehirn auch vom Gegenteil überzeugen. Erst mal darf das Neue dabei nicht so bedrohlich wirken, dass ein »Game over« oder andere ernste Konsequenzen zu befürchten sind. Zweitens muss das Neue lohnenswert erscheinen.

Auch für unsere Vorfahren konnte es nämlich – bei aller gebotenen Vorsicht angesichts von Säbelzahntigern und anderen Gefahren – von großem Vorteil sein, alte Gewohnheiten hin und wieder zu durchbrechen und Neues auszutesten. Nur so wurde es zum Beispiel überhaupt möglich, Erfindungen zu machen. Neue Lebensräume zu erschließen. Frische Wasserstellen und Jagdgründe aufzutun. Oder Partnerinnen und Partner zu finden, die nicht aus der nächsten Verwandtschaft stammten. Kurz: Wenn alle immer nur schlotternd vor Angst in ihrer Hütte gehockt und sich nicht nach draußen gewagt hätten, wäre ihr Überleben ebenso unsicher gewesen wie das der unbesonnenen Draufgänger.

Und genau darum liegt neben dem Zurückschrecken vor Neuem auch die Neugier in unseren Genen – und die Abneigung gegen Langeweile. Neuere Forschung zeigt, dass die Amygdalae, jene mandelförmigen Strukturen im Gehirn, die bisher immer untrennbar von Furcht und Kampf-oder-Flucht-Reaktionen gesehen wurden, gar nicht zwingend auf Furchteinflößendes reagieren. Sie feuern einfach immer dann, wenn wir Neuem begegnen, und machen uns aufmerksam. Erst mal ganz neutral. Wie wir das Neue dann bewerten und wie wir uns verhalten, beruht darauf, was wir über die Welt denken, und das wiederum basiert auf vergangenen Erfahrungen und dem, was wir gelernt haben.

Die Entscheidung für oder gegen Neues ist immer auch ein Abwägen: Soll ich oder soll ich nicht? Lohnt sich das Wagnis oder nicht?

Wagen wir uns tatsächlich vor und überwinden uns, unsere Komfortzone zu verlassen, kommen wir bald in den Genuss von Endorphinen, berauschenden Opiaten aus dem körpereigenen Chemielabor.[21] Und dann können wir über unseren eigenen Mut staunen und natürlich über das Aufregende, das uns auf unserer Expedition aus dem gewohnten Trott heraus begegnet. Solche Erfahrungen setzen Dopamin im Gehirn frei, das Motivationshormon. Das soll uns daran erinnern, dass wir das spannende Abenteuer doch bitte gerne bei Gelegenheit wiederholen dürfen. Denn das Gehirn hat, wie es nun mal seine analytische Art ist, messerscharf erkannt, dass uns das, was wir da gerade erlebt haben, nicht in die ewigen Jagdgründe befördert hat.

Wie aber können wir unsere innere Bremse lösen und ins Staunen kommen? Wie unser Gehirn davon überzeugen, dass es sich lohnt, den Sprung aus der Komfortzone zu wagen? Dass nichts

Gefährliches dort draußen schlummert? Dass neue Erfahrungen dem Alltag wieder Magie und Glitzern verleihen?

Gerade wenn wir schon länger in unserem Trott feststecken, funktioniert das, indem wir erst einmal wieder staunen üben – und die Wunder direkt um uns herum entdecken. So geben wir unserem Gehirn die Gelegenheit, sich daran zu gewöhnen. Dabei merken wir einerseits, dass neue Wege zu beschreiten in der Regel überhaupt nicht gefährlich ist. Und wir schaffen andererseits Erinnerungen, die uns in Zukunft den Weg weisen können, wo überall Staunen versteckt ist – und wie wir den Zugang dazu finden.

IM GRÜNEN IST GUT STAUNEN: DIE STAUN-SAFARI

Eine sehr gute Möglichkeit, das Staunen im Alltäglichen zu wecken, ist das, was ich eine Staun-Safari nenne. Für eine Staun-Safari gehst du möglichst ins Grüne, also zum Beispiel in einen Wald oder Park, oder du spazierst über üppige Wiesen. Besonders vorteilhaft (aber keine Voraussetzung) ist es, wenn du dich dabei zeitweise entlang eines Gewässers bewegst, egal ob das ein Bach ist, ein Teich, ein Fluss, ein See oder sogar das Meer.

Eine natürliche Umgebung mit viel Grün hat sich in zahlreichen Studien als besonders entspannend herausgestellt.[22] Naturgeräusche und natürliche Gewässer potenzieren den entstressenden und stimmungsaufhellenden Effekt.[23] Das ist eine hervorragende Voraussetzung für das Empfinden von Staunen: Je entspannter du bist, desto leiser ist das ablenkende Geschnatter deiner Gedanken und umso besser kannst du dich auf deine Umgebung und auf deine Körperempfindungen konzentrieren. Etwa darauf, wie die nach Wald duftende Luft erfrischend in deine Lungen strömt (warum schon das tiefe Atmen allein ein ausgezeichneter Weg ist, in ein ganz fundamentales Staunen zu kommen, das werde ich dir in Kapitel neun zeigen).

Und genau um diesen Fokus geht es!
Bevor du zu deiner Staun-Safari aufbrichst, nimm bitte noch kurz dein Journal zur Hand und notiere, wie du dich fühlst. Bist du gut gelaunt? Oder eher niedergeschlagen? Müde? Kreisen deine Gedanken um etwas Bestimmtes? Schreibe es auf, wie es ist, ohne es einzuordnen.
Stelle dann noch schnell unwichtige Benachrichtigungen von Handy-Apps ab, die dich nur ablenken würden (das ist übrigens ganz generell eine gute Idee).
Und dann: Nichts wie los!
Schaue vom ersten Schritt an alles, was dir auf deiner Staun-Safari begegnet, mit einem Beginner's Mind an: Stell dir vor, du bist wieder ein Kind oder auch ein Alien aus einer anderen Zivilisation und du begegnetest jedem Detail in deiner Umgebung zum allerersten Mal.
Mit *Beginner's Mind* ist also eine grundsätzliche Offenheit für Neues gemeint – und eine unvoreingenommene, neugierige Sicht auch auf eigentlich (oder scheinbar) bekannte Dinge – eben so, als würdest du ihnen zum ersten Mal begegnen. Wer auf diese Weise der Welt gegenübertritt, hat eine wesentlich größere Chance, Staun-Momente zu erleben, als jemand, der glaubt, alles zu wissen und schon alles gesehen zu haben.
Je mehr Zeit du dir bei deiner Safari lässt, desto besser, aber auch schon fünf achtsame Minuten können einen großen Unterschied machen. Picke dir Details heraus, die du ganz genau betrachtest oder vielleicht auch vorsichtig anfasst, ohne etwas kaputt zu machen. Das filigrane Adernetz eines Blattes. Die rissige Borke einer alten Eiche. Die Blütenblätter eines Gänseblümchens.
Folge aber nicht nur deinem Sehsinn. Achte auch darauf, welche Gerüche dir in die Nase steigen: Riechst du Blütenduft? Die kühle Frische, die von einem See aufsteigt? Richte deine Aufmerksamkeit darauf, ob du Wind auf der Haut spürst, Wärme oder Kälte. Darauf, was du hörst. Horche ganz genau auf das Summen einer Biene, das Krächzen einer Krähe oder den Gesang einer Amsel.

Setze dich dann vielleicht auf eine Bank, und schaue in den Himmel. Ins unendliche Blau. Oder auch in die graue Wolkendecke. Richte dann wieder deine Aufmerksamkeit von diesem unvorstellbar Großen zurück auf etwas ganz Winziges. Je nach Jahreszeit vielleicht einen Mistkäfer, der seine Kugel vor sich herrollt. Eine kleine Spinne, die sich an ihrem Faden durch die Luft treiben lässt. Eine Schneeflocke, die auf deinem Handrücken schmilzt. Egal was, schau es an.

Spüre das überwältigende »Wow!«, falls dir ein Gedanke kommt wie der, dass sich all das aus dem »Nichts« eines Urknalls entwickelt hat. Dass die Blattadern und das Geäst der Bäume menschlichen Blutgefäßen so ähnlich sehen. Dass du dich auf einem rotierenden riesigen Ball befindest, der durch den Weltraum saust, und dass dieser Ball nur ein winziger Teil eines Sonnensystems ist, das wiederum Teil einer Galaxie ist, die wiederum eine von unzähligen Galaxien im Universum ist.

Lass dich von solchen schwindelerregenden Wow-Gedanken streifen und in das damit verbundene Gefühl fallen. Probiere dabei aber, deine Umgebung nicht allzu genau zu analysieren, zu vergleichen oder in Kategorien zu pressen, denn das führt dich vom *Beginner's Mind* und vom Staunen wieder weg, weil du dich in Gedankenketten verlierst, statt den Moment zu erleben.

Spüre und genieße deine Umgebung stattdessen so, wie du auf großartige Musik lauschen oder wie du ein Kunstwerk anschauen würdest. Sei neugierig, und lasse die Eindrücke auf dich wirken.

Falls sich deine Gedanken verselbstständigen oder du anfängst, über etwas nachzugrübeln, verurteile dich nicht dafür – sobald es dir auffällt, kannst du zum gegenwärtigen Moment zurückkehren. Probiere es einfach, so gut du kannst, mit der Zeit wirst du besser darin werden, die Safari zu genießen – und dabei zu staunen.

Du wirst von dieser Übung besonders profitieren, wenn du sie regelmäßig wiederholst, zum Beispiel jedes Wochenende für eine Stunde (mehr zu den wunderbaren Wirkungen liest du gleich).

Variiere deine Staun-Safari möglichst ab und zu, und geh nicht immer dieselbe Strecke. Suche dir zum Beispiel jedes Mal eine etwas andere Gegend aus, die du erkundest. Oder gehe eine bekannte Runde einmal aus der entgegengesetzten Richtung, und lass dich überraschen, wie anders sie aus dieser Perspektive wirkt. Falls es Orte gibt, die dich jedes Mal mit Staunen erfüllen, ist es natürlich in Ordnung, auch diese Punkte wiederholt zu besuchen. Versuche aber, möglichst bei jedem Besuch wieder etwas Neues zu entdecken.

Wenn du in Wald, Wiese oder an einem Bach oder Fluss unterwegs bist und es warm genug ist, teste auch einmal, die Schuhe auszuziehen. Barfuß wirst du noch einmal ganz neue Empfindungen haben. Wie fühlen sich Kiesel unter den Fußsohlen an? Wie Moos? Spaziere zu unterschiedlichen Zeiten des Tages und schau, wie sich die Umgebung und deine Wahrnehmung dadurch verändern. Sind die Gerüche anders? Die Geräusche? Die Temperatur? Wann sind die Blüten weiter geöffnet? Sind andere Insekten unterwegs? Forscher haben außerdem herausgefunden, dass besonders Sonnenaufgänge und Sonnenuntergänge ein tiefes Staunen hervorrufen.[24]

Sobald du wieder daheim bist, schreibe auf, was du erlebt hast: Was hat dich zum Staunen gebracht? Wie hast du dich dabei gefühlt? Haben sich deine Befindlichkeiten von vor dem Spaziergang geändert? Wie?

DAS STAUN-PARADOX: STAUNEN MACHT UNS ZUGLEICH KLEINER UND UNENDLICH VIEL GRÖßER

Staun-Forscher Keltner hat Probanden ebenfalls auf eine Staun-Safari geschickt – oder besser gesagt einen »Awe-Walk«, wie er und sein Team es genannt haben – und die Effekte genau untersucht.[25] Ähnlich, wie ich es dir im Experiment oben nahelege, schlugen Keltner und sein Team vor, in der Nähe eines Gewässers oder Wasserlaufs zu spazieren oder Orte mit unverstellter Sicht aufzusuchen, die Weitblick in die Umgebung gewähren. Je nach den örtlichen Gegebenheiten war es bei dem Versuch aber auch in Ordnung, durch die Straßen einer Stadt zu schlendern und dabei vielleicht in ein Museum oder den botanischen Garten zu gehen.

Zunächst wurden zwei Gruppen älterer Menschen über 75 Jahren zusammengestellt, die innerhalb von acht aufeinanderfolgenden Wochen einmal die Woche spazieren gehen sollten. Die Wahl fiel auf Menschen in dieser Altersgruppe, weil dies das Alter ist, in dem wir – nach einem Glückshoch ab etwa Mitte fünfzig – im Schnitt wieder etwas unglücklicher werden und in dem Depressionen und Ängstlichkeit zunehmen. Vermutlich, weil Todesfälle und ernste Krankheiten im Umfeld häufiger werden und uns bewusster wird, dass wir uns langsam dem eigenen Ende nähern.

Eine der Spaziergruppen erhielt den Auftrag, mit dem oben beschriebenen *Beginner's Mind* loszuziehen: Die Teilnehmenden sollten also alles, was ihnen begegnete, so betrachten, als ob sie es zum ersten Mal sähen. Die andere Gruppe hatte den Auftrag, einen energischen Spaziergang zu machen, mit dem Akzent auf der körperlichen Bewegung. Dabei sollten beide Gruppen jeweils auch ein Selfie von sich aufnehmen.

Es stellte sich heraus, dass die Gruppe, die sich mit dem *Beginner's Mind* auf den Weg machte, mit jeder Woche, die verstrich, von mehr Wow-Erlebnissen berichtete. Das war überraschend, da normalerweise bei regelmäßig wiederholten Genüssen – etwa, wenn wir häufig ein Glas Wein trinken oder täglich ein Stück Kuchen essen – eine Anpassung stattfindet und das dabei empfundene Vergnügen geringer wird. Das ist das Phänomen der sogenannten »hedonistischen Tretmühle«. Dieser Begriff besagt, dass wir uns an – insbesondere glückliche – Lebensumstände sehr schnell anpassen und unsere Begeisterung leider schnell abnimmt. Darum sind Lottogewinner auch oft nur sehr kurz glücklich über ihren neu gewonnenen Reichtum.

Das durch Staunen hervorgerufene Vergnügen wurde aber nicht weniger, sondern mehr: Die Probanden wurden geübter darin, Staunenswertes in ihrer Umgebung zu entdecken. Parallel dazu zeigte sich, dass die Personen in der Wow-Gruppe mit jeder verstreichenden Woche weniger Ängstlichkeit und weniger depressive Gefühle und stattdessen mehr Freude empfanden.

Auch die Selfies der Wow-Gruppe waren besonders: Statt nur das eigene Gesicht zu zeigen, wie es bei Selfies normalerweise üblich ist und wie es die Kontrollgruppe auch praktizierte, fotografierten die Personen in der Staun-Gruppe nicht nur sich selbst, sondern auch ihre Umgebung – also genau das, was in ihnen ein Wow-Gefühl hervorrief. Je länger die Studie fortschritt, desto mehr rückten die Gesichter an den Rand der Aufnahmen, und das Staunenswerte nahm den Großteil des Bildes ein. Gleichzeitig zeigten die Menschen häufiger ein Lachen, das nicht aufgesetzt wirkte, sondern von Herzen zu kommen schien.

Dieses Ergebnis des sogenannten *small self*, des kleinen Selbst oder kleinen Ichs, steht in Einklang mit früheren Forschungsresultaten: Menschen, die staunend an einem Aussichtspunkt mit einem besonders spektakulären Blick über das Yosemite Valley in den USA standen und gebeten wurden, sich selbst zu zeichnen, stellten sich als sehr klein dar. Viel kleiner als Menschen, die sich an einem beliebten urbanen Ausflugsziel, der Fisherman's Wharf in San Francisco, befanden.[26]

Das kleinere Ich wird in solchen Untersuchungen aber nicht als negativ empfunden und geht keineswegs mit einem verringerten Selbstwertgefühl einher – wie du nun vielleicht vermuten könntest. Ganz im Gegenteil! Solche Zeichnungen und auch die Selfies aus Keltners Awe-Walk veranschaulichen, was Menschen, die staunen, auch über ihre Gefühle berichten: Die alltäglichen Sorgen schrumpfen mit der Figur, die das »Ich« auf dem Bild repräsentiert. Stattdessen empfinden sich Staunende als Teil von etwas Größerem und Bedeutungsvollem. Sie fühlen sich in Verbindung – mit anderen Menschen und der ganzen Welt. Aufgehoben in einem großen Ganzen, in dem persönlicher Erfolg oder Misserfolg, materielle Besitztümer, gesellschaftlicher Status, physische Attraktivität und so weiter keine Rolle mehr spielen – wie auch alle Ängste, die damit einhergehen, zu wenig zu sein, zu schaffen, zu können oder zu haben. Denn diese für Neurotizismus charakteristischen »Zu«-Faktoren sind nur relevant im Vergleich mit anderen.

Durch Staunen werden wir also zugleich kleiner und viel, viel größer. Wir transzendieren unser Ego und wachsen über uns hinaus. Wir verschmelzen mit der Welt.

Wir *sind* plötzlich die ganze Welt.

All das entspricht auch meiner persönlichen Erfahrung: In meine Shows kommen häufig Prominente aus Wirtschaft, Politik, Wissenschaft, Schauspiel und allen möglichen anderen Bereichen. Und diese Leute reagieren ganz genauso wie alle anderen und staunen wie kleine Kinder. Alle oberflächlichen Unterschiede lösen sich auf, und es zeigt sich, dass wir unter der äußeren Fassade alle ganz einfach eins sind: Menschen.

DER ZAUBER IM DETAIL

Gerade wenn es draußen eher grau als grün ist, schicke ich die Leute aus meinen Seminaren auch gern auf eine Variante der Staun-Safari: Ich bitte sie dabei zunächst wieder auf einen Spaziergang in einen nahe gelegenen Park. Dieser Spaziergang ist allerdings etwas kürzer, und dabei sollen sie einen Gegenstand

mitbringen, den sie dort finden. Das kann eine zerknüllte Coladose sein, ebenso wie ein Luftballon ohne Luft, ein Tannenzweig, ein Kieselstein, das »Skelett« eines Blattes aus dem vorigen Herbst oder etwas ganz anderes.
Wenn sie zurückkommen sollen sie diesen Gegenstand zeichnen. Dabei kommt es nicht auf Perfektion an. Sinn der Übung ist es, das Sehen zu schulen – häufig kommen dabei *erstaunliche* Details zum Vorschein, die auf den ersten Blick nicht aufgefallen sind. Oder der Gegenstand erscheint völlig anders, wenn er aus einer neuen Perspektive betrachtet und gezeichnet wird.
Wenn du diese Übung testest, ist es am einfachsten, die Zeichnung in deinem Journal zu machen – und dann im Anschluss darunterzuschreiben, welche Feinheiten dir erst beim ganz genauen Betrachten aufgefallen sind. Bitte lass diesen reflektierenden Schritt nicht aus, denn er hilft deinem Gehirn, in Zukunft mehr Erstaunliches zu finden – in allem, was dir begegnet.
Wenn du magst, kannst du natürlich auch dein Notizbuch und dein Zeichengerät mit auf den Spaziergang nehmen und dich draußen auf eine Bank setzen und zeichnen.

DAS WOW DES DRAUßENSEINS: WIE DIE NATUR UNS UMARMT UND MENSCHLICHER MACHT

Meiner Erfahrung nach lässt sich in jeder Situation und in jeder Umgebung etwas zum Staunen finden. Doch gerade im Alltag ist es draußen in der Natur um ein Vielfaches einfacher – wie bei der Staun-Safari. Oft ist das Wow-Gefühl, das du draußen erlebst, auch besonders intensiv.

Schon der bloße Aufenthalt in der Natur reduziert Stress und entspannt. Der Blick ins Grüne, etwa auf einen Baum vor dem Fenster, lässt Stresshormone absinken und fördert die Heilung, wie sich in Untersuchungen mit Krankenhauspatienten herausgestellt hat. Um ein Vielfaches größer ist der Effekt, wenn wir tatsächlich draußen sind. Es stellt sich eine besondere Aufmerksamkeit ein, die uns empfänglich macht für das, was sich in der Natur wahrnehmen lässt.

Die leichte Brise auf der Haut oder die Wärme der Sonne. Die frische Luft in den Lungen. Das Gezwitscher der Vögel. Das Rauschen der Blätter im Wind. Eine sanft geschwungene Wiesen- oder Dünenlandschaft. Das feuchte Gras unter unseren Fußsohlen. Der Weitblick ins Tal oder über einen See, wenn wir in den Bergen sind. Halten wir uns am Meer auf, der Blick bis zum Horizont. Die Maus, die uns plötzlich aus dem Unterholz anschaut. Oder das Reh, das unseren Weg kreuzt.

Es ist kein Wunder, dass es genau solche Erfahrungen sind, die in uns auch ein Gefühl der staunenden Ehrfurcht vor der Natur und zugleich der Zugehörigkeit zu ihr erzeugen. Der Psychoanalytiker Erich Fromm sprach 1964 von der Biophilie des Menschen, der Liebe zu allem Lebendigen, die der Nekrophilie, der »Todesliebe«, gegenübersteht. Letztere repräsentiert unsere dunkle Seite, die Ursache von Gewalt und Krankheiten.

Aus Fromms Biophilie-Konzept entwickelte der Soziobiologe Edward O. Wilson in den Achtzigerjahren die Biophilia-Hypothese. Demnach sind wir genetisch dafür prädisponiert, uns in die Natur zu begeben und in Verbindung mit ihr zu treten. In Relation zur gesamten Menschheitsgeschichte leben wir als Spezies erst seit sehr kurzer Zeit in urbanen Zusammenhängen, in Städten mit viel Beton, Straßen, Lärm und wenig Grün. Dabei scheinen wir aber die Erinnerungen an alle Landschaften, an die wir uns im Laufe der Evolution angepasst haben, noch immer in uns zu tragen – und die Sehnsucht danach. Vor allem Landschaftsmerkmale, die an die Savanne Afrikas erinnern, in der unsere Vorfahren einst zum Homo sapiens wurden, haben es uns Studien zufolge angetan –, also Landschaften mit Weitsicht und vereinzelten Bäumen, Baumgruppen oder Sträuchern. Außerdem mögen wir am liebsten Bäume, die so wirken, als könnten wir daran gut hinaufklettern, und Baumkronen, die sehr ausladend sind und die so zum Beispiel gut Schatten spenden oder vor Regen schützen können. Und wir lieben Obstbäume mit leuchtenden Früchten, die so aussehen, als gäben sie eine süße und leckere Mahlzeit ab.[27]

Doch nur, weil diese Landschaften und diese Bäume unsere Favoriten sind, bedeutet das nicht, dass uns nicht andere Naturformen ebenfalls tief berühren. Für Awe-Forscher Dacher Keltner ist Biophilia sogar gleichbedeutend mit dem ehrfürchtigen Staunen. Er schreibt: »Wir erfahren Biophilia in nahezu jeder Art Natur, vom Betrachten der sich verändernden Farben von Blättern bis hin zu den Mondphasen. Noch mehr Alltagsstaunen!«[28]

UMARMT VOM GROßEN GANZEN: STAUNEN IM FREIEN HEILT SEELE UND KÖRPER

Du hast schon gelesen, dass Staunen ein Gefühl von Aufgehobensein hervorruft, von einer Verbindung mit etwas, das größer ist als das Selbst, während dieses Selbst inklusive seiner Sorgen schrumpft. Dieser Eindruck der Verbindung mit einem großen Ganzen scheint auf den ersten Blick »nur« die Psyche zu betreffen. Da aber Körper und Seele untrennbar miteinander verbunden sind, hat Staunen auch ganz messbare körperliche Auswirkungen.

Beim Staunen wird der Vagusnerv aktiviert. Der Vagus – auch Ruhenerv genannt – ist der wichtigste Nerv des Parasympathikus, also des Teils unseres autonomen Nervensystems, der für Erholung, Ruhe und die Verdauung zuständig ist. Er ist der längste Nerv unseres Körpers, vom Kopf ausgehend hat er Verästelungen in alle wichtigen Organe. Daher stammt auch sein Name, denn Vagus kommt vom lateinischen *vagari*, was »umherschweifen« bedeutet. Durch eine Aktivierung des Vagus sinkt die Herzfrequenz, die Herzratenvariabilität steigt hingegen – deutliche Indikatoren für Entspannung. Sämtlicher negative Stress wird durch eine Erhöhung des Vagustonus ausgebremst. Schon allein das ist sehr gesund, weil besonders Dauerstress eines der größten Gesundheitsrisiken überhaupt ist.

In der Natur wird die Verbindung zu einem großen Ganzen zu etwas ganz Konkretem: Wir nehmen sie buchstäblich in uns auf. Bäume sondern zum Beispiel Duftstoffe ätherischer Pflanzenöle, die sogenannten Terpene, ab. Wir atmen sie ein und nehmen sie über die Haut auf. Die Terpene enthalten auch aktuelle Informationen über den Zustand der Bäume, etwa ob gerade Wildtiere wie Rehe an ihrer Rinde knabbern oder Borkenkäfer ihnen zusetzen. Bäume, die eine solche »Nachricht« empfangen, reagieren, indem sie die Zusammensetzung ihres Pflanzensaftes so ändern, dass sie schlechter schmecken und darum gegen hungrige Rehe oder Käfer besser gewappnet sind.[29] Obwohl wir kein Baum sind, empfängt unser menschlicher Körper ebenfalls Signale durch die Terpene. Auch wenn an Borken knuspernde Rehe für uns irrelevant sind, reagieren wir ganz ähnlich wie die Bäume. Dabei schlagen wir zwar keine Tiere in die Flucht, dafür etwas anderes, was uns mindestens genauso zusetzen kann wie Schädlinge den Bäumen: Wir steigern unsere Abwehrkräfte! Genauer gesagt, steigt vor allem die Zahl Krebs bekämpfender Killerzellen im Blut signifikant an.[30]

Das ist aber noch nicht alles!

Ausgehend davon, dass Staunen ein Gefühl der Zugehörigkeit hervorruft und dadurch negative Gefühle wie Einsamkeit verringert, stellten Dacher Keltner und zwei Kolleginnen die Hypothese auf, dass es möglicherweise auch dabei hilft, Entzündungen zu reduzieren. Der Gedanke dahinter: Wenn wir soziale Zurückweisung erfahren, deprimiert oder einsam sind, verhält sich unser Körper so, als ob er von einem Krankheitserreger befallen wäre. Dann erhöht der Organismus die Zytokinlevel, die chronische Entzündungen befördern und damit unter anderem das Risiko für Herz- oder Autoimmunkrankheiten steigen lassen. Und tatsächlich: In der Studie konnten die Forscher regelmäßiges Staunen in der Natur mit verringerten Entzündungswerten verknüpfen.

Über solche Umwege wird die Verbundenheit, die wir mit der Natur verspüren, messbar. Er*staun*lich, oder?

Natur macht aber noch mehr mit uns: Wir fühlen uns nicht nur stärker mit ihr verbunden, sondern auch mit anderen Menschen. Studierende der Universität Berkeley wurden gebeten, sich in ein kleines Wäldchen von Eukalyptusbäumen zu begeben und in die Baumkronen hinaufzuschauen. Im Gegensatz zur Kontrollgruppe, die an einem Universitätsgebäude hinaufschaute, war die Eukalyptus-Gruppe nach dem Experiment bescheidener und nahm sich weniger wichtig. Sie war auch wesentlich hilfsbereiter, als eine zum Versuchsteam gehörende Person vorbeilief und – vorgeblich unabsichtlich – jede Menge Bücher und Stifte fallen ließ. In einer weiteren Studie zeigte sich, dass Personen, die eine faszinierende Naturdokumentation geschaut und über die Natur gestaunt hatten, in einer Diskussion weniger zu Polarisierung neigten.[31]

Last, but not least scheinen beeindruckende Naturerlebnisse uns ganz generell klarer und besser denken zu lassen: Rucksackreisende schnitten in logischen Tests besser ab, wenn sie schon länger unterwegs waren, im Vergleich zu jenen, die gerade erst aufgebrochen waren.[32]

STAUNEN ENTSPANNT DEN GEIST WIE EIN KLEINER URLAUB

Wenn wir Dinge in einem anderen Licht sehen oder spannendes Neues erleben, gibt uns das ein Gefühl von Lebendigkeit. Ein frischer Wind, der Langweile und lähmenden Alltagstrott hinwegfegt. Auch unsere Kreativität bekommt davon häufig einen Boost. Plötzlich sprudeln die Ideen, und wir erkennen überall neue Möglichkeiten.

Je mehr du Staunen »trainierst«, desto mehr wirst du merken: Es wirkt wie ein Mini-Urlaub auf deinen Geist. Das ist kein Wunder, denn Staunen ist ja auch das, was wir im »richtigen« Urlaub so schätzen und suchen: Wir machen Sightseeing, gehen in Museen und Ausstellungen, probieren neue Sportarten aus, wandern an Aussichtspunkte oder testen die kulinarischen Besonderheiten unseres Reiseziels.

Nur zu Hause tun wir oft so, als gäbe es dort nichts Besonderes, selbst wenn wir in einer Metropole oder einer Region leben, die mit ihren Highlights unzählige Menschen anzieht. Ich kenne Leute, die jahrelang in Köln gelebt haben, aber nicht ein einziges Mal auf den Dom gestiegen sind. Gerade wenn eine Sehenswürdigkeit in der Nähe ist, wird sie häufig mit Nichtbeachtung gestraft. Anders als im Urlaub, wo der Tag der Abreise stets unabänderlich naht, wäre es ja jederzeit möglich, eine Sehenswürdigkeit im Heimatort aufzusuchen. Das Ergebnis: Wir tun es nie. Ganz schön verrückt, oder?

Dabei hat jede Gegend ihre ganz besonderen Juwelen, und nahezu jedes Dorf hat einen touristischen Info-Point für Besucher, wo die Vorzüge genau dieses Ortes angepriesen werden.

Du ahnst es sicher schon: Fürs nächste Experiment bitte ich dich um etwas, was in der Hypnose, dem NLP oder der Systemischen Therapie *Reframing* – also Umdeutung – genannt wird: Mache aus deinem Zuhause einen wunderbaren Urlaubsort!

DENN DER URLAUB LIEGT SO NAH

Schlüpfe zunächst in die Rolle eines oder einer Tourismusbeauftragten, und entwirf fürs nächste Wochenende oder deinen nächsten freien Tag ein touristisches Programm, das sich um deinen Wohnort und die nähere Umgebung dreht. Nicht für irgendjemand anderen, sondern für dich!

Frage dich: Was gibt es für Sehenswürdigkeiten in der Umgebung? Gibt es besondere Wanderrouten? Tierparks? Museen? Aktuelle Ausstellungen? Veranstaltungen wie Konzerte, Varietéshows oder Messen? Welche Lokale bieten besonders gute regionale Küche an? Gibt es vielleicht Sternerestaurants? Hat in letzter Zeit etwas Neues eröffnet? Eine Bar? Ein Café? Werden irgendwo besondere Aktivitäten angeboten, wie zum Beispiel

Stand-up-Paddling, Kanufahren oder Kerzenziehen? Ist es möglich, an einer geführten Stadtwanderung teilzunehmen?
Du kannst für die Recherche natürlich zum Tourismusbüro gehen und dir dort aktuelle Broschüren besorgen oder dir im Buchhandel einen Reiseführer neueren Datums für die Umgebung kaufen. Wahrscheinlich wird dir bald der Kopf schwirren vor lauter Möglichkeiten, die du gar nicht auf dem Schirm hattest.
Bitte konzentriere dich bei deinem Programm auf Sehenswürdigkeiten, die du noch nie oder sehr lange nicht mehr besucht hast. Auch die Aktivitäten sollten solche sein, die du möglichst noch nie oder höchstens einmal vor langer Zeit ausprobiert hast. Überfrachte den Plan dabei bitte nicht und versuche nicht, alles auf einmal zu machen. Wähle pro Tag nur so viele Programmpunkte aus, wie du auch mit Muße und Genuss schaffen kannst. Der Vorteil beim Urlaub zu Hause ist, dass du keine lange Anreise hast. Schon am nächsten Wochenende kann es weitergehen.
Dann bleibt mir nur noch, dir viel Spaß im »Urlaub« zu wünschen – und frohes Staunen. (Ach ja: Denk bitte dran, deine Erfahrungen nach deinem Urlaub daheim in deinem Wow-Journal festzuhalten.)

Kommen wir noch mal zurück zu den Kindern. Die Kleinen betrachten mit leuchtenden Augen die Welt, beschäftigen sich mit großer Begeisterung ständig mit neuen spannenden Dingen und sind dabei nonstop im Flow. Anders ausgedrückt: Sie spielen. Und dabei entwickeln sie ganz nebenbei neue Fertigkeiten und lernen mit absoluter Leichtigkeit die Welt kennen.

Als Eltern tun wir gut daran, diese spielerische Leichtigkeit zu fördern und zu erhalten, damit nicht eines Tages das Interesse am Lernen versiegt und unsere Kinder den Zauber dieser Welt nicht mehr wahrnehmen. Fast alle Übungen in diesem Buch sind darum auch für Kinder geeignet. Als Elternteil, als Tante oder Onkel, Oma oder Opa und so weiter möchte ich dich ermutigen, Kinder in deinem Umfeld mit auf die Reise des Staunens zu nehmen. Das bedeutet nicht, dass ihr immer alle Übungen zusammen machen müsst. Aber du kannst sie einmal für dich allein ausprobieren und ein andermal mit Kind (und wieder ein andermal vielleicht mit deinem oder deiner Liebsten oder mit einem Freund oder einer Freundin). Die vorige Übung funktioniert zum Beispiel auch perfekt für einen Familienausflug. Jedes Kind kann – je nach Alter – eigene Vorschläge einbringen, oder du kannst es fragen, auf welche Ausflugsziele oder Aktivitäten aus deiner Vorauswahl es neugierig ist.

Abschließen möchte ich dieses Kapitel mit einem lustigen Spiel, das (mit einer kleinen Abwandlung) sowohl allein als auch mit mehreren funktioniert. Besonders (aber nicht nur) mit Kindern ist es ein großer Spaß, der garantiert für Staunen sorgt und nebenbei alle Beteiligten in der Haltung des *Beginner's Mind* trainiert.

SIMSALABIM – VERGISS, WAS ICH BIN!

Für dieses Spiel brauchst du:

- Beliebige Gegenstände, etwa Haushaltsutensilien wie ein Sieb, Salatbesteck, Eierbecher, Flaschenöffner; Kleidungsstücke wie Mützen, Schuhe, Halstücher; Accessoires wie Haargummis, Schmuck, Krawatten oder was dir sonst noch in die Hände fällt (Achtung: Bitte besser keine scharfen Messer oder sonstige Dinge, an denen ihr euch verletzen könntet)
- Einen Wäschekorb oder einen anderen großen Behälter, in den ihr all diese Gegenstände hineinlegt
- Notizzettel und Stifte

Alle Mitspieler ziehen mit geschlossen Augen einen Gegenstand.
Einer der Spieler spricht nun den Zauberspruch:
»Simsalabim – vergiss, was ich bin!«
Da dieser Zauberspruch niemals seine Wirkung verfehlt, habt ihr jetzt vollständig vergessen, wofür das Ding, das ihr vor euch habt, »normalerweise« benutzt wird. Ihr seid alle Aliens und habt keinen blassen Schimmer, wozu das Zeug gut ist.
Eure Aufgabe ist es nun, euch eine plausible Verwendung für diesen Gegenstand auszudenken und ihn dann euren Mitspielern zu präsentieren. Zum Beispiel könnte ein Salatlöffel eine Rutschbahn für Marienkäfer sein, ein Sieb ein Sommerpanzer mit Belüftung für Schildkröten und eine Socke ein hervorragender Nasenwärmer – oder was euch eben sonst so einfällt.
Je vorbehaltloser ihr die Sachen anschaut, umso leichter wird es euch fallen, lustige Verwendungsmöglichkeiten zu finden. Haben alle ihr Ding vorgestellt, gebt ihr mit euren Zetteln eure Stimme ab für den Gegenstand, der euch am meisten überzeugt oder zum Lachen gebracht hat.
Spielst du alleine, fertige zunächst in deinem Wow-Journal eine kleine Skizze des jeweiligen Gegenstandes an, denn du darfst ihn ja nicht mit seiner gewöhnlichen Funktion benennen. Schreibe dann im Stil eines Forschungslogbuches deine Vermutungen darunter, wofür dieses rätselhafte Etwas wohl verwendet werden könnte.

TEIL II
ENTDECKEN

4

DAS KREATIVE WOW DER VORSTELLUNGSKRAFT: WIE IMAGINATION DIE WELT VERÄNDERT UND NEUES ERSCHAFFT

»Imagination ist wichtiger als Wissen. Denn Wissen ist begrenzt.«
Albert Einstein

Im Spiel am Ende des vorigen Kapitels ging es darum, gewöhnliche Haushaltsgegenstände zu etwas Neuem umzudeuten. In dieses Kapitel starten wir dagegen mit den tatsächlichen Aufgaben alltäglicher Dinge. Ich möchte dich nämlich bitten, eine Mini-Staun-Safari in deiner Wohnung zu machen – oder eben da, wo du dich sonst gerade befindest und dies hier liest, ob das nun ein Café ist, ein Zug, ein Wartezimmer, ein Balkon, eine Bushaltestelle oder eine Parkbank.

Dafür brauchst du dich nur aufmerksam umzuschauen: Was gibt es um dich herum für menschengemachte Gegenstände – Gegenstände, die du normalerweise wahrscheinlich gar nicht weiter beachtest, weil sie so »normal« sind?

Recht wahrscheinlich siehst du gerade ein Buch. Vielleicht siehst du einen Stuhl. Eine Lampe. Einen Schreibtisch. Eine Kaffeemaschine. Eine Mikrowelle. Ein Sofa. Die Straße mit Rinnstein und Bürgersteig. Autos. Eine Straßenlaterne. Am Himmel bewegt sich möglicherweise gerade ein Flugzeug, oder du entdeckst sogar einen Heißluftballon.

Egal, was es ist: Mach dir nun bitte bewusst, dass alle diese von Menschen geschaffenen Dinge zunächst nicht mehr als ein Gedanke waren, eine Idee, ein Geistesblitz. Oft auch viele kombinierte Ideen vieler verschiedener Menschen, bei denen eine Idee auf der anderen aufbaut – Kooperation über Jahrhunderte hinweg!

Selbst wenn du dir nur einen vermeintlich simplen Bleistift anschaust – wie ich gerade, weil einer vor mir auf dem Schreibtisch liegt –, steckt darin nicht bloß eine einzige wirklich gute Idee, die das Problem löste, wie sich überall Notizen machen lassen, sondern er vereint vielmehr jede Menge Ideen in sich – das enthüllt die Historie, die über 5000 Jahre zurückreicht. Damals sollen bereits die Ägypter aus mit Blei ausgegossenenen Bambus-, Schilf- oder Papyrusrohren erste Vorläufer des heutigen Schreibwerkzeugs hergestellt haben. In der Antike wurden Scheiben aus Blei zum Linienziehen genutzt. Im 16. Jahrhundert wurden dann in England aus zersägten Grafitstangen, die zwischen zwei Holzstücke gelegt wurden, erste »Bleistifte«, *lead pencils*, hergestellt. Dabei war die bis heute gebräuchliche Bezeichnung ein Missverständnis: Den Grafit, den sie reichlich in einigen Minen Englands abbauten, hielten die Menschen damals nämlich wegen seines Aussehens und Gewichts für weiches Bleierz. Eine weitere Methode, um sich mit dem Grafit nicht die Finger schmutzig zu machen, war das Umwickeln mit Schnüren. Der Amerikaner Joseph Dixon war dann der Erste, der Grafitminen in runde Hölzer leimte, der Deutsche Lothar von Faber erfand schließlich den sechseckigen Bleistift, der nicht mehr vom Pult rollte.

Diese ganze Geschichte – eigentlich noch viel mehr, wenn du noch tiefer nachforschst – steckt in so einem ganz normalen Gebrauchsgegenstand.

Ist das nicht faszinierend?

Andere Erfindungen sind aus reiner Frustration geboren, wie etwa die des Kaffeefilters (ich komme drauf, weil vor mir eine Tasse Kaffee dampft). Eines Morgens im Jahre 1908 hatte die

Dresdnerin Melitta Bentz nämlich keine Lust mehr auf aufwendige Filtermethoden, bei denen trotzdem immer noch bitterer Kaffeesatz in der Tasse landete. Aber sie hatte eine Idee. Sie stanzte mit Hammer und Nagel Löcher in einen Becher aus Messing und schnitt ein Löschblatt aus einem Heft ihres Sohnes Willy zurecht. Dann füllte die soeben von einer Hausfrau und Mutter in eine Erfinderin verwandelte Melitta Kaffeepulver in den präparierten Becher und übergoss es mit heißem Wasser. Das Ergebnis schmeckte so wunderbar, dass sie noch im selben Jahr ein Patent anmeldete und mit einem Startkapital von 72 Pfennig ihr Unternehmen »Melitta« gründete.

Auch hier: jede Menge Wows.

ZEITREISE ZUM URSPRUNG DER DINGE

Eine tolle Quelle für mehr Wow im Alltag ist es, immer mal wieder »Sendung mit der Maus« zu spielen und ein vermeintlich alltägliches Ding aus unserer Umgebung herauszupicken und nachzuforschen, wer sich diese spezielle Sache wann aus welchem Grund ausgedacht und wie sie sich zu ihrer heutigen Form entwickelt hat.

Das ist eine spaßige, lehrreiche Wochenend-Beschäftigung mit der ganzen Familie oder im Freundeskreis. Recherchieren könnt ihr im Internet und in Büchern – und vielleicht sogar einen Ausflug in ein zum Thema passendes Museum machen.

Zusammen könnt ihr auch einen kleinen Wettbewerb veranstalten: Alle, die mitspielen, nehmen sich eine andere Sache vor und versuchen, in fünfzehn Minuten so viel Erstaunliches wie möglich über die Geschichte eines Dinges zusammenzutragen – um dann mit einer kleinen Präsentation die anderen zum Staunen zu bringen. Anschließend stimmt ihr ab, welche Historie euch am meisten überrascht oder beeindruckt hat.

DER EINEN PROBLEM WIRD DER ANDEREN INSPIRATION ODER: WENN EIN BESONDERES LICHT AUFGEHT

Jemand, der in jüngerer Zeit dafür bekannt geworden ist, gute Ideen zu tatsächlichen Dingen zu machen, ist die Kanadierin Ann Makosinski. Sie ist es von klein auf gewohnt, kreative Lösungen für Probleme zu finden. Ihre Eltern hielten nämlich fertig gekauftes Spielzeug für pädagogisch wenig wertvoll. So durchforstete Klein Ann den Abfall der Familie und bastelte sich mit einer Klebepistole ihre Spielsachen kurzerhand selbst. Einer von Anns besonderen Schätzen war eine Kiste voller Transistoren und anderer elektronischer Bauteile. Kein Wunder, dass ihr Interesse an der Funktionsweise von elektrischem Strom früh erwachte und sie damit zu experimentieren begann. Mit neun Jahren gesellte sich ein Lötkolben zur Klebepistole, und sie begann, Stromkreise zu bauen, just for fun.

Ann hat philippinisch-polnische Wurzeln, und als sie einmal in den Ferien auf die Philippinen flog, um ihre Großeltern zu besuchen, freundete sie sich mit Maria an, einem einheimischen Mädchen. Die beiden blieben auch noch in Kontakt, als Ann schon längst wieder zu Hause war. So erfuhr sie eines Tages, dass Maria das aktuelle Schuljahr wiederholen musste, weil sie durch eine wichtige Prüfung gefallen war. Der Grund war nicht etwa Faulheit: Im Haus von Marias Familie gab es kein elektrisches Licht, darum konnte sie nach Sonnenuntergang nicht mehr lernen.

Ann war davon sehr betroffen und wollte ihrer Freundin helfen. So kam sie auf die Idee, Körperwärme als Energieressource zur Lichterzeugung zu nutzen, und begann zu experimentieren. Mit einer Aluröhre, ein paar energieeffizienten LED-Lampen, einem Transistor und einigen Peltier-Elementen, mit denen sich aus Temperaturunterschieden Strom gewinnen lässt, baute sie 2013, mit nur 15 Jahren, schließlich die erste thermoelektrische Taschenlampe, die leuchtet, wenn sie mit einer Hand umfasst wird, und für die sie später mehrere Preise gewann.

Vor allem aber war dies eine Taschenlampe, mit der ihre Freundin Maria auf den Philippinen auch ohne Stromanschluss nach Anbruch der Dunkelheit noch lernen konnte.

EIN DREIKLANG FÜR MEHR WOW: IDEE – IMAGINATION – VERTRAUEN

Ich erzähle dir diese Geschichte zum einen, weil auch sie selbstverständlich ein sattes »Wow!« verdient – ein Teenager macht eine supernützliche und Ressourcen sparende Erfindung, die das Leben vieler Menschen auf der ganzen Welt verbessern kann, das ist schon extrem cool!

Ich erzähle sie dir aber auch, weil sie dir den wichtigen Dreiklang von Idee, Imagination und Vertrauen besonders gut illustriert – und dir zeigt, welche wichtige Rolle das Spielen dabei hat. Das Spielen und der Dreiklang bilden zusammen die Grundlage für eine weitere Quelle von Wow-Erfahrungen, die auch dir zur Verfügung steht: Die schier unendlichen Möglichkeiten deiner Vorstellungskraft! Denn nicht nur andere können sich tolle Dinge ausdenken, etwas erschaffen und mutig Neues ausprobieren – auch du kannst das (mehr dazu gleich).

Schauen wir uns zunächst die Geschichte von Ann Makosinskis Erfindung noch einmal im Detail an.[33] *Ich könnte vielleicht mal ausprobieren, ob ich eine Taschenlampe für Maria erfinden kann* – so oder ähnlich lautete vermutlich einer von Anns ersten Gedanken, nachdem sie von Marias Misere erfahren hatte. Niemand hatte Ann den Auftrag gegeben, so eine Lampe zu erfinden, es gab keinen Druck, nur eine spielerische Idee. Eine solche *Idee* ist aber wie ein Samenkorn: Sie enthält schon eine Ahnung ihrer Verwirklichung im Raum aller Möglichkeiten. Der Raum aller Möglichkeiten ist das »Nichts«, aus dem alles, was ist und was jemals war, entstanden ist und aus dem auch alles, was jemals sein wird, entstehen wird.

Das klingt in deinen Ohren jetzt vielleicht im ersten Moment etwas esoterisch, steht aber im Einklang mit anerkannter Wissenschaft: Die meisten Theorien über die Entstehung des Universums gehen von einem Urknall aus. Dabei ist aus dem »Nichts«, aus etwas vollkommen Unkonkretem, *etwas* entstanden. Auch das ist, ganz nebenbei bemerkt, ein ziemliches Wow, finde ich! Mindestens genauso Wow ist aber, dass es neben diesem Etwas weiterhin das Unkonkrete, den Raum aller Möglichkeiten gibt, aus und in dem immer wieder Neues entstehen kann.

Ein erster Schritt zu solch Neuem kann darin bestehen, das Samenkorn einer Idee in den Raum der Möglichkeiten zu säen. Die Idee ist noch kein genauer Plan, aber sie trägt bereits die Erwartung in sich, dass etwas aus ihr entstehen kann. Wird das Ideen-Samenkorn nun bewässert und gehegt – mit anderen Worten: wird mit dem sie repräsentierenden Gedanken *gespielt* –, kann daraus die *Imagination* erwachsen. Imago ist das lateinische Wort für »Bild«, und genau das ist es, was jetzt entsteht: ein Bild, eine Vision von dem, was werden könnte, und vielleicht auch schon davon, wie die ersten Schritte dorthin aussehen könnten.

Noch einmal zurück zu Ann: Nach und nach stellte sie sich also vor, wie ihre Idee möglicherweise zu verwirklichen war. Der Plan in ihrem Kopf wurde konkreter, wie sie eine solche Lampe, die keine Batterien und keinen Stromanschluss benötigte, bauen und was sie dazu benutzen könnte. Dann begann sie, die Gedanken umzusetzen. Mit Sicherheit glückte ihr der Bau der Taschenlampe nicht auf Anhieb, sondern sie versuchte etwas, verwarf es wieder – bis es schließlich klappte. Bis dahin *spielte* sie verschiedene Möglichkeiten durch. Dass sie dabei nicht aufgab, lag zum einen an ihrem Spaß an der Sache, am Flow, den sie dabei erlebte. Der Begriff des Flow wurde vom ungarischen Psychologen Mihály Csíkszentmihályi geprägt und beschreibt einen geistigen (Wow-) Zustand absoluter Vertiefung, in dem wir in einer Tätigkeit völlig aufgehen. Hier bedeutet das: Das Ziel, Marias Problem zu lösen, gab Anns Tun zwar eine Richtung, aber es war nicht die einzige Motivation. Zum anderen beflügelte sie das *Vertrauen*, dass der Bau einer solchen Taschenlampe grundsätzlich möglich und sie selbst in der Lage dazu ist.

SELBSTVERTRAUEN ENTSTEHT DURCH SPIELEN – NICHT DURCH BEGABUNG

Dieses Vertrauen – oder auch: Selbstvertrauen –, etwas Neues schaffen zu können, hat sich ganz natürlich seit Anns Kindheit aufgebaut.

Und wodurch?

Genau: durchs Spielen.

Weil Ann durchs Spiel mit elektronischen Bauteilen und deren Funktionen vertraut war und schon damals munter drauflosgebastelt hat, hatte sie auch jetzt keine Berührungsängste. Die meisten »Erfindungen« ihrer Kindheit waren zwar vor allem fantasievolles Spielzeug gewesen, ohne darüber hinausgehenden »Nutzen«, aber das war damals auch nicht Sinn und Zweck gewesen. Jetzt war zwar das Ziel ein anderes, die Freude am Konstruieren, am Weg dorthin, blieb jedoch gleich.

Die Erfindung ihrer besonderen Taschenlampe war noch nicht lange her, da stellte Ann in der *Tonight Show* des bekannten US-amerikanischen Talkmasters Jimmy Fallon schon ihre nächste Erfindung vor: einen Kaffeebecher, der mit der Hitze des Getränks ein Handy aufladen kann.

Heute ist Ann gefragte Speakerin und hat ihre eigene Firma. In einem Interview erzählte sie, dass sie dabei aber keineswegs das Wunderkind sei, als das sie nach ihren ersten Erfindungen von den Medien präsentiert worden war und als das sie manche wahrnehmen: »Für viele Leute war ich dieses Überflieger-Kind, das die Welt mit seinen Erfindungen retten wird. Meine Freunde und meine Eltern haben darüber nur gelacht, weil ich das Gegenteil eines Genies bin. Ich hatte lange Zeit nicht die besten Noten in der Schule, und in Naturwissenschaft war ich richtig schlecht. Aber ich liebe es einfach, herumzutüfteln, das ist mein Ding.«

Nach der Schule studierte sie englische Literatur und Schauspiel, statt Ingenieurin zu werden – wie es viele erwartet hatten. Doch nebenbei klügelte sie spielerisch und ohne Druck weiter Neues aus, wobei unter anderem eine Spielzeugserie herauskam, die mit erneuerbarer Energie betrieben werden kann. Anderen gibt sie Folgendes mit auf den Weg: »Du kannst eine ganz normale Person sein und dich einfach mit dem befassen, was dich interessiert. Das ist alles – du brauchst kein Genie zu sein. Alles beginnt mit einer Idee. Egal, wie verrückt sie ist, du solltest immer versuchen, sie zu verwirklichen.«

So ähnlich, wie Ann Makosinski aus Abfällen mit ihrer Klebepistole Spielzeug gebaut hat, hat Lars, der Nachbar einer Freundin und Künstler, ausgebildet an der Kunstakademie in Stockholm, neue Werke geschaffen: Er hat sich verschiedene Abfälle – Elektronikschrott, Drähte, Konservendosen, Schachteln, Schrauben und etliches mehr – zusammengesucht. Die hat er so lange kombiniert, bis er in ihnen etwas Neues sah – etwa ein Miniatur-Motorrad, eine Katzenfigur, einen Turm. Dann bastelte er ein Gerüst aus Kaninchendraht, leimte die Abfälle in der gewünschten Form daran oder befestigte sie mit Draht. Zum Schluss pinselte er das Ganze mit schwarzer Acrylfarbe an, um Einheitlichkeit zu erzeugen. Keine der so entstandenen Plastiken ist größer als ein Schuhkarton, aber sie sehen sehr edel und speziell aus! Ihnen ist nicht anzusehen, dass sie aus Abfall entstanden sind. Ich finde das Beispiel sehr inspirierend – und möchte es ausdrücklich zum Nachahmen empfehlen, denn es ist eine ausgezeichnete Trainingsmöglichkeit, sich spielerisch an Neues zu wagen.

AUS ALT MACH KUNST

Suche dir ausgemusterte Dinge zusammen oder Sachen, die sich irgendwie angesammelt haben, und kombiniere sie, zum Beispiel mit einer Heißklebepistole, zu etwas Neuem. Du darfst alles benutzen: Stoffreste, Kronkorken, Kiefernzapfen, Muscheln, Plastikmüll, Holzstücke, nicht mehr benutzte Handys, Kabelstücke, Filzstiftkappen oder was dir sonst in die Hände fällt.

Achtung: Auch wenn es im Internet natürlich jede Menge *Do It Yourself*-Instruktionen gibt, möchte ich dich bitten, für dieses Ex-

periment keine fertige detaillierte Anleitung zu benutzen, sondern deine Fantasie einzusetzen.
Ich bin gespannt, was dir einfällt!

ES KOMMT NICHT AUFS TALENT AN – SONDERN AUF DEN ERSTEN SCHRITT

Ann Makosinskis Geschichte ist eine wunderbare Bestätigung dafür, dass es nicht auf eine angeborene Begabung ankommt, um Ideen und Träume umzusetzen. Wir brauchen auch kein angeborenes Talent, wenn wir einfach »nur« kreativer werden, Neues erschaffen und kleine spannende Abenteuer im Alltag erleben möchten, die unserem Leben mehr Wow verleihen. Ehrlich gesagt bin ich davon überzeugt, dass Begabung für die meisten Tätigkeiten überhaupt keine Rolle spielt.

»In Naturwissenschaft war ich richtig schlecht« – lass dir Anns Bemerkung noch einmal auf der Zunge zergehen. Vielleicht hast du jetzt den Einwand, dass sie sich aber doch immerhin schon früh mit den Elementen auseinandergesetzt hat, die schließlich zu ihren Erfindungen geführt haben. Ja, bei ihr war das so – aber das ist keine Voraussetzung. Wir müssen nicht schon in der Kindheit angefangen haben, um uns spielerisch mit dem zu befassen, was uns *jetzt* interessiert. Es gibt genug Menschen, die mitten im Leben anfangen, etwas ganz Neues auszuprobieren.

Fürs Spielen ist es nie zu spät!

Das Einzige, worauf es ankommt, ist, dass wir uns trauen loszugehen. Dass wir den ersten Schritt aus unserer Komfortzone in Richtung Wunder tun und von da aus immer einen weiteren. Dass wir uns erlauben zu spielen. Dass wir ohne Zwang ausprobieren. Mit Spaß experimentieren.

Es ist ein interessantes Detail, dass Ann Makosinski ihre Ausbildung gerade nicht auf ihren frühen Technikerfolgen aufgebaut hat. So kam erst gar kein lähmendes »Ich muss« auf, das immer Erwartungsdruck erzeugt, sondern alles, was sie tat, blieb ein freies »Ich möchte«. Eine ideale Basis für Kreativität, denn die mag zwar Ziele, aber nicht zu viel Druck.

Wer spielt, erwartet erst einmal vor allem, Spaß zu haben, nicht, ein perfektes Ergebnis zustande zu bringen. Die Erwartung, besonders gut und erfolgreich sein zu müssen und keine Fehler machen zu dürfen, bremst nämlich nicht nur extrem, sie raubt auch den Spaß an der Sache.

FINDE DEN FEHLER – UND VERWANDLE IHN

Fehler, Störungen und Hindernisse sind ganz normal. Kein Vorhaben und kein Projekt, ob privat oder beruflich, wird jemals von Anfang bis Ende völlig ohne Reibung ablaufen. Und es gibt keine menschliche Beziehung, in der nicht alle Beteiligten auch einmal etwas falsch machen. Das ist aber gar nicht schlimm, denn nicht umsonst wird aus dem Wort

FEHLER

mit ein wenig Umsortieren der Buchstaben das Wort

HELFER.

Fehler auf diese Weise zu betrachten, statt sie unter den Teppich zu kehren oder dich zu grämen, ist eine große Chance. Analysierst du sie, kannst du herausfinden, was nicht oder nicht so gut funktioniert, und es im nächsten Anlauf anders machen. Du kannst Lösungen suchen und finden. So – und nur so – wird Entwicklung möglich!

WENN DER WEG DAS ZIEL IST, ENTSTEHT DAS »WOW«, WÄHREND DU IHN GEHST – NICHT ERST AN SEINEM ENDE

Dass zu hohe Erwartungen wie echte Spaßbremsen wirken, ist sogar wissenschaftlich belegt: In einem Experiment mit Fünftklässlern in den USA[34] wurden die Kinder per Zufall in zwei Gruppen aufgeteilt und sollten dann einen einfachen Test absolvieren, was alle ohne Schwierigkeiten meisterten. Danach wurden allerdings die Kinder aus Gruppe eins für ihre Intelligenz gelobt, während die Kinder aus Gruppe zwei ein Lob dafür bekamen, dass sie sich sehr angestrengt hatten.

In einem weiteren Test, bei dem die Kinder die Wahl zwischen einer leichten und einer etwas verzwickteren Aufgabe hatten, suchten sich die für ihre Intelligenz gelobten Kinder überwiegend die simple Aufgabe aus – aus Sorge, den hohen Erwartungen sonst nicht zu genügen. Die Freude am Tun hatten diese Kinder bereits völlig verloren, sie schauten nur aufs Ergebnis. Die für ihre Anstrengung gelobten Kinder hatten aber, ganz nach dem Motto »Probieren geht über Studieren« mehrheitlich Spaß daran, sich an der komplizierteren Aufgabe zu versuchen. Für sie war der Weg das Ziel, sie fühlten sich angespornt statt gebremst.

In einem dritten Test erhielten beide Gruppen mit Absicht eine für ihr Alter und ihren Kenntnisstand viel zu schwere Aufgabe. Keines der Kinder konnte sie bewältigen. Dennoch war der Unterschied zwischen den Gruppen dramatisch: Die zuvor für ihre Intelligenz gelobten Kinder warfen viel schneller das Handtuch und gelangten zur Überzeugung, gar nicht so schlau zu sein, wie es ihnen bescheinigt worden war. Sie hatten sozusagen in Windeseile ein Impostor-Syndrom entwickelt, glaubten also, zu Unrecht als kompetent eingeschätzt zu werden.

Die für ihr Tun gelobten Kinder ließen sich dagegen nicht so schnell entmutigen und testeten zunächst verschiedene Strategien.

In einem letzten Schritt bekamen nun wieder beide Gruppen eine so unkomplizierte Aufgabe wie zu Beginn des Versuchs. Nun schnitten aber die »fleißigen« Kinder um rund 30 Prozent besser ab als bei der ersten Aufgabe, während die »intelligenten« Kinder bis zu 20 Prozent schlechter geworden waren – die Freude am Tun und die Motivation, etwas Neues auszuprobieren, waren für die »Intelligenz«-Gruppe ganz verschwunden.

Und das alles nur, weil sie anders gelobt wurden!

Der positive Effekt eines Lobes, das sich aufs Tun und die dabei an den Tag gelegte Anstrengung bezieht, erhielt nach diesem Experiment den Namen Effort-Effekt, nach *effort*, dem englischen Wort für Mühe oder Anstrengung.

WARUM DAS RICHTIGE EIGENLOB NICHT STINKT – SONDERN DEN SPAß AM TUN ERHÄLT

Falls du Kinder hast, ist es sehr empfehlenswert, die Ergebnisse dieses Experiments im Hinterkopf zu behalten, bevor du deine Sprösslinge lobst und ihnen vorschnell Etiketten verpasst, die sie möglicherweise einschränken und ihnen potenziell den Spaß am Tun rauben – weil sie solche Zuschreibungen als etwas Fixes erleben, worauf sie keinen Einfluss haben.

Zu solchen bremsenden Etiketten zählen sowohl vermeintlich positive Bemerkungen (Du bist intelligent/talentiert/gut in Mathe/hübsch etc.) als auch negative Äußerungen (Mathe ist einfach nicht dein Ding/Du hast zwei linke Hände/Du bist eben nicht so sportlich etc.). Letztere können zu einer sich selbst erfüllenden Prophezeiung werden, weil die Kinder sie für eine unumstößliche Wahrheit halten und es aus Angst vor Niederlagen und Äußerungen wie »Siehste, hab ich's dir doch gesagt!« gar nicht mehr versuchen. Sie geben auch das Spielen in den angeblich problematischen Bereichen auf und verbauen sich damit jede Chance, besser in ihren angeblichen Problembereichen zu werden. Und schwupp, hat sich die Vorhersage bewahrheitet. Stell dir einfach vor, Ann Makosinski hätte immer wieder gehört: »Ach, das kannst du doch nicht – bei deinen schlechten Noten in Physik!« Wahrscheinlich wäre nie eine thermoelektrische Taschenlampe entstanden.

Doch halt!

Bevor du dich wunderst: Es geht in diesem Buch natürlich nicht um Erziehungstipps, und wahrscheinlich sind die wenigsten Leserinnen und Leser noch in der Schule. Ich habe diese Studie beschrieben, weil viele von uns ziemlich hohe Erwartungen an sich selbst haben – ähnlich wie die für ihre »Intelligenz« gelobten Kinder. Alles soll perfekt sein. Unangreifbar. Vorzeigbar. Und wenn es das nicht von Anfang an zu sein verspricht, fangen wir erst gar nicht an. Das kann daran liegen, dass wir in unserer Kindheit tatsächlich zu oft für unsere Intelligenz, unser Talent oder Geschick gelobt wurden. Das erzeugt einen unangenehmen Erwartungsdruck. Andere haben vielleicht früher zu oft gehört »Das kannst du nicht« und wagen sich deshalb nicht an Neues oder auch an etwas, was sie eigentlich gerne tun würden.

Das ist schade, denn dadurch verpassen wir sehr viel Spaß im Leben. Und obendrein verbauen wir uns die Chance, besser zu werden in dem, was wir noch nicht so gut können. Denn das geht nur im Tun.

Kurz: Wir verschwenden jede Menge Wow-Potenzial!

Was wir dagegen tun können: Darauf achten, wie wir selbst mit uns sprechen. Uns im inneren Dialog selbst dafür loben, wenn wir mutig etwas ausprobieren, statt auf das Ergebnis zu warten.

Und wir können spielen.

Uns auf unser Tun konzentrieren und den Spaß daran kultivieren. Den Anspruch auf Perfektion in die Tonne werfen. Wenn etwas nicht klappt, analysieren, warum das so war, und es mit einer anderen Strategie versuchen – genauso wie die Kinder, die für ihre Anstrengung, für ihr Tun gelobt wurden.

Denn nicht aus jedem Idee-Samenkorn wird gleich ein voller Erfolg. In jeder Tüte mit Samen sind immer auch welche dabei, die gar nicht keimen, manche wachsen besser, andere ein bisschen kümmerlich, und wieder andere tragen mit liebevoller Hege und Pflege früher oder später tolle Früchte.

Das erfahren wir aber nur dann, wenn wir uns von Rohrkrepierern nicht entmutigen lassen und das Ganze nicht zu ernst nehmen. Wenn wir stur weiterverfolgen, was uns erfüllt, werden wir automatisch besser. Wir brauchen dafür wirklich nur dranzubleiben. Und uns so selbst zu überraschen und darüber zu staunen, was wir dadurch Wundervolles erleben – und wahrscheinlich auch zustande bringen.

So ähnlich ist es mir zunächst mit dem Zaubern, dann mit dem Gedankenlesen und schließlich mit der Hypnose ergangen – ich habe einfach gespielt und ausprobiert. Dabei hat längst nicht alles geklappt, aber ich bin nach und nach sicherer geworden, obwohl ich »nur« gespielt habe.

Das ist das perfekte Stichwort für ein weiteres Experiment! Dieses vom Magier Luke Jermay inspirierte Experiment erinnert uns daran, dass es wichtig ist, Platz zu schaffen, wenn wir etwas Neues erleben möchten.

DER RAUM ALLER MÖGLICHKEITEN

Nimm dir bitte wieder einmal dein Notizbuch zur Hand, außerdem einen Bleistift und ein Radiergummi. Schreibe mitten auf eine Seite im Journal das Wort

EMPTY

Wie du sicher weißt, ist »empty« der englische Begriff für »leer«. Lies das Wort bitte einmal laut. Im nächsten Schritt radierst du das »E« am Anfang weg. Nun steht dort:

MPTY

Lies nun das Wort noch einmal laut und sprich dabei die einzelnen Buchstaben wie im Englischen aus. Du wirst feststellen, dass du immer noch »empty« hörst, weil das »M« am Anfang natürlich »em« ausgesprochen wird. Radiere nun das »Y« am Ende weg. Nun siehst du Folgendes auf dem Blatt Papier:

MPT

Bitte lies das Wort erneut laut. Das »E« und das »Y« sind weg, aber immer noch hörst du »empty«! Denn: Das T am Ende wird im Englischen »tee« gesprochen, was lautlich dem »ty« von »empty« entspricht. Nun radiere das »P« in der Mitte weg.

MT

Lies das Wort wieder laut vor. Es klingt immer noch wie »empty«. Erstaunlich, oder? Im letzten Schritt radiere auch noch die letzten beiden Buchstaben weg. Nun steht da nichts mehr, aber statt des Wortes hast du einen leeren Platz in der Mitte des Papiers, ein »empty space«:

Dieser leere Platz steht dir nun zur freien Verfügung. Er repräsentiert das vorhin angesprochene Feld aller Möglichkeiten. Mit diesem Platz kannst du einiges Wunderbare anstellen.
Ich habe da zwei Vorschläge:

Vorschlag 1: Der verzauberte Tag
Dieses Experiment solltest du morgens starten. Beginne mit dem Wort EMPTY wie oben beschrieben. Notiere dann im eigens von dir kreierten leeren Raum auf dem Blatt eine Intention für deinen Tag. Welches Wort, welches Motto ist dir heute wichtig? Welchem Wort traust du zu, dich gut und wohlwollend durch die Stunden deines Tages zu führen? Welches Wort kann dir bei dem, was du heute vorhast, helfen? Ist es LIEBE? ENERGIE? FREUDE? GEMEINSCHAFT? FOKUS? EFFEKTIVITÄT? SPASS? Oder

vielleicht STAUNEN? Was auch immer dir passend erscheint, schreibe es in den vormals leeren Raum. Also zum Beispiel:

LIEBE

Konzentriere dich für ein paar tiefe Atemzüge auf dein Wort. Lasse es auf dich wirken. Stelle dir nun vor, dass du das Wort LIEBE mit jedem Atemzug einatmest. Es gelangt mit dem Sauerstoff zunächst in deine Lunge und von da aus in jede Zelle deines Körpers. Du wirst dein Wort. Du wirst – um im Beispiel zu bleiben – LIEBE. Spüre das bei jedem Atemzug. Auf diese Weise nimmst du dein Wort mit in den Tag. Schreibe bitte am Abend auf, was das Wort, mit dem du den leeren Raum gefüllt hast, mit deinem Erleben heute gemacht hat.

Vorschlag 2: Spielend in die Wow-Zone

Du weißt schon, dass die Wow-Erfahrungen jenseits deiner Komfortzone liegen. Jetzt ist der Moment gekommen, dich auf den Weg dorthin zu machen!

1. Such ein Wow-Projekt aus

Überlege dir zunächst eine Sache (gerne auch mehrere), die du schon immer einmal ausprobieren, lernen oder erleben wolltest. Von der du schon immer geträumt hast, insgeheim oder offen. Etwas, was du aber trotzdem nie gemacht hast. Weil du es dir nicht zugetraut hast. Weil dir vermeintlich die Zeit fehlt. Weil du Sorge hast, nicht »gut genug« dafür zu sein. Weil andere das vielleicht seltsam finden könnten. Weil du irgendwann gedacht hast: Jetzt ist es sowieso zu spät, dafür bin ich zu alt. Oder weil du gedacht hast: Das ist zu teuer. Argumente, etwas nicht zu machen, gibt es leider viele. So richtig überzeugend sind sie allerdings selten.

Falls dir spontan kein Wunsch-Projekt einfällt oder dein »Verstand« immer dazwischenfunkt, können dir die folgenden Fragen helfen:

Wenn du wüsstest, dass nichts schiefgehen kann – was würdest du dann gerne mal ausprobieren?
Stell dir vor, du hast nur noch bis morgen zu leben: Was würdest du bereuen immer wieder aufgeschoben und nie gemacht zu haben?
So ein Wow-Projekt kann wirklich nahezu alles sein, Spektakuläres oder auch auf den ersten Blick Triviales. Ballettstunden nehmen. Mit Cello anfangen. Kitesurfen ausprobieren. Nach Japan fahren. Zaubern lernen. Im Chor singen. Eine Tantramassage buchen. Aufs Empire State Building zu Fuß gehen. Einen Marathon laufen. Klavierspielen lernen. In dein Lieblingsland auswandern. Eine Fahrt mit dem Heißluftballon unternehmen. Taylor Swift live sehen. Harry Styles live sehen. Eine Safari in Afrika machen. Großformatige Bilder malen und ausstellen. Schach lernen. Einen Rhetorikkurs besuchen. Dich hypnotisieren lassen, um das Rauchen aufzugeben.
Egal, was dir einfällt, schreibe deine Wünsche auf die nächste freie Seite in deinem Journal, egal was deine neunmalkluge Ratio dagegen einwendet.
Alternativ oder zusätzlich kannst du dir auch etwas überlegen, was zwar nicht komplett neu für dich ist, was du aber schon lange nicht mehr getan hast und was dir früher mal unheimlich Spaß gemacht, was du aber aus irgendwelchen Gründen aufgegeben hast.
Auch das kann alles Mögliche sein. Vielleicht möchtest du endlich mal wieder tanzen gehen? Eine Zirkusshow besuchen? Wieder mit Volleyballspielen anfangen?
Alles ist erlaubt! Falls du mehrere Träume hast, wähle als Erstes den aus, der gerade in dir am stärksten etwas zum Schwingen bringt.

2. Schaffe einen Raum aller Möglichkeiten

Will in diesem Fall sagen: Mach das vorhin beschriebene wortmagische Spiel, bei dem du vom Wort EMPTY zu einem Raum der Möglichkeiten gelangst, noch einmal.

3. Setze deinen Traum in den Raum der Möglichkeiten ein
Das ist deine Idee, das Samenkorn, das du säst und das schon die Möglichkeit seiner Verwirklichung in sich trägt. Zum Beispiel:
EINE FAHRT MIT DEM HEISSLUFTBALLON MACHEN

4. Spiele mit der Möglichkeit: Imaginiere
Suche dir nun einen Ort, an dem du ein paar Minuten Ruhe hast. Setze dich mit gerader Wirbelsäule auf einen Stuhl, stelle die Füße hüftbreit fest auf den Boden, und lasse die Hände auf den Oberschenkeln ruhen. Nun richte die Augen auf einen Punkt in deinem oberen Blickfeld, ohne dass du den Kopf in den Nacken legen musst (der Punkt kann wieder das Wow-O sein, mit dessen Hilfe du im allerersten Experiment in Kapitel 1 deine Aufmerksamkeit gebündelt hast).

Fixiere diesen Punkt, und atme dabei tief in den Bauch ein – sodass sich die Bauchdecke hebt, als sei unter ihr ein Blasebalg. Atme dann wieder tief aus, sodass der »Blasebalg« flach wird und dein Bauchnabel Richtung Wirbelsäule wandert. Fixiere weiter den Punkt, und atme so eine Weile ein und aus, bis du merkst, wie du entspannst und sich deine Gedanken beruhigen (das bedeutet nicht, dass du keine Gedanken mehr haben darfst, aber wenn sie auftauchen, schau sie kurz an und lass sie wieder gehen, statt dich dranzuhängen).

Schließe nun die Augen und imaginiere, wie du dein Vorhaben in die Tat umsetzt.

Nehmen wir also an, du möchtest mit einem Heißluftballon fahren. Stell dir vor, wie der Ballon mit heißer Luft gefüllt wird. Wie du in den Korb kletterst. Wie der Ballon abhebt. Wie du Weitblick über die Landschaft gewinnst und alles unter dir zu einer Miniaturlandschaft schrumpft. Denk auch an deine anderen Sinne. Daran, was du spürst. Den Luftzug auf deiner Haut. Das Korbgeflecht der Reling unter deiner Hand. Imaginiere, was du hörst. Das Fauchen des Gasbrenners. Vielleicht ein mit dem Steigen des Ballons immer leiser werdendes Hundebellen. Stell dir vor, was du riechst. Den typischen Geruch von Korbgeflecht. Salz in der

Luft, falls du in Meernähe bist. Kaffeegeruch, weil die Ballonführerin eine Thermoskanne dabeihat.

Und vor allem: Spüre in dich hinein, wie unglaublich großartig sich das Abenteuer anfühlen wird!

Mach dir aber keine Sorgen, wenn du dir dein Vorhaben nicht glasklar vor Augen rufen kannst. Es gibt Menschen, die können auf Anhieb sehr gut visualisieren, andere brauchen dazu ein bisschen Übung. Eine völlig wirklichkeitsgetreue Imagination ist überhaupt nicht nötig. Du brauchst dir auch nicht jedes Detail vorzustellen – es sei denn, du möchtest das und es macht dir Spaß. Wichtig ist vor allem die Intention und dein gutes Gefühl dabei!

Allerdings gibt es auch einfache und sehr wirkungsvolle Hilfen beim Visualisieren, als da wären:

Hilf deinem geistigen Auge auf die Sprünge

Als Visualisierungs-Unterstützung kannst du verschiedene Tools verwenden:

- **Ein Vision Board erstellen.** Das funktioniert sehr unkompliziert mit Online-Diensten wie beispielsweise den Grafik-Plattformen Canva oder VistaCreate. Dort kannst du einfach mit der Suchfunktion nach Vorlagen für ein »Vision Board« suchen – dafür reicht ein Gratis-Zugang. Die Vorlage kannst du dann per Drag and Drop mit eigenen Fotos oder mit Bildern füllen, die du mittels Suchmaschine im Internet findest und die dein Vorhaben gut illustrieren. Wichtig ist hier lediglich, dass dir die Bilder ein gutes Gefühl machen. Natürlich kannst du auch in einem Programm auf deinem Computer ein Dokument erstellen, in das du Bilder integrierst. Wenn du lieber mit deinen Händen arbeitest, möchtest du vielleicht mit Klebestift und Zeitschriftenausschnitten ein kleines Vision Board in deinem Journal anfertigen, eine Zeichnung machen oder beides kombinieren. Wähle die Möglichkeit, die dir am meisten zusagt, und lass deiner Kreativität freien Lauf. Bevor du dich, wie in Punkt 4 beschrieben, entspannst, wirfst du einfach einen eingehenden Blick auf dein Vision Board.

• **Eine Kopfkino-Playlist erstellen** Auch eine Liste mit Filmen, die du – zum Beispiel – auf Youtube findest, kann dich dabei unterstützen, ein klareres Bild von deinem Vorhaben zu entwickeln. Mit Filmen meine ich keine Spielfilme, sondern – um im Beispiel zu bleiben – kurze Videos einer Heißluftballonfahrt. Besonders, wenn es um etwas geht, was du noch nie gemacht hast, kann so eine Playlist eine sehr gute Idee sein. Dann kannst du vor deiner Imaginations-Session eins, zwei oder auch drei davon anschauen.

5. Beginne zu spielen – mit dem ersten Schritt

Jetzt möchte ich dich bitten, *so zu tun*, als würdest du dein Wow-Projekt in die Tat umsetzen.

Mit einem Wort: Spiele!

Du spielst die Version deiner selbst, die nicht lang fackelt, sondern die *macht* – wie in der Schau*spiel*technik des Method Acting. Dabei tust du auch so, als ob du bereits die Person wärst, die du verkörpern willst.

Was würde sie dabei als Erstes tun? Richtig, sie würde direkt den ersten Schritt in Richtung Umsetzung ihrer Idee machen. Und das setzt sie – also du, die du diese Person spielst – dann auch um. Es sollte unbedingt ein Schritt sein, der eine konkrete Aktion beinhaltet, der also über das reine Einholen von Informationen hinausgeht. Auch wenn es ohne Planung oft nicht geht, kannst du dir mit endloser Vorbereitung schnell vorgaukeln, aktiv zu sein, auch wenn du der Verwirklichung deines Projekts kein bisschen näherkommst.

Im Beispiel des Heißluftballonfahrens könnte der erste Schritt darin bestehen, direkt eine Fahrt zu buchen. Oder darin, eine

Freundin anzurufen, um zu fragen, ob sie mitmacht. Vielleicht stellst du fest, dass so ein Erlebnis momentan dein Budget überschreitet, weil du dafür vielleicht irgendwohin reisen musst, einen Hotelaufenthalt brauchst und so weiter. Dann könntest du einen Sparplan aufstellen, und der erste konkrete Schritt könnte darin bestehen, die erste »Rate« auf dein Sparkonto zu überweisen.

Du hast es vielleicht schon bemerkt: Diese Übung setzt die vorhin vorgestellten Elemente des Dreiklangs »Idee – Imagination – Vertrauen« in die Tat um, die vom bloßen Gedanken zur tatsächlichen Umsetzung führt.

Die **Idee** ist das Einkreisen des Projekts, die **Imagination** ist die aktive Vorstellung deines Vorhabens. Weil dein Gehirn eine lebhafte, von Emotionen begleitete Vorstellung behandelt wie ein echtes Erlebnis (mehr dazu im nächsten Kapitel), verankerst du dein Projekt bereits fester in deinem Gehirn und weckst Vorfreude auf die Umsetzung – Dopamin wird frei, das Hormon, das uns motiviert, Dinge anzugehen. Der erste wirklich gemachte Schritt zur Umsetzung stärkt schließlich dein **Vertrauen**, dass du dein Wow-Projekt wirklich realisieren kannst und willst. Er zieht dein Vorhaben von der Imagination sofort in die Realität herüber und zeigt dir, dass du tun kannst, was du möchtest.

DAS GEHEIMNIS DER KLEINEN SCHRITTE

Mit einem winzigen Schritt hast du einen Quantensprung getan. Dich in die Zone katapultiert, in der magische Dinge geschehen und Wow-Momente auf dich warten. In die Sphäre des Tuns. Der erste Schritt ist deshalb so magisch, weil er schon den nächsten impliziert. Denn wenn du den ersten Schritt gehen kannst, wieso dann nicht auch den zweiten? Und den dritten? Du brauchst immer nur *einen* weiteren kleinen Schritt. Mehr nicht.

So erhöhst du die Chancen enorm, dass du eben nicht »nur« den ersten Schritt tust, sondern auch die folgenden. Daran ändert auch die Tatsache nichts, dass du »nur« gespielt hast. Wenn du spielst, befreist du dich von allen einengenden »Ich muss«- oder »Ich soll«-Sätzen und kannst besser spüren, dass dein Vorhaben ein »Ich darf«, »Ich kann« oder »Ich will« ist.

Das ist das Geheimnis der kleinen Schritte – plötzlich gehst du auf das zu, wovon du bisher nur geträumt hast. Damit du dich dabei nicht verzettelst, nimm dir bitte immer nur ein einziges Wow-Projekt auf einmal vor, auch wenn es mehrere mögliche Kandidaten gibt.

Falls du noch mehr Inspiration brauchst, was du mit dem Raum aller Möglichkeiten anfangen kannst, stelle ich dir hier noch ein wunderbar verrücktes Experiment für zwei Personen vor, das auf ungewöhnliche Weise die Fantasie anregt und den Beteiligten meist sehr viel Spaß macht:

DAS ORAKEL DER DINGE

Dieses Experiment ist eine Partnerübung, die ich auch häufig in meinen Seminaren mache. Ihr braucht dafür Notizzettel und etwas zu schreiben. Beide schreiben zunächst – jeweils für sich – eine Antwort auf die folgende Frage auf:

Was will ich in Zukunft mit meinem Leben machen?

Anschließend sucht ihr euch drei Gegenstände aus. Das kann etwas in eurer unmittelbaren Umgebung sein, wie ein Kugelschreiber, ein Glas oder eine Lampe. Oder ihr wählt etwas aus, was sich nicht im Raum befindet, zum Beispiel ein Segelschiff, ein Haus oder ein Fahrrad. Es kann sich auch um etwas in der Natur handeln, wie einen Berg, einen Fluss oder eine Wiese. Alles ist erlaubt, und es dürfen auch Sachen sein, die euch erst mal verrückt erscheinen, wie ein Schokokeks, eine Pinzette oder eine Tube Handcreme.

Notiert dann jedes Ding auf jeweils einem Zettel. Im nächsten Schritt werden die Zettel mit dem oder der anderen getauscht.

Nehmen wir einmal an, du erhältst einen Kugelschreiber, ein Flugzeug und einen Sprungturm im Schwimmbad. Dein Gegenüber erhält ein Salbeibonbon, einen Sportwagen und eine Yogamatte. Diese Gegenstände sortiert ihr dann, wie es euch gerade einfällt, in einer Reihe von oben nach unten.

Das bedeuten sie:

Das obere Ding repräsentiert den Kopf, deine rationalen Gedanken.

Das mittlere Ding repräsentiert das Herz, also deine Gefühle.

Das untere Ding repräsentiert deine Hände, also das, was du tust oder tun solltest.

Nun überlege mithilfe dieser Dinge:

- Was will wohl der Kopf?
- Was will das Herz?
- Was wollen die Hände?

Na, staunst du schon? Das Spannende beim Experiment ist, dass unser Geist in der Lage ist, diese auf den ersten Blick wahllos erscheinenden Gegenstände sinnvoll mit unserer Frage zu verknüpfen. Sie werden dann zu Impulsen, die uns dazu bringen, in völlig neue Richtungen zu denken und kreativ zu werden.

Ich gebe dir ein Beispiel, wie das aussehen kann:

In einem meiner Seminare war bei einem der Teilnehmer das obere Ding nichts Geringeres als das Meer. Damit assoziierte er spontan die Frage: Wie schaffe ich es, mit meinem Coaching-Business zwei Drittel meiner Zeit am Mittelmeer zu verbringen? Wir haben dann in der Gruppe ein bisschen darüber diskutiert und festgestellt, dass das Meer natürlich nicht transportabel ist. Daraus folgte für den Teilnehmer, dass er sich für seine Retreats am besten ein Angebot ausdenkt, das nur am Meer machbar ist.

Denn nur dann gibt es einen Grund, weshalb er in Portugal und nirgendwo anders sein muss.
Das Herz war durch eine Lampe repräsentiert. Daraus schloss der Teilnehmer, dass es seine Mission ist, mit seiner Herzensaufgabe die Menschen zu erhellen und ihnen einen Weg zu weisen, auf den sie von selbst nicht gekommen wären.
Die Hände waren durch ein Buch dargestellt – und so hatte er die Idee, zunächst ein E-Book zu verfassen, das er als Arbeitsmaterial an seine Kundschaft verschicken kann.
Voilà: Plötzlich gab es einen ersten Plan für eine Neuausrichtung seines Business!
Auf diese Weise spricht dieses »Orakel der Dinge« ganz stark die Intuition an und macht extrem kreativ, weil die Dinge den Gedanken Flügel verleihen.

MEHR ENERGIE UND EIN BESSERES SELBSTWERTGEFÜHL FÜR NEUE HERAUSFORDERUNGEN – MIT BODY FEEDBACK

Schau dir bitte einmal das Wort

LAGERREGAL

an. Fällt dir etwas auf? Genau: Du kannst das Wort von vorn nach hinten und von hinten nach vorne lesen, es ist ein Palindrom.

Im Gegensatz dazu ist es nicht egal, ob du etwas aus einem (Lager-)Regal von unten nach oben oder von oben nach unten sortierst. In einer Studie wurden Versuchspersonen in zwei Gruppen eingeteilt: Die eine Gruppe sollte eine gewisse Zeit Dinge von einem Regal in Bodennähe in ein Regal in Augenhöhe legen, die andere machte es umgekehrt, hier wurde die Ware von oben nach unten sortiert.

Anschließend wurde die Stimmung aller erfasst. Und siehe da: Diejenigen, die von unten nach oben sortiert hatten, waren deutlich besser gelaunt und optimistischer gestimmt. In einer anderen Untersuchung wurde bestätigt, dass sogar schon intensiv imaginierte Aufwärtsbewegungen die Laune und das Selbstwertgefühl deutlich heben und Abwärtsbewegungen den gegenteiligen Effekt haben.[35]

Dass Bewegung und die Körperhaltung – und die Vorstellung davon – einen Einfluss auf unser Wohlbefinden haben, stellen Wissenschaftler immer wieder fest.[36] Der in solchen Versuchen beschriebene Effekt wird Body Feedback genannt: Tust du etwas, was dein Gehirn mit etwas Positivem verknüpft – zum Beispiel, wenn du eine Siegerpose einnimmst –, konstruiert es daraus, dass etwas Tolles passiert ist, und passt mit entsprechenden Botenstoffen deine Stimmung an.

Auch wenn die Bewegung beim Sortieren von oben nach unten und dem Sortieren von unten nach oben auf den ersten Blick relativ gleich erscheint, liegt der Akzent bei Ersterem auf der Hinabbewegung: Du orientierst dich nach unten, kauerst dich tendenziell zusammen. Legst du etwas nach oben, ist es umgekehrt: Du orientierst dich aufwärts, streckst und entfaltest dich. Der Akzent geht nach oben und ist ein positiver.

Ich nutze diesen hypnotischen Effekt schon mal für eine Nummer auf der Bühne. Dabei hole ich vier Frauen auf die Bühne, die ich danach auswähle, dass sie eher zierlich wirken. Diese Damen sollen dann mit ihren Fingerspitzen einen Sessel inklusive eines eher korpulenten Herrn aus dem Publikum hochheben. Das funktioniert erst mal überhaupt nicht, sosehr sich die Frauen auch anstrengen – bis ich eine nonverbale Suggestion setze: Ich mache vor jeder der Frauen eine Handbewegung von unten nach oben, als schlösse ich einen Energiereißverschluss: Nun kann keine Energie mehr nach unten entweichen. Beim Schwergewicht im Sessel mache ich die gegenteilige Bewegung: Sein Gewicht scheint nach unten zu entweichen.

Wenn die Frauen nun erneut probieren, den Sessel hochzuheben, klappt es mühelos – zur großen Verblüffung aller Beteiligten und des Publikums! Und das »nur«, weil ich – allein durch meine Handbewegungen – die Bilder und Glaubenssätze im Kopf der Frauen geändert habe.

Brauchst du Energie, Selbstvertrauen und Kraft, um etwas Neues anzugehen, kannst du diesen Effekt auch ohne mich ganz einfach nutzen – nicht nur zum Gewichtheben, sondern auch für alle anderen Aufgaben:

DER ENERGIEKREIS

Stelle dich stabil hin, und breite die Arme aus. Schließe die Augen. Atme tief ein, sodass sich dein Bauch nach vorn wölbt, und führe die ausgebreiteten Arme über dem Kopf zusammen. Stell dir dabei vor, wie dir Energie aus dem Universum zufließt und du sie mit der Bewegung einsammelst und so einen Energiekreis um dich herum kreierst.

Führe beim tiefen Ausatmen die Arme wieder ausgebreitet im Kreis nach unten und leite die eingesammelte Energie mit den Händen in deine Körpermitte, indem du die Hände – mit den Handflächen nach oben – wie eine flache Schale unter dem Solarplexus zusammenlegst. Dort fließt die Energie in deinen Körper, was du deutlich im Solarplexus spüren solltest, etwa als Wärme oder Kribbeln.

Wiederhole die Bewegung einige Male, bis du dich optimal energetisiert fühlst.

Führe dann beim nächsten Einatmen die Arme über deinem Kopf zusammen, lege die Handflächen wie zum Gebet zusammen und lasse die gefalteten Hände beim Ausatmen vor deinen Brustkorb sinken. Die Geste ist im Yoga die Atmanjali-Mudra (auch Anjali-Mudra). Sie ist eine Dankesgeste, harmonisiert und schafft gedankliche Klarheit für das, was du vorhast. Und sie zentriert die eingesammelte Energie, damit sie dir für alles, was du tust, zur Verfügung steht. Atme so einige Male tief ein und aus.

Diese Übung ist vom Tai Chi inspiriert, aber auch schon die Germanen und Kelten sind mit erhobenen Armen mit den Göttern in Kontakt getreten. In Gesten dieser Art sind darum möglicherweise mystische Wow-Gefühle unserer Vorfahren genetisch konserviert. Durch ihre Ausführung können diese Gefühle wieder aktiviert werden – das legen ja auch die Untersuchungen von Staun-Forscher Dacher Keltner nahe.
Ich nutze den Energiekreis gerne, um mich zu erden, die Gedanken zu beruhigen, Nervosität zu stoppen und frische Energie für alle Aufgaben zu bekommen, die ich mir vorgenommen habe.

Die Übung zeigt auch: Fokussieren wir uns auf einzelne Gedanken – und Gesten, die im Grunde verkörperte Gedanken sind –, bekommen diese große Kraft. Das werden wir uns jetzt noch einmal genauer ansehen.

5

DIE MACHT DER FANTASIE: NUTZE DIE GEHEIMEN WIRKMECHANISMEN HINTER ERWARTUNGEN, GLAUBENSSÄTZEN UND HYPNOSE

»Die Kraft des Gedankens, der Idee, ist unvergleichbar, ist unmessbar. Die Welt ist beherrscht von Gedanken.«
Émile Coué, Entdecker der Selbsthypnose

WAS, WENN DIR ICH SAGEN WÜRDE,
DASS DU ERSTE DIE ZEILE FALSCH GELESEN HAST,
DAS GLEICHE DER MIT ZWEITEN ZEILE
UND AUCH MIT DER DRITTEN?
Verblüffend, oder?

Was da passiert ist, hat wieder mit der Funktionsweise deines Gehirns zu tun. Es setzt das, was wir als Realität empfinden, aus verschiedenen Mosaiksteinen zusammen. Das sind einmal die Daten über die Außenwelt, die unsere Sinnesorgane über unser Nervensystem an unser Gehirn schicken, etwa Informationen über viele schwarze Striche auf einem Blatt, wenn du etwas liest. Dazu kommen die Daten, die unser Gehirn von den inneren Organen empfängt, zum Beispiel signalisiert dein Magen, wie voll oder leer er ist. Hinzu kommen die internen Messergebnisse von Rezeptoren im Gehirn: Der Hypothalamus etwa überprüft ständig Volumen und Mineralstoffgehalt des Blutes, um zu bestimmen, ob ein Durstgefühl mal wieder angebracht wäre.

Mindestens so wichtig wie diese Impulse sind aber unsere Glaubenssätze, Erinnerungen und darauf basierende Assoziationen und Erwartungen – kurz: was wir gewöhnlich über die Welt denken. Das bestimmt nicht nur entscheidend mit, wie wir die von »draußen« und »drinnen« kommenden Informationen zusammenfügen und wahrnehmen, sondern filtert auch, was überhaupt davon in unserem Bewusstsein ankommt. Unser Gehirn macht auf Basis dessen, was wir im Leben bisher gelernt haben und was unsere Gewohnheiten sind, ständig Vorhersagen über das, was im nächsten Moment geschehen wird, und richtet unsere Wahrnehmung, unsere Körperchemie und unser Tun danach aus, denn das ist energieeffizienter, als zu reagieren.

Das bedeutet: Wir reagieren nicht auf objektiv Gegebenes, wir erfüllen unsere eigenen Prophezeiungen!

Wenn es etwa eine unserer Routinen ist, morgens Kaffee zu trinken, verengt unser Körper bereits unsere Blutgefäße, bevor wir überhaupt zum Trinken des Heißgetränks ansetzen.[37] Aufgrund solcher Vorhersagen läuft uns auch das Wasser im Mund zusammen, wenn wir an unser Lieblingsessen denken. Deshalb wirkt eine Kopfschmerztablette auch schon Sekunden nach der Einnahme, obwohl es eigentlich – je nach Körperposition – mindestens zehn und bis zu hundert Minuten dauert, bis die Wirkstoffe in unserem Blut nachweisbar sind. Trinkst du einen Milchshake in der Annahme, er sei gesund und kalorienarm, macht er viel weniger satt, als wenn du glaubst, *derselbe* Milchshake sei eine »Sünde« voller Fett und Zucker – weil dein Körper jeweils völlig andere Mengen von Hormonen ausschüttet, die das Hungergefühl steuern.[38] Und gemäß deinen Erwartungen hast du den kleinen Spruch vorhin auch beim ersten Lesen automatisch korrigiert.

Das, was wir denken, kann also nicht nur den Weg bereiten für Erfindungen wie temperaturbetriebene Taschenlampen, effektive Kaffeefilter und praktische Schreibwerkzeuge. Das, was wir denken, bestimmt nicht weniger als unsere ganz persönliche Wirklichkeit! Ist das nicht mal wieder ein großes Wow?

WIR KONSTRUIEREN UNSERE EMOTIONALEN ERFAHRUNGEN – ZUM GLÜCK: DENN DANN KÖNNEN WIR SIE GESTALTEN

Dass unsere Realität sich sofort ändert, wenn wir unsere Konzepte über die Welt ändern, durfte ich kürzlich als Studiogast des regionalen TV-Magazins »Der Tag« vor laufender Kamera im rbb demonstrieren.

Ich hatte ein spezielles therapeutisches Emotions-Kartendeck mitgebracht und bat Moderatorin Alina Stiegler, eine Karte zu ziehen. Sie erwischte die Karte *anxiety*, Ängstlichkeit. Also forderte ich sie auf, eine Angst oder Phobie auszuwählen, die sie loswerden möchte. Ohne nachzudenken, erzählte sie mir sofort, dass sie – sehr zum Unmut ihres Mannes – in bestimmte Gebiete nicht mehr reisen könne, weil sie nach einem unangenehmen Erlebnis auf den Kanaren ein willentlich nicht überwindbares Grauen vor Kakerlaken entwickelt habe. Das Ereignis im Urlaub hatte sich als Gedanke in ihrem Kopf in Form des Bildes einer furchterregenden Kakerlake festgesetzt.

Ich beschloss, sie die Kraft ihrer eigenen Fantasie spüren zu lassen und ihr damit zu helfen, diesem hinderlichen Gedanken seinen Schrecken zu nehmen. Zur Vorbereitung auf das Experiment, durch das ich sie führen wollte, fragte ich sie, wo im Körper sie Glück empfindet – dies verortete sie im Bauch. Angst, auch die vor gewissen Insekten, verspürte sie hingegen in der Halsgegend.

Du erinnerst dich: Festzustellen, dass wir Emotionen an unterschiedlichen Orten im Körper empfinden und dass diese stärker und weniger stark werden können, vermittelt die wichtige Erkenntnis, dass sie vorübergehende Erscheinungen sind und nicht fest zu uns gehören. Wie schon erwähnt, gehen Wissenschaftler inzwischen davon aus, dass unsere Emotionserfahrungen auf erlernten Konzepten von Emotionen beruhen, die bestimmen, wie wir Vorgänge im Körper deuten und erfahren.[39] Das bedeutet: Wir können unsere Gefühle modifizieren, und wir können sie auch loslassen, wenn sie uns – wie eine Phobie – beeinträchtigen.

(Falls du das selbst ausprobieren möchtest, schaue dir doch noch einmal die Übung »Der Emotionenknopf« in Kapitel zwei an.)

Als Nächstes bat ich Alina, sich möglichst plastisch eine Kakerlake vorzustellen. In ihrer Vorstellung sollte sie das Insekt riesengroß machen und zwischen ihren Händen hochhalten – ungefähr so, wie ein Angler die Größe eines Hechts anzeigt, den er aus einem See gezogen hat. Mit dem imaginären Rieseninsekt direkt vor sich schüttelte sich Alina und verzog das Gesicht. Nun forderte ich sie auf, die Kakerlake noch größer zu machen. Auch das gelang, doch sie sagte mir, dass sie bei der Vorstellung anfing zu schwitzen.

Spannend, oder? So real war der Gedanke an die Monsterkakerlake, dass ihr Körper sich verhielt, als sei das Insekt tatsächlich anwesend.

WIR KÖNNEN UNSERE GEDANKEN ÄNDERN – UND DAMIT UNSERE WIRKLICHKEIT

Wenn unsere Gedanken die Schöpfer unserer Wirklichkeit sind – inklusive unserer Gefühle –, dann ist das eine perfekte Voraussetzung dafür, ein gedankliches Kakerlaken-Fantasiebild so lange ändern zu können, bis es kein Unbehagen mehr bereitet. Denn dann werden auch die Gedanken andere sein, wenn wir dem »Untier« das nächste Mal Auge in Auge gegenüberstehen.

Das haben wir also getan: Ich habe Alina gebeten, die Riesenkakerlake in ihrer Vorstellung ganz klein zu machen. Ebenso wie das Vergrößern perfekt geklappt hat, war auch das überhaupt kein Problem. Genau in dem Maße, in dem die Kakerlake vor ihrem geistigen Auge schrumpfte, bewegten sich Alinas Hände nun aufeinander zu. Dabei fing sie herzhaft an zu lachen. Anschließend sollte sie das Insekt noch weiter verkleinern, bis es kaum mehr zu sehen war. Alina kicherte, sagte, sie entspanne sich – ihre Hände waren nun vor ihrem Körper gefaltet. Zwischen ihren Handflächen befand sich die mikroskopisch kleine Fantasie-Kakerlake, die ihr bereits keine Probleme mehr bereitete.

Das Erleben, dass so eine umwälzende Veränderung in ein paar

Minuten möglich ist, ist bereits ein Wow-Effekt par excellence, der das Ereignis fest in der Erinnerung verankert. Hinzu kam in diesem Fall: Auch auf der zuvor gezogenen Karte war der Begriff *anxiety* deutlich geschrumpft. Ich sagte ja schon, dass es sich um ein therapeutisches Kartendeck handelte, und dieses besitzt gewisse magische Eigenschaften. Dieses Deck verwende ich, um den Staun-Effekt zu vergrößern, denn dadurch öffnet sich das Unterbewusstsein noch mehr, und die neue Erkenntnis, keine Angst mehr haben zu müssen, kann dort direkt Wurzeln schlagen. Das Verkleinern von Ängsten funktioniert allerdings auch wunderbar ohne solche Karten – wie das geht, erkläre ich dir gleich.

Vorher noch einmal kurz zurück ins rbb-Studio: In einem letzten Schritt bat ich Alina, »ihre« Phobie zwischen die Finger zu nehmen und in mein Wasserglas zu werfen. Weil ich kein Problem mit Kakerlaken habe, konnte ich das Wasser problemlos trinken: Weg war Alinas Angst! Ich prophezeite der Moderatorin, dass sie ab sofort keine Furcht mehr vor Kakerlaken habe, sondern die Insekten stattdessen mit dem befreienden Lachen verbinden werde, das sie während unserer kleinen Session verspürt hat.

Ein paar Wochen später bekam ich eine E-Mail von Alina Stiegler. Sie schrieb, dass sie seit der Sendung tatsächlich keine Angst mehr vor Kakerlaken habe, sondern immer lachen müsse, wenn sie an die Insekten denkt.

DIE ANGST SCHRUMPFEN LASSEN UND WEGSCHÜTTEN

Nachdem du nun gelesen hast, wie sich die rbb-Moderatorin von ihrer Phobie befreit hat, möchtest du das möglicherweise selbst ausprobieren. Das funktioniert – mit kleinen Änderungen – auch zu Hause. Da du bei der Übung idealerweise die Augen schließt, lies bitte zunächst die einzelnen Schritte durch, damit du weißt, was zu tun ist. Wähle dann etwas aus, was dir immer wieder unangenehme Gefühle bereitet, die dich im täglichen Leben behindern. Ob das nun die Angst vor Tieren wie Kakerlaken, Schlangen, Spinnen oder Kampfhunden ist oder – zum Beispiel – auch die Angst, vor anderen zu sprechen.

Bitte schreibe *vor* der Übung in deinem Journal auf, welche Gefühle du mit dem problematischen Thema verbindest. Wo im Körper verspürst du das Unbehagen, wenn du an das Gefürchtete oder Unangenehme denkst? Wie groß ist es?

Dann geht es auch schon los:

Stelle ein Glas Wasser bereit.

Setze dich bequem hin, stelle die Füße fest auf den Boden, lege die Hände auf die Oberschenkel. Richte deinen Blick auf einen Punkt in deinem oberen Blickfeld (das Wow-O!). Fixiere ihn, während du tief ein- und ausatmest. Sobald sich deine Gedanken beruhigen, schließe die Augen, atme weiter tief ein und aus.

Stelle dir nun vor deinem geistigen Auge die gefürchtete Situation vor. Wenn du Angst vor bestimmten Tieren hast, stelle dir das Tier in Riesengröße vor. Hast du Angst in einer bestimmten Situation, zum Beispiel davor, beim Reden vor Publikum oder einer Prüfungskommission ausgelacht zu werden, stelle dir das höhnisch lachende Publikum vor. Wahrscheinlich beginnt dein Herz jetzt zu rasen, deine Hände fangen an zu schwitzen, vielleicht duckst du dich – das ist sehr gut, denn dann ist die Vorstellung wirklich real.

Mache das unangenehme Bild noch größer, so groß es nur geht. Falls die Szene Geräusche enthält – etwa Hundeknurren oder fieses Gelächter –, drehe die Geräusche lauter. Lass sie richtig dröhnen. Spüre, was mit dem Gefühl in deinem Körper passiert.

Nun geht es in die andere Richtung: Lasse das unerwünschte Bild schwarz-weiß werden, und lass es schrumpfen. Drehe den Ton leiser. Spüre, wie deine Angst dabei kleiner wird. Verkleinere das Bild noch mehr, und drehe den Ton vollständig ab. Mach das stumme Schwarz-Weiß-Bild schließlich so klein, dass du es gerade noch zwischen Daumen und Zeigefinger nehmen kannst. Öffne die Augen, und platsch! – wirf es ins Wasserglas. Gehe mit dem Wasser in den Garten oder auf den Balkon, kippe es ins Beet oder den Blumenkasten, und verabschiede dich von deiner Angst.

Nachdem du die unerwünschte Situation weggeschüttet hast, ist es empfehlenswert, die Übung noch um ein erwünschtes Szenario zu erweitern. Du hast ja soeben – ähnlich wie im EMPTY-Experiment im »Raum aller Möglichkeiten« – Platz geschaffen für etwas Neues:
Stelle wieder ein Glas Wasser bereit.
Setz dich erneut hin, stell die Füße auf den Boden, lege die Hände auf die Oberschenkel. Richte deinen Blick wieder auf einen Punkt in deinem oberen Blickfeld, den du fixierst, während du tief ein- und ausatmest. Sobald deine Gedanken ruhig sind, schließe die Augen. Atme weiter tief in den Bauch und wieder aus.
Nun stell dir – in Farbe – ein erwünschtes Szenario vor. Etwa: Der Hund kommt schwanzwedelnd auf dich zu, und du streichelst ihn (oder falls dir das lieber ist, ignoriert er dich völlig). Oder: Du stülpst ein Wasserglas über eine Spinne, schiebst ein Stück Karton darunter und trägst das Tier nach draußen. Oder: Dein Publikum hört dir interessiert zu und belohnt dich lächelnd mit einem Applaus.
Mache dieses erwünschte Bild größer, nimm dazugehörige Geräusche wahr. Spüre die Entspannung, Freude oder anderes Wohlbehagen in deinem Körper.
Mache das Bild dann kleiner, aber lass es nicht ganz verschwinden, es bleibt ein pulsierender kleiner bunter Punkt, den du behutsam zwischen Daumen und Zeigefinger nimmst.
Öffne die Augen, und wirf das Bild ins Wasser – platsch! Trinke das Glas Wasser vollständig aus. Stell dir vor, wie du das Wasser aufnimmst und das neue Bild in jede Körperzelle gelangt. (Du weißt ja, wir bestehen zu etwa 70 Prozent aus Wasser!)

Notiere in deinem Journal die Erfahrungen mit dieser Übung: Wie hat sich deine Körperempfindung verändert, wenn du nun an die bisher gefürchtete Situation denkst?

DIE HYPNOTISCH-KREATIVE KRAFT DER FOKUSSIERUNG – UND WIE DU SIE DURCH STAUNEN UND DEIN TUN HERSTELLST

Hast du die Übung ausprobiert? Dann hast du die Bekanntschaft mit Selbsthypnose gemacht! Vielleicht erinnerst du dich, im ersten Kapitel hatte ich schon kurz erklärt, was bei einer Hypnose passiert: Der Fokus wird wie mit einem Brennglas auf einen bestimmten Gedanken oder eine bestimmte Vorstellung gebündelt.

Um diesen Hyperfokus zu erleichtern, macht der Hypnotisierende – in der Selbsthypnose bist das du selbst – in der Regel eine sogenannte Induktion, das kommt vom lateinischen Verb *inducere*, hineinführen. Hineingeführt wirst du dabei in eine Trance, also einen Zustand der Entspannung, in dem der Gedankenstrom – und damit der besser wissende, skeptische Verstand – stark gebremst oder ganz angehalten ist. Auch die Umgebung wird in einer Trance weitgehend ausgeblendet. Das heißt natürlich nicht, dass du plötzlich blind oder taub bist, deine Sinnesorgane funktionieren noch ausgezeichnet. Aber die Signale, die sie ans Gehirn schicken, werden von diesem als vorübergehend irrelevant eingestuft. Das kannst du dir ein bisschen so vorstellen, als würde ein Türsteher ungebetene Gäste an der VIP-Lounge abweisen. Das macht es dem Unterbewusstsein – dem Gastgeber – sehr viel einfacher, sich ungestört mit einzelnen Themen – den Gästen – zu beschäftigen und intuitiv Lösungen zu finden.

In einer leichten Trance dominieren die Alpha-Gehirnwellen. Forscher an der Queen-Mary-Universität in London haben herausgefunden, dass diese Gehirnwellen die Kreativität anregen, weil sie im Gehirn den Zugang zu seltener genutzten neuronalen

Pfaden erleichtern und damit unkonventionelle Ideen ermöglichen.[40]

In der Übung vorhin haben wir eine leichte Trance durch die Konzentration auf einen Punkt im Blickfeld induziert. Dabei entsteht ein Loop: Fokus – in diesem Fall auf den Punkt (oder das Wow-O) – erzeugt Trance erzeugt mehr Fokus.

Vielleicht fragst du dich jetzt, ob und wie ich die rbb-Moderatorin in Trance versetzt habe, denn ich habe sie – wie du vermutlich bemerkt hast – nicht aufgefordert, einen Punkt zu fixieren.

Die Antwort ist: Ich habe ihr geholfen, sich selbst in Trance zu versetzen.

Dazu musst du wissen: Eine starke Fokussierung induziert immer eine leichte Trance, selbst wenn sie gar keine Hypnose zum Ziel hat. Zum Beispiel erlebst du beim Schauen eines Films oder dem Lesen eines Buches eine Trance, wenn du völlig im Geschehen versinkst und nicht mehr mitbekommst, was um dich herum geschieht.

Eine Trance entsteht auch bei der Fokussierung auf andere Tätigkeiten, die anspruchsvoll genug sind, dass sie unsere Aufmerksamkeit bündeln, aber auch nicht so schwer, dass wir sie kaum bewältigen können. Die Trance und die damit einhergehenden Empfindungen tiefer Beglückung, die sich einstellen, wenn uns der Fokus über eine gewisse Zeit gelingt, werden zusammen meist als Flow-Zustand beschrieben und sind ein Wow-Erlebnis für sich.

Eine Trance wird auch immer dann ausgelöst, wenn wir über etwas tief staunen. Spüren wir ein Wow-Gefühl, sind wir vollkommen auf das, was es ausgelöst hat, konzentriert. Auf den Regenbogen, das Geigensolo oder den majestätischen Ausblick übers Meer. Wir haben den Eindruck, dass die Zeit stehen bleibt. Alles andere ist ausgeblendet. Voilà: Alles Merkmale einer hypnotischen Trance!

Aber auch allein die Fokussierung auf eine Idee oder einen einzelnen Gedanken kann bereits eine leichte Trance induzieren (wie die Konzentration auf eine wachsende oder schrumpfende Kakerlake). Kommt dann noch zusätzlich Staunen hinzu, weil du plötzlich realisierst, wozu dein Geist in der Lage ist, wird der vermittelte Gedanke (zum Beispiel: Meine Phobie schrumpft mit der Fantasiekakerlake) noch tiefer in deinem Unterbewusstsein gespeichert – oder eben im Unterbewusstsein von rbb-Moderatorinnen.

SPEZIALFALL ALLTAGSTRANCE BEIM AUTOFAHREN – SO KANNST DU SIE NUTZEN

Du siehst: Ein hypnotischer Zustand ist gar nicht so ungewöhnlich, sondern sogar ziemlich alltäglich. Wenn du das weißt, kannst du solche Zustände bewusst nutzen.

Eine besonders effektive, oft über einen längeren Zeitraum anhaltende Alltagstrance entsteht häufig beim Autofahren. Insbesondere, wenn du am Steuer sitzt und niemand dabei ist, mit dem du dich unterhalten kannst, ruft der erzwungene Fokus auf die Straße nach einiger Zeit in der Regel eine solche Trance hervor. Das ist auch der Grund, weshalb wir manchmal gerade nach längeren Fahrten auf der Autobahn oder Landstraße den Eindruck haben, die letzten Stunden seien wie im Flug vergangen.

Statt Musik zu hören oder sorgenvolle Gedanken zu wälzen, könntest du dich nun entscheiden, einem Hörbuch zu lauschen, dessen Inhalt du dir merken möchtest. Oder du nimmst vor der Fahrt Vokabeln auf, die du lernen musst, und hörst sie unterwegs an. Durch die Trance wird der Inhalt des Gehörten leicht in deinem Unterbewusstsein verankert.

Versteh mich hier bitte nicht falsch: Du solltest beim Autofahren oder dem Führen anderer Verkehrsmittel oder Maschinen auf gar keinen Fall eine explizite Hypnose-Aufnahme oder eine Meditation anhören, das kann sehr gefährlich werden. Eine zur Hypnose gedachte Aufnahme hat in der Regel eine eigene Induktion mit dem Ziel, deine Aufmerksamkeit völlig von der Umgebung abzuziehen. Fast immer wirst du auch aufgefordert, die Augen zu schließen. Beides möchtest du beim Autofahren nun wirklich nicht! Eine Induktion ist auch gar nicht notwendig, da du dich bereits in einer Fahr-Trance befindest. Bei dieser bleibst du aber weiterhin auf die Straße und den Verkehr fokussiert, denn dieser Fokus hat ja die Trance erzeugt. So kannst du dein Unterbewusstsein mit etwas Erwünschtem füttern, aber weiterhin blitzschnell reagieren, wenn es die Situation erfordert.

SUGGESTIONEN – GEHEIME AUFTRÄGE ANS UNTERBEWUSSTSEIN

Was neben dem Hören von Lerninhalten beim Autofahren – und in allen anderen Trancezuständen – noch möglich ist: Du kannst bewusst eine sogenannte Suggestion setzen. So werden in der Hypnose neue Gedanken genannt, die du deinem Unterbewusstsein als neue Glaubenssätze vorschlägst.

Zum Beispiel könntest du den Satz »Es geht mir mit jedem Tag in jeder Hinsicht immer besser und besser!« zwanzigmal halblaut aufsagen. Damit würdest du den seit mehr als 100 Jahren unzählige Male von Menschen auf der ganzen Welt erprobten Rat von Émile Coué, dem »Vater der Autosuggestion«, aufgreifen. Coué, geboren 1857, war Apotheker im nordfranzösischen Troyes. Bei seiner Arbeit hatte er festgestellt, dass Arzneien besonders gut wirkten, wenn er sie mit einer positiven Botschaft überreichte, im Stil von »Eine gute Wahl! Dieser Hustensaft hat den Kindern von Madame Bertrand auch ausgezeichnet geholfen« oder »Diese Tinktur bringt hervorragende Ergebnisse, Sie werden sehen!«.

Diese Beobachtung weckte sein Interesse an den psychologischen Vorgängen dahinter. Unter anderem studierte er daraufhin die Arbeiten von Ambroise-Auguste Liébeault und Hippolyte Bernheim, in der damaligen Zeit zwei bekannte Fürsprecher der Hypnose und Vertreter der sogenannten »Schule von Nancy«, und vertiefte sich immer mehr ins Thema. 1901 reiste er selbst nach Nancy und besuchte dort für einige Zeit Vorlesungen an der medizinischen Fakultät.

1910 verkaufte Émile Coué seine Apotheke und eröffnete zusammen mit seiner Frau Marie Louise eine bald sehr populäre

Klinik in Nancy, in der er mit der Autosuggestion bis zu seinem Tod 1926 große Erfolge erzielte – selbst in Fällen, die als medizinisch aussichtslos galten. So wurde er zum Gründer der »neuen Schule von Nancy«.

Coué nährte in den Menschen eine neue Sichtweise auf ihre Krankheit: »Nur« gesund werden zu wollen, reichte nicht. Die Vorstellung, krank zu sein, war das größte Hindernis bei der Genesung. Wer hingegen bewusst den Gedanken pflegte, nach und nach gesund zu werden, wurde es auch. Als Wunderheiler wollte Coué dabei auf keinen Fall gesehen werden – die Menschen, die zu ihm kamen, heilten sich selbst.

Émile Coué vertrat die Überzeugung, dass das, was Menschen sich vorstellen können, auch möglich ist – nicht nur, wenn es um Krankheiten geht. Sind sie umgekehrt davon überzeugt, dass etwas unmöglich ist, dann wird sich auch das bewahrheiten.

DER WOW-FAKTOR DER HYPNOSE: VORSTELLUNGSKRAFT SCHLÄGT WILLEN – IMMER

Eins von Coués Lieblingsbeispielen zur Veranschaulichung der unglaublichen Kraft unserer Fantasie kannst du selbst einmal testen: Imaginiere bitte ein stabiles, relativ breites Brett, das flach auf dem Boden liegt. Wahrscheinlich wirst du keine Probleme haben, dir auszumalen, wie du von einem zum anderen Ende balancierst, ohne auch nur ein bisschen zu wackeln oder den Boden zu berühren.

Stelle dir nun dasselbe Brett noch einmal vor. Doch dieses Mal liegt es nicht auf dem Boden, sondern verbindet zwei Wolkenkratzer. Das Brett ist sehr gut befestigt und gesichert, außerdem ist es so stabil und solide, dass es nicht das kleinste bisschen schwankt. Das Wetter ist gut, der Himmel ist blau, und es weht kein Lüftchen, nicht mal so hoch oben.

Kannst du auch dieses Mal ohne Probleme vom einen Ende des Brettes zum anderen gehen?

Ich gebe zu: *Ich* würde es lieber nicht machen.

Aber warum ist das eigentlich so?

Coué demonstrierte mit diesem Gedankenspiel den Konflikt zwischen Willen und Vorstellungskraft, bei dem die Vorstellungskraft immer gewinnt. Im ersten Fall stellst du dir vor, dass es völlig ungefährlich und einfach ist, von einem Ende des Brettes zum anderen zu gehen. Im zweiten Fall siehst du den Abgrund und stellst dir vor, dass du natürlich sofort tot wärest, solltest du herunterfallen. Selbst wenn du möchtest, du kannst dich einfach nicht dazu bringen, die Planke zu betreten.[41]

Natürlich kannst du jetzt argumentieren, dass ein Blick in den Abgrund deinem Gehirn Gefahr signalisiert und vielleicht sogar Schwindel auslöst. Und wenn dir schwindelig wird und du schwankst, wird es natürlich tatsächlich gefährlich, ein Brett in großer Höhe zu überqueren. Darum weichen wir normalerweise instinktiv von Abgründen zurück – ein sinnvoller Schutzmechanismus.

Das stimmt.

Aber wo kommen Schwindel und Schwanken her? Wieso wird dir schon beim bloßen Gedanken ans Balancieren in großen Höhen schwindlig und flau im Magen? Denke noch einmal daran, dass dein Gehirn immer Vorhersagen macht über das, was als Nächstes passieren wird, und daraufhin physiologische Vorgänge einleitet. Genauer gesagt ist es die Vorstellungskraft deines Gehirns, die den Vorhersagen »Ich falle runter« oder »Mir wird schwindelig« zugrunde liegt. Streng genommen ist es also auch die Vorstellungskraft, die den Schwindel erzeugt und dich so vom Überqueren eines Brettes in großer Höhe abhält.

Es gibt aber keinen physikalischen Grund, weshalb du die gleiche Tätigkeit wie am Boden nicht auch in großer Höhe ausführen können solltest. Die Schwerkraft funktioniert dort oben genau gleich, dein Körper hat den gleichen Schwerpunkt und so weiter. Wäre das anders, gäbe es niemanden, der in großer Höhe problemlos über Bretter balancieren kann. Doch diese Menschen gibt es. Arbeiter, die Wolkenkratzer bauen, zum Beispiel. Oder Hochseilartisten. Diese Menschen müssen also eine völlig andere Vorstellung vom Balancieren über ein Brett in großer Höhe haben.

Ob du es glaubst oder nicht: Auch für dich wäre es kein Problem, ein Brett zwischen Wolkenkratzern zu überqueren, könntest du eine überzeugende neue Fantasie in deinem Unterbewusstsein etablieren, wie du ganz leicht darüberspazierst. Dann hättest du auch keine Höhenangst und keinen Schwindel, würdest nicht schwanken. Genauso wenig wie am Boden. Es ist allein die Idee, die dich schwanken lässt. Darum kann Hypnose sehr gut gegen Höhenangst eingesetzt werden: Änderst du deine Vorstellung, änderst du deine Fähigkeiten, änderst du – unter Umständen – dein ganzes Leben.

Für mich ist das der ganz große Wow-Faktor der Hypnose – und der Gedanken überhaupt!

TIPPS UND TRICKS VON ONKEL ÉMILE

Weil sie auch heute noch hervorragend funktionieren und zu verblüffenden Ergebnissen führen (ich habe es selbst wiederholt getestet!), stelle ich dir hier frei nach Coué (mit Ergänzungen von mir) seine Ratschläge für ein besseres, erfüllenderes Leben zusammen. Ich möchte dir die folgenden Tipps ausdrücklich ans Herz legen.

Sage dir jeden Morgen direkt nach dem Aufwachen und jeden Abend kurz vor dem Einschlafen (oder beim Autofahren) zwanzigmal den Satz vor: »Es geht mir mit jedem Tag in jeder Hinsicht immer besser und besser!« (Im französischen Original lautet er: *Tous les jours à tous points de vue je vais de mieux en mieux.*) Bitte denke ihn möglichst nicht nur, sondern sage ihn, denn dadurch machst du die Suggestion auch durch deinen Hörsinn erfahrbar. Je mehr Sinne du nutzt, umso mehr Synapsen bilden sich im Gehirn und umso vernetzter und haltbarer wird die Suggestion gespeichert. Dabei darfst du den Satz gerne »herunterleiern« oder murmeln, monotone, formelhafte Wiederholung macht ihn noch wirkungsvoller. Mache nach jeder Wiederholung eine kurze Pause.

Es ist eine gute Idee, deinen Fortschritt beim Aufsagen der Suggestion sichtbar zu machen (außer beim Autofahren!). Suche dir dazu zwanzig kleine Gegenstände – etwa Murmeln, Glasperlen, Büroklammern, Muscheln oder Kieselsteine – und lege sie in ein Einmachglas. Für jede Wiederholung sortierst du einen Gegenstand vom Einmachglas in ein zweites Glas. Diese Handlung fügt der Suggestion eine haptische und eine visuelle Dimension hinzu. Das vertieft den Fokus, weil es Ablenkung verhindert, und wirkt zudem als sogenannte positive Verstärkung: Sichtbarer Fortschritt und das Zu-Ende-Bringen von Aufgaben vermitteln ein angenehmes Gefühl der Befriedigung – du weißt ja schon, dass Gefühle ein Erlebnis als erinnerungswürdig markieren. Das gilt auch für Suggestionen. Coué selbst riet übrigens zum selben Zweck, zwanzig Knoten in eine Schnur zu machen.

Unabhängig von der »Besser und besser«-Suggestion empfahl Coué: Falls während des Tages eine Schwierigkeit auftaucht oder du dich in einer unerwünschten Situation wiederfindest, sage dir so oft wie möglich »Das geht vorüber« – dies *(ça passe)* ist eine weitere von Coués erfolgreichen Suggestionen. Dadurch verhinderst du, dass du deine Aufmerksamkeit auf das Unerwünschte richtest und es damit verstärkst.

Coué riet außerdem, die Gewohnheit zu kultivieren, sich regelmäßig vollkommen zu entspannen. Sobald dieser Entspannungszustand erreicht ist, soll ein lebendiges Bild eines erwünschten Zustands visualisiert werden. Du hast es sicher direkt erkannt: Das sind die Grundzüge einer Selbsthypnose und die Basis sowohl der EMPTY-Übung als auch der Übung zum Schrumpfen von Ängsten von vorhin! Wenn du Coués Rat folgen möchtest, kannst du deinen Blick wie in diesen Aufgaben auf einen Punkt (oder Wow-O) vor dir oder – falls du liegst – an der Decke über dir richten. Ich werde dir später noch weitere Möglichkeiten zeigen.

Und noch ein weiterer Ratschlag von Coué: Was immer du tust, konzentriere dich vollkommen auf diese Tätigkeit. Fokus erzeugt Trance – und Flow. So kann nahezu alles, was du tust, beglückende Gefühle hervorrufen. Nebenbei schaffst du wesentlich mehr, als wenn du dich oft ablenken lässt.

Halte die Ergebnisse in deinem Journal fest.

MONOIDEISMUS: DIE EINE IDEE, DIE WIRKLICHKEIT WIRD

Coués Ideen fielen auf fruchtbaren Boden: Die Hypnose war gegen Ende des 19. und Anfang des 20. Jahrhunderts schon seit einiger Zeit en vogue, und Selbsthypnose war eine logische Fortsetzung dieser Entwicklung.

Erster Wegbereiter der Hypnose war der deutsche Arzt Franz Anton Mesmer, der sich am Ende des 18. Jahrhunderts in Wien den nach ihm benannten Mesmerismus ausgedacht hatte. Mesmer war von einem die gesamte Schöpfung durchdringenden Magnetismus überzeugt und davon, dass allen Lebewesen eine fließende Energie innewohnte, die er als *fluidum* bezeichnete. Die fernöstlichen Begriffe von der Lebensenergie *prana* im Yoga, dem chinesischen *Qi* und dem japanischen *Ki* beschreiben sehr ähnliche Konzepte. Bei Krankheiten war nach Mesmers Ansicht der gesunde Energiefluss aus dem Gleichgewicht geraten und musste wieder ausbalanciert werden. Dafür entwickelte Mesmer geheimnisvolle Rituale, in denen »magnetisiertes Wasser« zum Einsatz kam, aber auch Handstreichungen und Handauflegen.

Mesmer hatte viele Fans, wurde aber auch stark angefeindet und floh schließlich nach Paris – wo er vom Regen in die Traufe kam: Benjamin Franklin, der damals in der französischen Hauptstadt Diplomat war, hielt die Methode für Humbug und ließ den Mesmerismus 1784 verbieten. Franklins Begründung lautete sinngemäß: Es gibt keinen Magnetismus, und die Patienten reagieren nur auf das Versprechen, dass es diesen gebe und dieser sie heilen würde. Lustigerweise beschrieb Franklin damit nicht nur akkurat den Placebo-Effekt, sondern auch den Wirkmechanismus einer funktionierenden Suggestion – und die Erklärung, warum Magie funktioniert (mehr zu echter Magie erfährst du im nächsten Kapitel).

In England analysierte ein gewisser Dr. James Braid Anfang des 19. Jahrhunderts Mesmers Methoden und kam schnell zum Schluss, dass der als Scharlatan verschriene Mesmer eine große Sache entdeckt hatte. Braid stellte fest, dass die Wirkung des Mesmerismus absolut real war, diese aber seiner Ansicht nach statt auf Magnetismus oder einem *fluidum* auf der Fokussierung auf eine bestimmte Idee beruhte. Das ganze Drumherum, das Mesmer in seinen Sitzungen veranstaltet hatte, war nach Braids Ansicht für die Wirkung nicht entscheidend und konnte weggelassen werden. Nach dieser Prämisse speckte Braid den Mesmerismus ab und entwickelte daraus eine Behandlungsform, die heutiger Hypnose bereits sehr ähnlich war. Er war es auch, der den Begriff der »Hypnose« – vom altgriechischen Wort für Schlaf, *hypnos* – in England verbreitete, den der französische Schriftsteller Etienne-Félix Hénin de Cuvillers erdacht hatte.

Später bevorzugte Braid allerdings den Begriff »Monoideism« (»Monoideismus« im Deutschen). Hypnose mit der Referenz zum Schlaf fand er zunehmend unpassend, weil Hypnose nichts mit Schlaf zu tun hat, im Gegenteil: Unter Hypnose sind wir auf besondere Art und Weise wach. In Monoideismus steckt »mono«, das griechische Wort für »einzig«, außerdem natürlich die Idee, ursprünglich vom altgriechischen idéa, was unter anderem »Gestalt« oder eben »Idee« bedeutet. Die Gestalt – oder: das Bild – der einzigen Idee und die Fokussierung darauf – das ist die Wirkweise der Hypnose, auf den Punkt gebracht.

Während es bei Mesmer und Braid immer einen Außenstehenden gab, der die Patientinnen und Patienten behandelte oder anleitete, war Coué der Erste, der verstand, dass dies gar nicht zwingend notwendig ist und Autosuggestion – oder Selbsthypnose – genauso gut funktioniert, weil es immer die hypnotisierte Person ist, die die Veränderung bewirkt – der Hypnotiseur leitet nur an.

EIGENE SUGGESTIONEN ENTWICKELN UND VERWENDEN

Statt Coués »Besser und besser«-Formel kannst du natürlich eigene Suggestionen verwenden, je nachdem, was du erreichen möchtest. Falls du Anregungen suchst, findest du im Internet lange Listen mit Affirmationsvorschlägen – wobei »Affirmation« nur ein anderes Wort für Suggestion ist (es kommt vom lateinischen *affirmare*, was »stärken« und »bestätigen« bedeutet).

Zum Beispiel:

- Ich bin stark und mutig.
- Gelassen meistere ich alle Herausforderungen.
- Ich bin schlank und sportlich.
- Mir gelingt, was ich anfasse.
- Ich bin gesund und voller Energie.

Du hast auch wahrscheinlich schon einmal gehört, dass du Suggestionen oder Affirmationen am besten positiv, also ohne Verneinungen formulierst. Das stimmt für viele Sätze, denn sagst du zum Beispiel: »Ich bin nicht müde und krank«, bleiben vor allem die Beschreibungen »müde« und »krank« bei dir hängen. Das ist so, als sagte jemand zu dir: »Denk auf keinen Fall an den Schiefen Turm von Pisa!« Woran denkst du gerade? Genau!

Als weitere Regel wird oft genannt, dass im Präsens formuliert werden soll, also so, als sei das, was du dir wünschst, schon Wirklichkeit. Auch das ist im Prinzip richtig.

Es kann aber trotzdem – manchmal – passieren, dass eine Suggestion auf Widerstand stößt. Oft passiert das dann, wenn du eine »Wahrheit« am kritischen Türsteher Verstand vorbeischmuggeln möchtest, die sehr offensichtlich nicht dem Status quo entspricht. Möchtest du zum Beispiel die Suggestion »Ich bin schlank und sportlich« verankern, ist es möglich, dass dein skeptischer Verstand die schon aufgleitende Tür zum Unterbewusstsein kurzerhand wieder zuknallt: »So ein Quark, veräppeln kann ich mich selbst! Ich sehe im Spiegel deutlich das Gegenteil!« Aber auch das Unterbewusstsein selbst kann Probleme mit so einer Formulierung haben, wenn es bisher immer nur »Urgs, ich bin so fett!« zu hören bekommen hat.

Darum ist Coués Formel auch so clever: Sie behauptet nicht, einen erwünschten Zustand bereits erreicht zu haben, sondern setzt auf allmähliche Verwirklichung, Schritt für Schritt. Gegen die Affirmation »Jeden Tag werde ich schlanker und sportlicher« kann dein Verstand nichts einwenden. Jeden Tag ein kleines Stück mehr auf dem Weg zum Ziel zurückzulegen, das ist natürlich auch eine am tatsächlichen Veränderungsprozess ausgerichtete Perspektive: Hier hast du wieder das Geheimnis der kleinen Schritte!

Zum Glück kannst du sehr viele Vorhaben im Coué-Stil formulieren:

- Mit jedem Tag werde ich in jeder Hinsicht stärker und mutiger.
- Mit wachsender Gelassenheit meistere ich Herausforderungen besser und besser.
- Ich werde jeden Tag schlanker und sportlicher.
- Mit jedem Tag gelingt mir alles, was ich anfasse, besser und besser.
- Mit jedem Tag werde ich gesünder und spüre mehr Energie.

Visualisierungen, also bildliche Vorstellungen, werden übrigens einfacher akzeptiert, weil ja deutlich zu »sehen« ist, dass das Vorgestellte stimmt. Darum funktionieren Suggestionen auch am besten, wenn sie in deinem Kopf Bilder hervorrufen. Siehst du dein zukünftiges Selbst also plastisch vor deinem inneren Auge und spürst das beglückende Gefühl, dein Ziel erreicht zu haben, kannst du auf diese Weise Widerstand umgehen. Fällt dir das Visualisieren schwer, bist du mit Coués Art der Formulierung auf der sicheren Seite.

Aber egal, ob du ein Mensch bist, der sich gut Dinge plastisch vorstellen kann, oder ob du eher der verbale Typ bist, der Gedanke an die geglückte Veränderung sollte für dich mit positiven Emotionen verbunden sein. Fehlen die, darfst du dich fragen, warum und ob *du* überhaupt etwas ändern möchtest – oder ob du dich vielleicht von jemand anderem zur Veränderung gedrängt fühlst.

Es ist übrigens kein Zufall, dass Émile Coué dazu riet, seine Signatur-Formel unmittelbar vor dem Einschlafen und direkt nach dem Aufwachen aufzusagen. Wenn wir in den Schlaf hinübergleiten, verändern sich unsere Gehirnwellen. Schon wenn wir die Augen schließen, wechseln wir von der Dominanz der Betawellen, die unser aktives Tagesbewusstsein bestimmen, in einen Bereich, in dem die Alphawellen überwiegen. Unser Unterbewusstsein beginnt, sich zu öffnen. Alles, woran wir jetzt denken, verinnerlichen wir viel besser als alles, was wir tagsüber im Betabewusstsein in unseren Kopf zu hämmern versuchen. Genau darum solltest du Lernstoff – oder eben Suggestionen – immer kurz vor dem Einschlafen noch einmal durchgehen.

Kehrst du dann direkt nach dem Aufwachen kurz zu dem, was du lernen oder in deinem Unterbewusstsein verankern möchtest (etwa »Es geht mir mit jedem Tag in jeder Hinsicht besser und besser«), zurück, verstärkst du die neuronalen Verbindungen ein weiteres Mal. Auf diese Weise verkürzt du Lernprozesse erheblich.

DAS DIFFERENZMODELL DES POSITIVEN ERLEBENS: WENN EINE NEUE PERSPEKTIVE ODER EIN NEUER GEDANKE SOFORT ALLES VERÄNDERT

Du hast es schon gemerkt: Ich bin ein großer Verfechter der kleinen Schritte. Sie lassen uns ohne Angst Neues wagen und führen uns dennoch zuverlässig zur Verwirklichung unserer Ziele und Träume. Und damit zu den ganz besonderen Wow-Momenten, in denen wir uns selbst zum Staunen bringen, wenn wir erkennen:

Das hier habe *ich* geschafft, auch wenn ich es anfangs nicht für möglich gehalten hätte! Aber ich bin immer weiter gegangen auf dem Weg und habe schließlich das erreicht, was ich mir vorgestellt habe: Ich habe dieses Buch geschrieben! Ich habe diesen Zaubertrick gelernt und ihn erfolgreich aufgeführt! Ich habe geübt und bin immer besser geworden und kann jetzt Gitarre spielen! Wow!

Du hast aber auch schon Situationen kennengelernt, in denen sich nicht durch kleine Schritte, sondern durch einen einzigen Gedanken, durch einen Wow-Moment, ein einziges Aha-Erlebnis oder eine neue Perspektive von jetzt auf gleich alles verändert:

- Wie bei der Besucherin meiner Show, die ich in Kapitel eins erwähnt habe und die plötzlich begriff, dass sie ihren Arm bewegen konnte – weil der eigentlich schon lange wieder funktionsfähig war.
- Wie bei der Moderatorin, die lediglich einen Gedanken verändert hat und von da an nie wieder Angst vor Kakerlaken hatte.
- Wie bei meiner Frau Romy, die auf ähnliche Art und Weise ihre Angst vor Kampfhunden verloren hat.
- Wie bei Menschen, die unter Hypnose ihre Angst vor großen Höhen verlieren, weil sie ihre Vorstellung dauerhaft ändern.
- Wie bei den Frauen, die plötzlich mit ihren Fingerspitzen einen Sessel samt darin Sitzendem heben konnten, weil ihnen eine Geste Energie gegeben hatte.

Dass ein Gedanke, eine neue Perspektive auf Altbekanntes, die Realität in einem Wimpernschlag verändern kann, erlebe ich täglich, wenn ich mit Menschen arbeite, die ungesunde Gewohnheiten aufgeben möchten, aber nicht wissen, wie – zum Beispiel Personen, die aufhören wollen zu rauchen. Wenn sie dann plötzlich verstehen, dass sie gar nicht nikotinsüchtig sind, sondern dass die Zigarette für sie ganz andere Funktionen als Nikotinzufuhr erfüllt – Funktionen, die sie auch viel gesünder und billiger haben können –, dann ist das der Moment, in dem sie verstehen, dass sie eigentlich Nichtraucher sind.

Von da an ist das Nichtrauchen ein Kinderspiel.[42]

Ich habe auf Basis dieser Erfahrungen das sogenannte Differenzmodell des positiven Erlebens formuliert:

Eine Verhaltensänderung zum Erwünschten kann unmittelbar passieren, wenn plastisch eine positiv empfundene neue Realität erlebt wird, die eine besonders große Differenz zur alten Realität darstellt.

Ein solches plötzliches und überzeugendes Wow-Erlebnis kann sehr gut in der Hypnose geschehen. Durch die Unmittelbarkeit des Erlebnisses haben der skeptische Verstand und alte im Unterbewusstsein gespeicherte Glaubenssätze keine Zeit, sich querzustellen (wie das – wie vorhin erwähnt – manchmal bei im Präsens formulierten Suggestionen passiert).

Dass du auf diese Weise unmittelbar dein Verhalten ändern kannst – von der Raucherin zur Nichtraucherin, vom notorischen Aufschieber zum energetischen Anpacker, von der Süßigkeitenfreundin zum Gemüsefan und so weiter –, liegt an deinem Gehirn:

- Dein Gehirn behandelt intensiv imaginierte Erlebnisse genauso wie tatsächliche.
- Ein Erlebnis, das positive Emotionen hervorruft, bewertet das Gehirn als wiederholenswert und schüttet den Botenstoff Dopamin aus. Dopamin wird oft als »Glückshormon« bezeichnet – allerdings erzeugt es selbst keine Hochgefühle, sorgt aber dafür, dass wir uns die Situation merken, die sich gut angefühlt hat. Dopamin motiviert uns stark, in Zukunft nach dem Ausschau zu halten und das zu wiederholen, was zur Wow-Situation geführt hat.
- Je überraschender das Erlebnis ist oder wenn eine Situation viel besser ausfällt als erwartet – je größer also die Differenz und damit der Wow-Effekt ist –, umso mehr Dopamin wird ausgeschüttet. Dadurch wird sozusagen eine »Sucht« nach dem

neuen Verhalten ausgelöst: Wir möchten es immer wieder haben.[43]

Natürlich betrifft diese spontane Änderung »nur« die Verschaltungen im Gehirn!

Auch wenn du so unmittelbar vom Schokojunkie zum Gemüsefan geworden bist, dauert es logischerweise trotzdem Wochen und Monate, bis diese Veränderung auf der Waage und an der Kleidergröße sichtbar wird. Bis du in deiner neuen Realität als Nichtraucher nicht mehr kurzatmig bist, solltest du ebenfalls ein bisschen Zeit einplanen. Und um ein Instrument zu beherrschen, kommst du ums Üben nicht herum, auch wenn du dich schon umjubelt auf der Bühne gesehen hast.

Die kleinen Schritte bleiben also in vielen Fällen dennoch relevant – aber du wirst sie motivierter und mit mehr Leichtigkeit tun.

Zum Abschluss dieses Kapitels möchte ich dir noch ein auf dem hypnotischen Konzept des *parts reframe* basierendes Gedankenspiel vorstellen, mit dem in meinen Seminaren bei vielen der Groschen fällt, warum einige ihrer Vorhaben bisher nicht geklappt haben – und wie einfach die Lösung aussehen könnte:

WER WOHNT DA, UND WENN JA, WIE VIELE? DAS HAUS DEINES ICHS

In unserem Unterbewusstsein gibt es verschiedene Facetten, die unterschiedliche Aufgaben haben. Zum Beispiel gibt es da den Anteil, der sich gerne zurücklehnt, schlemmt und genießt. Es gibt den Part, der sportlich und energiegeladen ist. Den Anteil, der voller Neugier Dinge ausprobiert. Aber auch den, der allem Unbekannten äußerst skeptisch gegenübersteht. Außerdem den Part, der anderen gerne zeigt, was er kann und weiß. Aber auch den, der sich lieber zu Hause verkriecht.

Und so weiter.
Du kannst dir das vorstellen wie ein Haus mit sehr vielen Zimmern, in denen die verschiedenen Anteile wohnen. Sie sind immer alle da und können zu deiner Unterstützung in Aktion treten. Leider geht bei vielen Leuten immer derselbe Anteil an die Tür, wenn es klingelt – einfach, weil dieser Part sich das An-die-Tür-Gehen angewöhnt hat und die anderen Anteile sich darauf verlassen. Sie denken dann zum Beispiel: »Ach, wenn es klingelt, geht ›der Genießer‹ schauen, wer draußen ist – ich kann in meinem Zimmer bleiben.«
Stell dir nun einmal vor, du hast den Entschluss gefasst, in Zukunft regelmäßig joggen zu gehen. Das Joggen klingelt voller Elan und auf der Stelle trabend an der Tür deines Ich-Hauses, und »der Genießer« macht auf. Natürlich hat der keine Lust auf eine Jogging-Runde, wimmelt das Joggen genervt ab und macht anschließend eine neue Chipstüte auf. Das Ergebnis: Du gehst nicht joggen und hast keine Chance, eine neue gesunde Gewohnheit zu entwickeln.
Oder du möchtest dich beruflich verändern und hast eine tolle Geschäftsidee, die dir neue berufliche Möglichkeiten eröffnen könnte. Aber als die Geschäftsidee klingelt, macht bedauerlicherweise »der Skeptiker« die Tür auf und schickt die Idee weg, als hätte eine dubiose Sekte versucht, neue Mitglieder zu rekrutieren.
Das muss nicht sein!
Wenn du in Zukunft etwas vorhast, lass einfach immer den passenden Anteil die Tür aufmachen, wenn ein Vorhaben anklopft. Stell es dir einfach vor: Visualisiere das Haus und deine Anteile. Steht also das Joggen vor der Tür, macht natürlich »der Sportler« auf. Klingelt die Geschäftsidee, geht »der Neugierige« an die Tür. Und bekommst du die Einladung zu einem Schlemmer-Picknick im Sonnenuntergang, ist das selbstverständlich ein Fall für »den Genießer«.
So verhinderst du, dass im eigentlich richtigen Moment leider die

falschen Anteile zum Vorschein kommen und unsere Vorhaben und guten Ideen sabotieren.
Das klingt vielleicht erst mal gewöhnungsbedürftig, aber du weißt ja, dass es unsere Gedanken sind, die unsere persönliche Realität formen. Vielleicht fällt dir das leichter, wenn du eine Skizze anfertigst mit deinem Haus und dir genau ausdenkst, wie die Anteile aussehen, die dort wohnen, und wie sie eingerichtet sind.
Probiere es aus – und denk wieder dran, deine Erfahrungen in deinem Journal festzuhalten.

6

DAS FUNKTIONIERT JA WIRKLICH! DAS WOW VON MAGIE, WUNDERN UND SYNCHRONIZITÄTEN

»Magie ist nur eine Wissenschaft, die wir noch nicht verstehen.«
Arthur C. Clarke, Physiker und Science-Fiction-Autor

Du erinnerst dich: Der Kern allen Staunens ist der Impuls zur Verwandlung. Wir haben nun schon eine Menge über transformierende Staun-Momente gesprochen, in denen sich die persönliche Realität auf unterschiedliche Arten verwandelt. Auf einmal liegt ein Gefühl von Leichtigkeit in der Luft nach der Aufführung eines Zaubertricks. Du hast eine plötzliche Erkenntnis, was du mit deinem Leben machen willst. Du spürst ein tiefes Gefühl der Verbundenheit mit allem, das vorher nicht da war. Hast eine Idee für eine ebenso einfache wie verblüffende Erfindung. Spürst Selbstvertrauen, weil du etwas geschafft hast, was du dir zuvor nicht vorstellen konntest. Gewinnst eine neue Perspektive, die ein altes Problem löst. Veränderst einen Glaubenssatz, der alles in neuem Licht erscheinen lässt. Die Liste ließe sich endlos fortsetzen.

Nun kommen wir zu einer Sorte von Wow-Erlebnissen, die definitiv in die von Staun-Forscher Dacher Keltner aufgestellte Kategorie mystischen Staunens fällt (oder *the fundamental it*, wie er es nennt): zu echter Magie. Damit bezeichne ich mystische Erlebnisse und Ereignisse, die wir uns bis jetzt noch nicht klar wissenschaftlich erklären können, die aber dennoch immer wieder vorkommen, also ganz real erfahrbar sind.

Vielleicht hebst du jetzt skeptisch die Augenbrauen.

Darum möchte ich zunächst ein wundervolles Experiment mit dir machen. Es sorgt jedes Mal für Faszination, wenn ich es mit den Menschen in meinen Seminaren durchführe oder auch schon mal bei Fernsehauftritten, wie vor einigen Jahren mit einer Moderatorin und einem Moderator im Frühstücksfernsehen. Das Schöne dabei ist: Auch wenn einige ungläubig den Kopf schütteln und murmeln: »Das kann doch gar nicht sein!«, funktioniert das Experiment ausnahmslos immer und demonstriert eindrucksvoll die – ja – *magische* Macht der Gedanken und der Fokussierung.

Doch genug geredet, hier kommt:

DER MAGISCHE FINGER

Für dieses Experiment benötigst du:

- Deine Hände
- Einen Timer, zum Beispiel auf deinem Smartphone
- Eine ruhige Minute

Halte deine Hände vor dich, die Handflächen nach oben. Schau auf deine Handgelenke. Dort wirst du ein paar Querlinien entdecken. Bringe nun die obersten dieser Linien, also die direkt unterhalb der jeweiligen Handfläche, zusammen und falte entlang dieser Linien deine Hände, als wolltest du beten. Die Querlinien dienen nur zu deiner Orientierung, damit du die exakt selbe Handposition noch einmal einnehmen kannst, weiter haben sie keine Bedeutung.

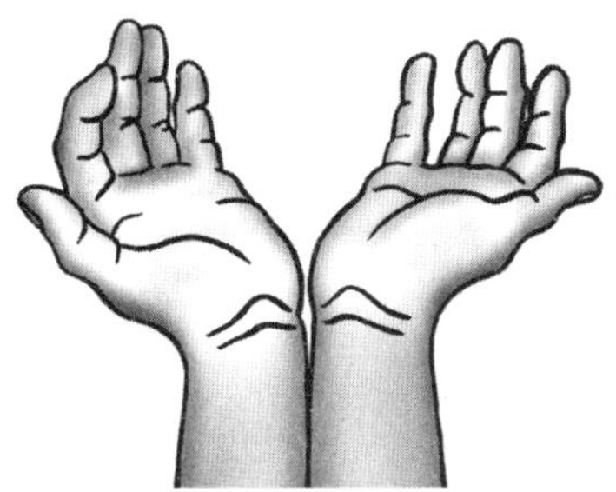

Schau dir deine auf diese Weise gefalteten Hände von der Seite an. Richte dein Augenmerk auf deine beiden Mittelfinger. Einer der beiden Mittelfinger ist vermutlich etwas kürzer als der andere. Dieser kürzere Finger steht gleich im Zentrum deiner Aufmerksamkeit. Sollten beide Mittelfinger genau gleich lang sein, wähle einen aus, das ist auch kein Problem.

Löse jetzt deine Hände wieder voneinander und lege die Hand mit dem kürzeren (oder gewählten) Mittelfinger vor dir auf den Tisch oder auf dein Bein. Aktiviere mit der anderen Hand den auf eine Minute eingestellten Timer. Betrachte nun die ausgewählte Fingerspitze. Fokussiere dich auf sie. Nur auf sie. Spüre, was die Fingerspitze fühlt: Die glatte Tischplatte oder den Stoff deiner Kleidung. Die Temperatur der Luft um die Fingerspitzen herum. All deine Aufmerksamkeit fließt in deine Mittelfingerspitze. Stell dir nun vor, dass dieser Mittelfinger wächst. Er wird immer länger. Schließe die Augen, und stelle dir weiter vor, wie die Fingerspitze wie Pinocchios Nase immer länger und länger wird. So lange, bis der Timer sich meldet.

Jetzt legst du die Hände wieder genauso zusammen wie zuvor, also entlang der Handgelenklinien. Betrachte deine Hände nun ein weiteres Mal von der Seite.

Siehst du, was passiert ist?

Der zuvor kürzere Mittelfinger ist jetzt mindestens genauso lang wie der andere, oft sogar mehrere Millimeter länger.

Wie das kommt?

Ganz ehrlich: Ich habe einige Mediziner gefragt, aber was hier genau passiert, konnte mir bisher niemand so genau erklären. Doch das ist auch gar nicht so wichtig. Wichtig ist, dass du hier eindrucksvoll erlebst und mit eigenen Augen siehst, wie deine Gedanken deine Wirklichkeit ganz unmittelbar beeinflussen. Das ist kein Zaubertrick, keine Illusion, sondern messbare – wenn auch magische – Realität. Vielleicht merkst du während des Experiments, dass dein Mittelfinger zu kribbeln beginnt, als erfülle ihn eine besondere Energie. Möglicherweise hatte Mesmer mit seiner Theorie des *fluidum* doch recht, und es ist die Lebensenergie, die uns alle erfüllt und die der Aufmerksamkeit folgt, in den Finger fließt und ihn ausdehnt. Was auch genau dahintersteckt: Für mich ist der magische Finger ein hervorragendes Beispiel für die magische Kraft unseres Geistes – und dafür, dass Gedanken und Aufmerksamkeit erstaunliche Kräfte haben.

Die Verlängerung hält übrigens nicht an. Sobald du deine Aufmerksamkeit wieder von dem Finger abziehst, beginnt er zu schrumpfen und nimmt nach kurzer Zeit wieder seine ursprünglichen Ausmaße an – das ist auch ganz gut, denn ich habe dieses Experiment mittlerweile so häufig durchgeführt, dass ich mir meinen Mittelfinger andernfalls vermutlich mehrfach um den Körper wickeln könnte. Du kannst mit dieser Methode also (wahrscheinlich) nicht dauerhaft ein paar Zentimeter wachsen oder deine Beine oder andere Körperteile verlängern. Aber ich halte es für gut möglich, dass in der Fokussierung auf Finger und Hände das Geheimnis der Wirkung von Reiki und anderen Formen der Handheilung liegt.

Darin bestärken mich auch die Ergebnisse eines Versuchs, von dem ich dir jetzt erzählen möchte. Damit wird es nun noch erstaunlicher, denn mit deinem Fokus kannst du nicht nur dich selbst beeinflussen!

DAS GEHEIMNIS VON VOODOO UND FERNHEILUNG

Der US-amerikanische Forscher Dean Radin widmet sich mit Leidenschaft sogenannten paranormalen Phänomenen. Sein Interesse gilt allem, was bisher noch nicht zu hundert Prozent wissenschaftlich erklärbar ist und darum – zu Radins Leidwesen – häufig von »seriösen« wissenschaftlichen Teams links liegen gelassen wird. Es ließe sich auch so ausdrücken: Radin befasst sich mit Magie. Darüber hat er mehrere Bücher geschrieben, unter anderem eines, das »Real Magic« – also: echte Magie – heißt und das Physik-Nobelpreisträger Brian Josephson einen »überzeugenden Fall für die Realität und Signifikanz von Magie« nennt.

In einem der beeindruckendsten Experimente im Buch untersucht Radin, ob die magische Technik Voodoo wirklich funktioniert. Der Begriff Voodoo stammt von der afrokaribischen Religion Voudon, die ihren Ursprung auf Haiti hat und in der ein wilder Mix aus westafrikanischen Traditionen und Katholizismus praktiziert wird. Einer der Voudon-Grundpfeiler ist der Glaube an das »Gesetz der Korrespondenzen«. Es wurde in den vergangenen Jahren bekannt unter dem Namen »Gesetz der Anziehung« oder vielleicht am bekanntesten unter der englischen Bezeichnung »Law of Attraction«.

Natürlich wollte Radin niemandem schaden. Darum hat er sich mit seinem Team überlegt, nicht etwa Nadeln in eine Puppe zu stechen, sondern stattdessen Puppen etwas Gutes zu tun und zu schauen, ob das einen Effekt hatte auf die Personen, die diese Puppen darstellen sollten. Für den Versuch zum Forschungsgegenstand »Voodoo« (vorsichtshalber etwas neutraler »traditionelles magisches Heilungsritual« genannt)[44] fertigten Radin und der niederländische Wissenschaftler Rens Wezelman darum kleine modellierte Figuren aus Knetmasse von sich selbst an. Die Figuren wurden in getrennten Räumen platziert. Dazu stellten die Forscher jeweils ein Foto von sich, schrieben eine einseitige Kurzautobiografie und legten, ganz wie beim echten Voodoo, auch Haare, Fingernagelschnipsel und persönliche Gegenstände dazu – sogenannte »magic links«, die bei den traditionellen Voodoo-Ritualen eine Verbindung herstellen sollen.

Während der jeweilige »Empfänger« sich an einem etwa 100 Meter entfernten Ort aufhielt, sollte der »Sender«, dessen Aufgabe es war, das Ritual durchzuführen, zunächst die Biografie lesen, um sich mit dem Empfänger vertraut zu machen. Dann war er angehalten, die Knetfigur wohlgesinnt zu betrachten, um zu versuchen, sich mit der Zielperson geistig zu verbinden. In den »aktiven Phasen« des Experiments war der Sender angehalten, dem »Empfänger« beruhigende Gedanken zu senden oder/und mithilfe der Figur so zu tun, als ob er dem Empfänger eine angenehme Massage verpasste, bei der er sich zum Beispiel vorstellte, den Rücken zu massieren oder der Zielperson über Haare oder Gesicht zu streichen. Während dies geschah, wurden bei der jeweiligen Zielperson – also Radin oder Wezelman – verschiedene körperliche Parameter gemessen, nämlich die Herzrate, die elektrodermale Aktivität in der Haut und das Blutvolumen in einem Finger. Im Wechsel mit diesen aktiven Phasen gab es zufällig bestimmte Kontrollphasen, in denen die Probanden nichts taten. Dass diese Kontrollphasen zufällig waren, war wichtig, damit die Zielpersonen sich nicht selbst durch ihre Gedanken (etwa: »Ah, jetzt geht es los!«) beeinflussen konnten.

Tatsächlich konnten in den Kontrollphasen bei den Empfängern *keine* physiologischen Veränderungen gemessen werden, wogegen sich während der aktiven »Sendephasen« die Physiologie des jeweiligen Empfängers deutlich veränderte. Das Blutvolumen im vermessenen Finger stieg signifikant, während die Herzrate ebenso signifikant sank – beides sind Anzeichen für Entspannung. Außerdem stieg die elektrodermale Aktivität in der Haut an – das war eine Überraschung, denn normalerweise sinkt diese Aktivität, wenn wir uns entspannen. Eine ansteigende Aktivität kennzeichnet dagegen einen Erregungszustand, wenn auch einen entspannten.

Radin, Wezelman und ihre Leute wiederholten das Experiment

mehrere Male und konnten einwandfrei feststellen, dass hier eine magische Fernwirkung vorlag.

Mit anderen Worten: Voodoo wirkt!

Das Rätsel um den ansteigenden Hautwiderstand löste sich, als die beiden Wissenschaftler die »Sender« befragten, wie sie genau vorgegangen waren. Dabei stellte sich heraus, dass diese die Figuren *tatsächlich* massiert und gestreichelt hatten. Das hatten sie wegen der Fragilität der Knetmännchen eigentlich nicht tun sollen. Also maßen die Forscher nun, wie es die elektrodermale Aktivität beeinflusst, wenn jemand tatsächlich massiert wird. Siehe da: Sie stieg und zeigte Werte wie im Experiment. Radin und Wezelman hatten also auf die »Fernmassage« wie auf eine echte Massage reagiert. Awe-Experte Dacher Keltner vermutet hierzu passend:

»Vielleicht ist unsere Seele ein ›Quanten-Selbst‹, ein Muster vibrierender Energie, das aus den Zellen, die unsere Körper sind, ausströmt. Energie, die ihren Ursprung im Urknall hat und die nach unserem Tod weiterlebt.«[45]

SYNCHRONIZITÄTEN UND DIE ROLLE DER QUANTENPHYSIK

Radin lieferte mit diesem Experiment – und anderen, die er in seinem Buch darlegt – einen Hinweis darauf, dass es magische Kräfte wirklich gibt.

Anders ausgedrückt ließe sich auch sagen: Es gibt Synchronizitäten. Der Begriff der Synchronizitäten geht auf Carl Gustav Jung zurück, den berühmten Psychoanalytiker. Jung hatte beobachtet, dass lebendige Vorstellungen von etwas, ein inneres Erleben – heute würden wir wohl von Visualisierungen sprechen –, eine gewisse Tendenz haben, sich im Rahmen der Möglichkeiten zu verwirklichen. Also zum Beispiel die fokussierte lebhafte Vorstellung, dass ich die Massage, die ich einem Knetmännchen gebe, eigentlich einer echten Person angedeihen lasse.

Besonders bekannt ist ein Beispiel aus Jungs eigener Praxis geworden. Eine Patientin träumte immer wieder von einem Skarabäus-Käfer, den sie in diesem Traum geschenkt bekam. Während sie Jung davon berichtete, vernahm dieser plötzlich ein merkwürdiges zartes Klopfen am Fenster. Als er es öffnete, schwirrte ein Rosenkäfer ins Zimmer, das mitteleuropäische Pendant des Skarabäus. Das Erstaunen von Arzt und Patientin war groß. Daraufhin soll in der Behandlung der Patientin, die ins Stocken geraten war, ein Durchbruch stattgefunden haben.

Jung war der Ansicht, dass das lebendige innere Erleben der Patientin die Flugbahn des Rosenkäfers in Richtung von Jungs Praxis gelenkt hatte – das war etwas, was er fortan Synchronizität nannte. Das von dieser Synchronizität ausgelöste Wow-Erlebnis des unvermittelt ins Zimmer surrenden Käfers, der direkt aus dem Traum der Patientin zu kommen schien, hatte dann wiederum einen Erkenntnisprozess ausgelöst.

Merkmal einer Synchronizität ist es, dass verschiedene Schritte, die zur Verwirklichung des zunächst nur in der Vorstellung existierenden Ereignisses führen, sich aufeinander abstimmen: Sie synchronisieren sich. Und das, obwohl sie nicht in einer Ursache-Wirkung-Beziehung zueinander stehen!

Träume ich zum Beispiel schon lange von einer Reise in die Mongolei, um dort schamanische Rituale zu untersuchen, etabliere daraufhin nach aktiver Suche einen Kontakt mit mongolischen Schamanen, buche einen Flug nach Ulan Bator und reise von dort aus in die Wüste, um dort tatsächlich schamanische Rituale zu studieren, so ist das *keine* Synchronizität.

Träume ich aber schon lange von einer Reise in die Mongolei, um dort schamanische Rituale zu untersuchen, buche zwar auf Verdacht einen Flug nach Ulan Bator, bekomme aber trotz aktiver Suche partout keinen Kontakt zu einem Schamanen – eine dringende Voraussetzung zur Umsetzung des Vorhabens –, ist das erst mal ziemlich ärgerlich. Begegnet mir dann aber zwei Wochen vor Abflug auf der Hochzeit eines Freundes auf einem abgelegenen Schloss bei Göttingen »zufällig« ein mongolischer Schamane, der nicht nur den für den Tag der Hochzeit angekündigten Regen mit einem Wetterzauber bändigt, sondern mir auch verspricht, mir einen Kontakt zu einem Schamanen herzustellen, der mir in der Mongolei weiterhelfen kann (und der das dann auch tut), halte ich das durchaus für eine Synchronizität.

Das Beispiel habe ich mir nicht ausgedacht – es ist mir höchstpersönlich passiert.[46]

Natürlich lässt sich in solchen Situationen sagen: »Das ist einfach Zufall, so was gibt's nun mal!« Oder: »Das ist selektive Wahrnehmung – dir fällt nur auf, worauf du dich konzentrierst und womit du dich beschäftigst. Das wäre alles trotzdem passiert. Ohne den Traum der Patientin hätte Jung dem Rosenkäfer einfach keine Beachtung geschenkt. Und ohne deine Pläne hätte der Schamane in Göttingen für dich nichts bedeutet.« Und klar, das sind Erklärungsmöglichkeiten. Sie zu widerlegen, ist nicht möglich, denn das geht nur, wenn Magie unter Laborbedingungen untersucht wird.

Ich selbst habe aber auch neben dem genannten Beispiel mit dem Schamanen noch weitere extrem unwahrscheinliche »Zufälle« erlebt, bei denen ich geneigt bin, Synchronizitäten anzunehmen. Jung jedenfalls glaubte daran und diskutierte darüber mit einem Freund, dem jungen Quantenphysiker Wolfgang Pauli, der selbst immer wieder mysteriöse Synchronizitäten erlebte. Die beiden Männer schlussfolgerten, dass die Relation von Psyche, Geist und Materie einfach nicht mit den Modellen der herkömmlichen kausalistischen Physik erklärbar ist.

Apropos Quantenphysik: Heute wird diese oft im Zusammenhang mit solchen auf den ersten Blick unwahrscheinlichen Zusammentreffen als Erklärung genannt. Und die Quantenphysik kennt tatsächlich so etwas wie Synchronizitäten: die »Verschränkung« von Quantenzuständen. Diese Verschränkung besteht darin, dass zwei subatomare Teilchen – Photonen – eine nicht lokale Verbindung miteinander eingehen. »Nicht lokal« bedeutet: Sie können beliebig weit voneinander entfernt sein und beeinflussen sich dennoch. Ändert das eine Teilchen seinen Zustand, macht das andere mit – und zwar gleichzeitig. Ein bisschen wie beim Synchronschwimmen, wenn alle Beteiligten exakt zur gleichen Zeit grazil das Bein aus dem Wasser heben.

Zu Jungs Zeiten war diese Verschränkung noch eine theoretische Idee der damals in den Kinderschuhen steckenden Quantenphysik. Albert Einstein machte sich lautstark darüber lustig und nannte die beschriebene Idee »spukhafte Fernwirkung«. Das Verhalten der Teilchen widersprach nämlich dem lokalen Realismus der klassischen Physik, nach dem sich zwei Objekte höchstens in Lichtgeschwindigkeit beeinflussen können. So kann auch ein Genie sich irren: Heute ist nachgewiesen, dass es diese Verschränkungen gibt.

Allerdings – und hier haben wir den kleinen, aber sehr folgenreichen Haken für das zuweilen überstrapazierte Synchronizitäten-Quantenphysik-Erklärungsmodell – gilt dieser Nachweis weiterhin lediglich für die subatomare Ebene.

Dass es Quantenverschränkungen gibt, erklärt leider nicht mal so eben Synchronizitäten wie die von Jung beschriebenen, und auch nicht die, die ich erlebt habe. Die subatomare Welt ist nicht unsere Makro-Wirklichkeit. Das wiederum bedeutet natürlich nicht, dass die Quantenphysik – oder ein anderer Bereich der Wissenschaft – nicht eines Tages die fehlenden Puzzlestücke finden wird. Es gibt Forscher, die die Quantenverschränkung zumindest als Denkmodell nutzen, um so etwas wie Synchronizitäten oder andere paranormale Phänomene wie zum Beispiel Präkognition (Vorauswissen) oder Telekinese (das Beeinflussen entfernter Objekte durch Gedankenkraft) zu untersuchen und vielleicht eines Tages erklären zu können. Ganz gemäß dem Zitat von Science-Fiction-Autor Arthur C. Clarke, das ich an den Beginn des Kapitels gesetzt habe: »Magie ist nur eine Wissenschaft, die wir noch nicht verstehen.«

Mir genügt es, dass es Magie gibt und dass ich mich ihrer ab und zu bedienen kann. Wie die Wirkmechanismen im Detail aussehen, spielt dafür keine Rolle. Ich muss ja auch nicht wissen, wie genau der Motor meines Autos funktioniert, um es fahren zu können. Ein schönes magisch wirksames, aber dabei sehr einfaches Ritual zum Einstieg ist das folgende, das eigentlich ein Hexenzauber zur Walpurgisnacht ist, aber auch an jedem anderen Tag möglich ist (und auch bei Nichthexen funktioniert):

DREI WÜNSCHE

Nimm dir ein Stoffband aus Naturfasern zur Hand, und konzentriere dich auf ein Vorhaben oder einen Wunsch. Dann machst du drei Knoten in das Band. Bei jedem Knoten denkst du intensiv an deinen Wunsch und seine Verwirklichung. Binde nun das Band um deinen linken Knöchel, und nimm es erst am nächsten Morgen wieder ab. Vergrabe das Band in der Erde. Deine Wünsche werden in Erfüllung gehen.

DIE BASIS VON MAGIE – UND WIESO WIR ALLE WIRKLICH ZAUBERN KÖNNEN

Auch Dean Radin konnte also keine genaue physikalische Erklärung für die Wirkung von magischen Ritualen bereitstellen. In vielen interessanten Experimenten fand er aber noch weitere signifikante Hinweise darauf, dass Magie funktioniert. Nicht immer, aber deutlich häufiger, als es bei reinem Zufall zu erwarten wäre. Das »Gesetz der Korrespondenzen« wirkt also tatsächlich.

Unsere Intention und unsere Vorstellungskraft können Ereignisse nicht nur direkt anstoßen, indem wir bewusst Maßnahmen zu ihrer Verwirklichung einleiten – wie zum Beispiel Ann Makosinski bei der Erfindung ihrer Taschenlampe oder wenn wir sparen und uns dann eine gewünschte Sache kaufen. Unsere Gedanken können nicht nur unsere eigene Wirklichkeit erschaffen und in bestimmte Richtungen lenken.

Unsere Intention und unsere Fantasie können den Lauf der Dinge noch anders beeinflussen, sodass etwas Vorgestelltes auf (bis jetzt) unerklärliche Weise Wirklichkeit wird. Diese geheimnisvolle Wirkbeziehung ist Essenz und Ziel jeder magischen Handlung.

Dean Radin hat bei seinen Untersuchungen festgestellt, dass drei Ideen in allen magischen Traditionen auftauchen:

- Bewusstsein ist die Basis aller Dinge.
- Alles ist miteinander verbunden.
- Es gibt nur ein Bewusstsein.

Möglicherweise klingt das in deinen Ohren jetzt wieder sehr kryptisch. Eigentlich ist es aber nicht besonders kompliziert: Bewusstsein – oder Geist – ist diesen Ideen zufolge der Ursprung von allem. Auch hier ist natürlich wieder nicht unser gewöhnliches Tagesbewusstsein gemeint, sondern eine andere Art von Bewusstsein: ein Bewusstsein, das alles durchdringt, alles verbindet, aus dem alles, was ist, hervorgegangen ist und aus dem auch alles, was je sein wird, hervorgehen wird – der Raum aller Möglichkeiten.

Bewusstsein ist darum der physikalischen Welt übergeordnet, aus ihm entspringen ihre unendlich vielen verschiedenen Formen. Wenn dieses eine Bewusstsein alles, was ist, durchdringt, bedeutet das wiederum, dass alles miteinander verbunden ist – bis in den hintersten Winkel des Universums – und sich gegenseitig beeinflussen kann.

Auch aus wissenschaftlicher Sicht ist das nicht ganz unlogisch. Gehst du zum Beispiel vom Urknall aus, so wurde ja alles, was heute ist, aus dem, was damals war – es ist nichts hinzugekommen oder verloren gegangen. Und wenn dich jemand enorm schrumpfen lassen würde und du in den Kern der Dinge hineinschlüpfen könntest – in das Buch, das du in der Hand hältst, in deine Hände, den Sessel, auf dem du sitzt –, dann würdest du zunächst auf der Ebene der Moleküle landen, dann auf jener der Atome und subatomaren Teilchen, und dann würdest du feststellen, dass zwischen ihnen vor allen Dingen eines ist: nichts. Dieses Nichts verbindet tatsächlich alles, was ist. Wir selbst bestehen nachweislich größtenteils aus Nichts.

Allein Gedanken wie diese verursachen zumindest bei mir die Gänsehaut eines Wow-Gefühls erster Güte. Max Planck, der Begründer der Quantentheorie, hat zum Beispiel gesagt: »Es gibt keine Materie, sondern nur ein Gewebe von Energien, dem durch intelligenten Geist Form gegeben wurde. Dieser Geist ist Urgrund aller Materie.«

Vielleicht klingelt jetzt irgendetwas in deiner Erinnerung: In Kapitel zwei hatten wir darüber gesprochen, dass der Awe-Forschung zufolge tiefes, ehrfürchtiges Staunen immer auch ein Gefühl der Verbundenheit mit etwas Allumfassendem erzeugt. Dieses Allumfassende könntest du auch als dieses eine Bewusstsein beschreiben, das alles durchdringt.

Und, Achtung, jetzt wird's wild: Weil wir ja alle Teil dieses Bewusstseins sind, es uns durchdringt, sind auch wir, jede und jeder Einzelne von uns, der »Urgrund von Materie«. Das heißt, je nachdem, was wir uns intensiv vorstellen, können wir zaubern!

Der britische Magier Alan Chapman ist ein Vertreter der Bewegung des »Chaos Magick«, die rebellisch alle alten magischen Traditionen, die oft mit viel geheimnisvollem Brimborium zuwege gingen, auf ihre Essenz herunterkocht. Das Drumherum kann zwar helfen, sich auf das Ziel zu fokussieren und den Glauben ans Gelingen zu stärken, aber im Grunde geht es dabei um Ornamente, die nicht wirklich notwendig sind. Chapman hat eine Art »magisches Grundrezept« zusammengestellt – »magisch« im Sinne von echter Magie, nicht im Sinne von Tricks –, das sinngemäß ungefähr so geht:

- *Bestimme, was du herbei- oder wegzaubern möchtest:* etwa ein neues Fahrrad, einen lukrativen Auftrag, eine Einladung zum

Essen, Sonnenschein an deinem Geburtstag, einen Gewinn beim Pferdewetten.

- *Vergewissere dich, dass dein Wunsch grundsätzlich möglich ist:* Mit eigener Kraft zu fliegen klappt zum Beispiel höchstens im Traum; wenn du nicht auf Pferde wettest, kannst du dabei auch nicht gewinnen – und Tote zum Leben zu erwecken, funktioniert auch eher schlecht (außer im Traum – eine Bewusstseinsebene, die aus magischer Sicht ebenso real ist wie unsere tagesbewusste Wirklichkeit).
- *Suche aus, was du als magischen Akt durchführen möchtest.* Nach den Lehren des »Chaos Magick« funktioniert hier wirklich so gut wie alles. Also etwa dreimal gegen den Uhrzeigersinn ums Haus laufen und »Simsalabim« rufen, zu *It's a Kind of Magic* von Queen tanzen oder eine Sigille anfertigen und mit ihr nach einem festgelegten Plan verfahren (was eine Sigille ist und wie du mit ihr Magie üben kannst, dazu gleich mehr).
- *Lege fest, dass der magische Akt das bedeutet, was du erreichen willst:* Du bestimmst also, wenn ich A (den magischen Akt) durchführe, tritt B (das gewünschte Ergebnis) ein.
- *Führe den magischen Akt aus.*
- Warte aufs Ergebnis.[47]

Auch all das klingt nun vermutlich etwas gewöhnungsbedürftig, aber es bedeutet eigentlich nichts anderes, als dass Magie auch sehr »freestyle« funktioniert, und das hier ist das Grundrezept. Es veranschaulicht zum Beispiel, warum auch sehr unorthodoxe magische Methoden wie das in den vergangenen Jahren etwas in Vergessenheit geratene »Bestellen beim Universum« regelmäßig verblüffende Ergebnisse bringen. Falls dir das nichts sagt: Bei dieser durch die vor einigen Jahren verstorbene Journalistin Bärbel Mohr in den Neunzigerjahren populär gewordene Methode wird mündlich, gedanklich oder schriftlich eine – oft mit Lieferdatum versehene – »Bestellung« ins Universum geschickt. Das ist bereits der sehr wirkungsvolle magische Akt. Den meisten Menschen, die das erfolgreich ausprobiert haben, ist vermutlich gar nicht bewusst, dass es sich dabei um echte Magie handelt.

NOCH EIN (MAGISCHER) DREIKLANG: GLAUBE[48*] – FOKUS – GNOSIS

Ich möchte allerdings hinzufügen, dass im »magischen Grundrezept« zwischen den Zeilen ein paar »Zutaten« versteckt sind, die nicht explizit genannt werden.

Wichtig für den Erfolg ist meiner Erfahrung nach (und Dean Radins Untersuchungen zufolge) nämlich der **Glaube** daran, dass dein magischer Akt grundsätzlich funktionieren kann. Ebenso essenziell ist im ersten Schritt der **Fokus** auf das, was du erreichen willst, also das, was bei Jung das innere Erleben war, das wiederum zu Synchronizitäten führt (auch die sind in der hier skizzierten Sichtweise Magie).

Du könntest jetzt einwenden, dass Carl Gustav Jungs Patientin ja sicher nicht daran geglaubt hat, ein Rosenkäfer könnte in die Praxis geflogen kommen. Das ist natürlich richtig. Aber die Patientin wollte auch nicht bewusst etwas herbeizaubern, das ist ein wichtiger Unterschied zum Vorhaben, bewusst Magie auszuüben! Weil sie gar nicht zaubern wollte, hegte sie logischerweise auch keine Zweifel. Anders gesagt: Sie war – ohne sich darüber im Klaren zu sein – offen für mögliche Synchronizitäten.

Der Glaube an die Möglichkeit des Gelingens beim *bewussten Durchführen* von Magie ist vor allem deshalb wichtig, weil er Zweifeln entgegensteht, denn Zweifel können beim Erfüllen des Wunsches empfindlich stören (auf welche Weise das passieren kann, dazu liest du in Kürze mehr).

Falls du dich nun fragst, wie du den Glauben an Magie entwickeln sollst, bevor du erlebt hast, dass sie tatsächlich funktioniert, habe ich einen Supertipp für dich, den du schon aus einem anderen Zusammenhang kennst:

Spiele!

Spiele einfach, dass du eine Person bist, die an Magie glaubt! Oder, falls dir das leichterfällt: Spiele, dass du eine Person bist, die offen für die Möglichkeit ist, dass Magie funktionieren könnte.

Und dann: Spiele auch mit den magischen Ritualen. Mach dir einen Spaß draus. Teste unterschiedliche Vorgehensweisen. Zum Beispiel die erwähnten »Bestellungen beim Universum«. Den »Drei Wünsche«-Zauber von vorhin. Den Sigillen-Zauber, den ich dir gleich vorstellen werde. Oder ein selbst gestaltetes Ritual. Teste verschiedene Formulierungen. Fang mit kleinen Wünschen an, und steigere dich nach und nach. Je mehr du spielst und je »wilder« du Wünsche in den Raum aller Möglichkeiten schickst, umso lustiger wird es. Und indem du mit den magischen Ritualen spielst, schickst du die klare Botschaft an dein Unterbewusstsein und in den Raum aller Möglichkeiten, dass du Magie für möglich hältst – denn sonst würdest du es ja sein lassen. Auch die soeben erwähnte Bärbel Mohr hatte zunächst nicht an das später von ihr bekannt gemachte »Bestellen« geglaubt, von dem ihr eine Freundin vorgeschwärmt hatte. Nur um zu beweisen, dass das Ganze großer Quatsch ist, hatte sie eine detaillierte, neun Punkte umfassende Bestellung für einen potenziellen Partner aufgegeben, mit einem »Lieferdatum« drei Monate später. Dadurch hatte sie allerdings gleich die Botschaft mitgeschickt, dass ein kleiner Teil von ihr es eben doch für möglich hielt – und tatsächlich: Die »Lieferung« kam am festgelegten Datum, genau wie bestellt.

Damit du nicht den Überblick verlierst, halte am besten alle Rituale inklusive der Wünsche in deinem Journal fest – und blättere dann in ein paar Wochen oder Monaten zurück, und lass dich überraschen, was sich alles erfüllt hat.

So viel zum Glauben – kommen wir nun zur zweiten heimlichen Zutat, dem Fokus. Jungs Patientin war glasklar fokussiert auf den Skarabäus ihres Traums, und das hatte Folgen in der sie umgebenden Wirklichkeit. Fokus ist auch für dich beim Ausüben von Magie wichtig. Einmal, weil du eine möglichst klare Vorstellung von der Sache haben solltest, die du herbeizaubern (oder wegzaubern) willst. Denn: Wenn du nicht weißt, was du willst, kannst du es auch nicht gezielt herbeizaubern.

Außerdem erzeugt Fokus, wie du schon weißt, automatisch eine Trance, die in vielen magischen Traditionen als ganz essenziell für das Gelingen von Magie angesehen wird. Magie-Forscher Radin schreibt: »Die wichtigste Hilfe, um magische Fähigkeiten zu entwickeln, ist zu lernen, wie ein Bewusstseinszustand der Gnosis erlangt werden kann.«[49]

Mit **Gnosis**, was ursprünglich Wissen oder Weisheit bedeutet, ist in der Magie nichts anderes als eine Trance gemeint, also ein entspannter – sozusagen intuitiv wissender – Zustand, in dem – zumindest ganz kurz – der alltägliche Strom der Gedanken stillsteht. Gnosis ist eine Lücke zwischen den Gedanken, in der sich der Raum aller Möglichkeiten stärker öffnet, sodass die Idee des Gewünschten aufsteigen kann – zum Beispiel in Form eines Zauberspruches, eines Symbols oder eines Gedankens –, um sich dann in unserer Realität verwirklichen zu können.

Hier kommt nun wieder unser Staunen ins Spiel!

Denn das Großartige ist: Auch das Wow-Gefühl führt zu einer Gnosis. Wenn du staunst, fühlst du dich in Einigkeit mit allem. Der Strom der Alltagsgedanken hält mindestens für einen Moment an. Dabei kann das Wow-Gefühl groß und überwältigend sein oder auch von zarter Zufriedenheit. Es kann länger andauern oder ganz kurz spürbar sein. Wie genau dein persönliches Erleben des Wow-Gefühls aussieht, ist ganz egal.

Darum verankern wir nun ein wunderbares Staun-Gefühl in deinem Unterbewusstsein, als ultrapraktischer Instant-Gnosis-Erzeuger, den wir immer parat haben, wann immer wir ihn brauchen. Diese immer wieder abrufbare Gnosis kannst du nutzen, wie du möchtest. Um dich unmittelbar besser zu fühlen – oder um wahrhaft magische Dinge zu tun.

ZWEI FÄUSTE FÜR EIN HALLELUJA

Kennst du noch die Westernparodie *Vier Fäuste für ein Halleluja* mit Terence Hill und Bud Spencer? Falls nicht, hast du zwar einen sehr lustigen Film verpasst, aber die folgende zweiteilige Übung zur Konservierung eines Wow-Momentes kannst du unabhängig davon machen. Sie heißt nur so, weil darin deine Fäuste eine Hauptrolle spielen. Blättere in deinem Journal zu deinen Wow-Momenten, und such dir einen besonders schönen aus. Dann lies dir die folgende Anleitung durch, damit du weißt, was du zu tun hast, denn du wirst bei der Übung die Augen schließen: *Suche dir einen Ort, an dem du für ein paar Minuten ungestört bist. Setz dich bequem hin, stelle die Füße fest auf den Boden, und lege die Hände locker auf die Oberschenkel. Konzentriere dich auf ein imaginiertes Wow-O (auch bekannt als: ein Punkt) in deinem Blickfeld.*

Sobald deine Gedanken zur Ruhe gekommen sind, schließe die Augen, und erinnere dich an einen Wow-Moment. Stell ihn dir so plastisch wie möglich vor.

Spüre dem Wow-Gefühl nach. Lass es dich erfüllen. Während du weiter im Gefühl bleibst, presse nun deine dominante Hand fest zur Faust zusammen.

Öffne die Faust wieder.

Stelle dir erneut den Wow-Moment inklusive Wow-Gefühl vor. Presse die Faust währenddessen erneut zusammen.

Öffne die Hand und deine Augen.

Auf diese Weise verbindest du das Wow-Gefühl mit einem körperlichen Anker: deiner geballten Faust. Das bedeutet, dass du in Zukunft nur deine dominante Hand zur Faust zusammenpressen musst, um das Wow-Gefühl erneut zu spüren. (Du kannst diesen Anker auch nutzen, um den nächsten Wow-Moment, der dir begegnet, noch zu verstärken und ihn zugleich zu konservieren. Presse dazu einfach die Faust zusammen, wenn du das nächste Mal staunst.)

Deine dominante Hand zur Faust zu ballen, kann in einem magischen Ritual ab sofort als magischer Akt fungieren. Du musst nur bestimmen, dass dein vorher festgelegter Wunsch durch dieses Faustballen den Weg zu seiner Erfüllung antritt.

Der zweite Teil der Übung ist nur relevant, falls du gerade ein Gefühl hast, das du als hinderlich empfindest oder das dich sehr stört. Dieser Teil der Übung kann dich dann erden und deine Gefühle in einen neutralen Bereich bringen. Nicht nur, wenn du Magie ausüben möchtest, sondern auch, wenn du gerade nervös im Wartezimmer bei deiner Zahnärztin sitzt oder dich über etwas ärgerst:

Falls du gerade die Möglichkeit dazu hast, setz dich wieder hin, atme tief ein und aus, und fokussiere dich auf einen Punkt (ein O) in deinem Blickfeld, bis deine Gedanken zur Ruhe kommen. Dann kannst du auch beim Durchführen der Übung wieder die Augen schließen. Sollte das nicht gehen, weil du unterwegs bist oder gerade im Meeting sitzt, funktioniert es aber auch einfach so.

Überlege, wo im Körper du das negative Gefühl spürst. Schaue es an und akzeptiere es bewusst. Dabei kann es helfen, zu denken oder zu sagen: »Hallo, liebes Gefühl! Vielen Dank, dass du da bist. Ich habe dich gesehen. Aber jetzt ist es Zeit für dich zu gehen.«

Stell dir nun vor, wie das Gefühl von der Stelle, an der du es spürst, zur Schulter auf der Seite deiner nicht dominanten Hand fließt – und von da aus durch deinen Arm in deine nicht dominante Hand.

Balle die nicht dominante Hand zur Faust.

Öffne dann die Hand, und lasse das Gefühl abfließen, von der Hand in den Boden hinein. Wenn du magst, kannst du die Handfläche auch auf den Fußboden oder auf die Erde legen.

Balle nun die zuvor mit dem Wow-Gefühl aufgeladene dominante Hand zur Faust – und spüre, wie dich das Wow-Gefühl ganz erfüllt.

Auf diese Weise kannst du immer Einfluss auf deine Gefühle nehmen, wie du gerade möchtest. Denke aber bitte immer daran, dass deine Emotionen Funktionen haben, darum solltest du das Akzeptieren des unerwünschten Gefühls bitte unbedingt niemals überspringen.

So, nun hast du deine Gnosis immer dabei! Dann kann auch beim Zaubern – dem echten, magischen – kaum noch etwas schiefgehen. Dazu kannst du zum Beispiel Chapmans Anleitung von vorhin nutzen und dir selbst ein magisches Ritual kreieren. Doch genau so, wie es als Kochanfänger oft leichter ist, sich nach einem vorhandenen Rezept zu richten, ist es als Anfänger in der magischen Disziplin oft einfacher, ein magisches Ritual nach einem erprobten Standardrezept durchzuführen. Und genau das möchte ich dir jetzt vorstellen: ein spaßiges kleines Ritual, mit dem ich schon viel Erfolg hatte.

(EIN) SIGILLEN-ZAUBER

Du brauchst für diesen Akt der Magie dein Journal, einen Zettel, einen Stift und einen Wunsch. Merke dir bitte vorab schon einmal, dass du bis zur Erfüllung des Wunsches nicht über deine Sigille oder deinen Wunsch sprechen solltest. Behandele ihn als dein Geheimnis (warum, dazu kommen wir noch). Doch nun zu den einzelnen Schritten:
Schreibe deinen Wunsch in Großbuchstaben in dein Journal. Sagen wir:

ANNIKA RUFT MICH HEUTE ABEND AN.

Achtung: Sei hier bitte so spezifisch, wie es geht. Wenn du zum Beispiel ohne Zeitangabe schreibst »Annika ruft mich an«, kann es sein, dass Annika erst in zwei Wochen oder auch noch viel später anruft. Schreibst du lediglich, »Annika ruft an«, ruft sie vielleicht irgendwen an, aber nicht dich.

Und: Bitte leite deinen Wunsch nicht mit »Ich wünsche mir, dass ...« oder »Ich will, dass ...« ein. Dann versteht dein Unterbewusstsein dich unter Umständen wörtlich und erfüllt dir den Prozess des Wünschens oder Wollens, aber nicht den Wunsch. What you say is what you get!

Nun machst du aus dem Satz ein Symbol. Nimm dazu die Anfangsbuchstaben aller Wörter, ignoriere die Wörter, die mit einem Vokal anfangen.[50] Übrig bleiben hier:

RMH

Aus diesen Buchstaben machst du nun auf deinem Zettel ein Symbol, eine sogenannte Sigille. Wie du die Buchstaben anordnest, bleibt dir überlassen. Zum Beispiel so:

Jetzt kommt der magische Akt: Konzentriere dich auf das Symbol. Balle deine dominante Hand zur Faust und aktiviere so das Wow-Gefühl (siehe die vorige Übung »Zwei Fäuste für ein Halleluja«). Spüre intensiv in das Wow-Gefühl hinein, während du das Symbol betrachtest. Du kannst auch die Augen schließen und das Symbol vor deinem inneren Auge halten, wenn du dich so besser auf das Wow-Gefühl konzentrieren kannst.

Entferne jetzt das Symbol. Du kannst den Zettel in kleine Fitzelchen zerreißen und wegwerfen, du kannst ihn im Garten oder im Blumenkasten vergraben oder für eine Nacht unter deine Matratze stecken. Ziehe mit dieser Handlung deine bewusste Auf-

merksamkeit von der Sigille ab, und wende dich anderem zu, zum Beispiel:
Singe alle Strophen eines möglichst langen Liedes, das du auswendig kennst, und konzentriere dich dabei auf den Text. Oder zähle von 100 rückwärts, und konzentriere dich darauf, jede Zahl vor deinem inneren Auge zu sehen.

Der Fokus auf den Wunsch zu Beginn und das Herstellen des Sigillen-Symbols erzeugen hier eine Trance, die durch den Fokus auf das Symbol verstärkt wird. Das Singen im Anschluss kommt dir vielleicht merkwürdig vor, ist aber ein alter Trick von mir. Mit seiner Hilfe nimmst du wirklich den Fokus von Wunsch und Symbol.
Ich höre dich »Moment mal!« sagen.
Wieso sollst du auf einmal den Fokus vom Wunsch oder Symbol abziehen, wo doch bisher immer die Rede davon war, dass es so wichtig ist, sich auf etwas zu konzentrieren?
Weil gerade Magie-Anfänger, die noch nicht durch erfüllte Wünsche Selbstvertrauen sammeln und Glauben an das Funktionieren des magischen Rituals aufbauen konnten, dazu neigen, *nach* dem Ritual (und dem darin bereits enthaltenen Fokussieren) weitere sehr emotionale Botschaften in den Raum aller Möglichkeiten zu schicken. Im Stil von »Ach, ich hoffe, das Ritual funktioniert!«. Das ist nun aber – sozusagen – ein unbewusster Extrawunsch, auf den du dich obendrein emotional fokussierst. Ein Extrawunsch, der leider auch prompt erfüllt wird: *Du erhältst die Hoffnung*, dass das Ritual funktioniert! Was du eigentlich haben wolltest, fällt dann unter den Tisch. Darum ist es auch wichtig, das Geheimnis zu wahren. Das Letzte, was du jetzt gebrauchen kannst, sind zweifelnde Blicke oder Kommentare, die dich verunsichern. Wie gesagt: What you say is what you get!
Darum hilft es, zu solchen Tricks zu greifen. Das Singen eines Liedes funktioniert natürlich am besten, wenn du den Text gut kannst. Ist das nicht der Fall, funktioniert das Rückwärtszählen

unter Umständen besser – oder auch das Lesen einiger Seiten in einem spannenden Roman.

AM ANFANG WAR DAS WORT ODER: WIE SPRACHE ZU WIRKLICHKEIT WIRD

Auf meiner Brust habe ich eine Tätowierung: »Abrakadabra«. Das Wort ist nicht nur einfach mysteriöses Blabla, das einen Zauberspruch begleitet, sondern es bedeutet »Ich erschaffe im Sprechen«.[51] Das, was ich also in Kombination mit »Abrakadabra« sage, das wird Wirklichkeit. Das Wort könntest du darum auch als »magischen Akt« sehen, es verwandelt das Gesagte in einen Zauberspruch, der magische Wirkung hat. Doch Worte haben auch schon »einfach so« Macht, ohne dass du mit ihnen magische Dinge im Sinn hast – das hast du ja schon im vorigen Kapitel gesehen. Die Wirksamkeit der Worte lässt sich also auf drei Ebenen beobachten:

- ***Worte steuern deine Wahrnehmung.*** Das gilt nicht nur für Zaubersprüche, sondern für alles, was du denkst und sagst. Probiere es aus, schließe die Augen, und denke intensiv an das Wort »Grün« (oder an eine andere Farbe). Öffne die Augen und schau, welche Details dir als erste ins Auge fallen. Sagst du dir jeden Morgen voller Enthusiasmus: »Das wird ein toller Tag«, ist die Chance, dass sich diese Prophezeiung bewahrheitet, viel größer, als wenn du sagst: »O Mann, was geht heute wohl wieder alles schief?« Was du dir über dich selbst und die Welt erzählst, hat Einfluss auf die Vorhersagen deines Gehirns und damit auf deine Wahrnehmung. Pflegst du bewusst »Ein toller Tag«-Gedanken und ballst dabei vielleicht noch deine Wow-Faust, die dir ein gutes Gefühl macht, gibst du deinem Unterbewusstsein den Auftrag, positive Beweise für die »Toller Tag«-Vorhersage zu finden: Die Sonne, die durch die Wolken bricht. Der nette Teenager in der U-Bahn, der für dich Platz macht. Gehst du dagegen mit pessimistischer Botschaft in den Tag, wird dir eher Negatives auffallen: Die Wolken, die die Sonne wieder verdecken. Der Rempler, den dir jemand versetzt, als du in die U-Bahn einsteigst.

- ***Worte bestimmen mit, wie du dich in der Welt verhältst.*** Auch bei deinem Verhalten mischt dein Unterbewusstsein ordentlich mit, denn die Worte, die du ihm eingibst, sind ihm Befehl – erinnere dich daran, was du im vorigen Kapitel über Suggestionen gelernt hast. Hast du den Glaubenssatz »Ich bin eher der sportliche Typ«, wird dich dein Unterbewusstsein unermüdlich darauf hinweisen, Dinge zu tun, die diese These untermauern, und du entwickelst entsprechende Gewohnheiten. Hast du den Glaubenssatz »Nur wer hart arbeitet, verdient Geld«, wirst du vermutlich tatsächlich hart für dein Geld arbeiten, andere Möglichkeiten des Gelderwerbs erscheinen dir dubios, und du verfolgst sie erst gar nicht. Sagst du: »Ich bin Raucherin«, rauchst du, sagst du hingegen: »Ich bin Nichtraucherin«, rauchst du nicht (das klingt auf den ersten Blick vielleicht banal, aber probiere mal aus, was mit deiner Haltung passiert, wenn du einfach nur den Satz für dich änderst und laut aussprichst). Beschreibst du dich als »Matheniete« – vielleicht, weil du das immer wieder als Kind gehört hast –, wirst du wahrscheinlich vor allem, was mit Rechnen zu tun hat, zurückschrecken. Sagst du: »Mein Arm ist lahm«, wirst du ihn nicht benutzen. Und so weiter.
- ***Worte können zaubern.*** Alles, was du in den vorherigen beiden Absätzen gelesen hast, lässt sich psychologisch ganz rational erklären. Dass Worte und die starken Bilder und Emotionen, die sie häufig hervorrufen, aber zudem auch noch die Wirklichkeit jenseits deines persönlichen Handlungsspielraums beeinflussen können – und zwar auf Wegen, die noch (!) nicht so ohne Weiteres mit heutiger Wissenschaft erklärbar sind –, hast du in diesem Kapitel erfahren. Alles deutet darauf hin, dass sie das insbesondere dann tun, wenn du daran glaubst – oder zu-

mindest nicht sehr daran zweifelst. Eine Erklärung, die in magischen Kreisen dafür gegeben wird, ist jene, dass Worte – Glaubenssätze – vom Unterbewusstsein an das große Ganze, das alles verbindet, weitergeleitet werden. An das allumfassende Bewusstsein, den Raum aller Möglichkeiten, das Feld, das Universum, an eine göttliche Instanz oder wie auch immer du es nennen möchtest. Dort tun sie ihre Wirkung, ziehen Fäden, leiten Synchronizitäten ein – ob es uns passt oder nicht. Nach dieser Vorstellung steht unser Unterbewusstsein mit dem allumfassenden Bewusstsein in direkter Verbindung, alles, was dort hineingegeben wird, hat die Tendenz, sich zu verwirklichen.

Aus all diesen Gründen ist es – in unserem ganz eigenen Interesse – unheimlich wichtig, dass wir auf unsere Sprache und vor allem unsere gewohnheitsmäßigen Gedanken achten. Denn dein waches Bewusstsein, dein Unterbewusstsein und das mysteriöse magische große Ganze – viele würden sagen: das Universum – arbeiten Hand in Hand, tauschen Informationen aus und stoßen auf den jeweiligen Ebenen Veränderungen an. Da wäre es doch von Vorteil, wenn diese Veränderungen solche sind, die du dir für dich, deine Lieben und die Welt wünschst.

Doch noch einmal zurück zum »Abrakadabra« und Wortmagie wie dem Sigillen-Zauber oder anderen magischen Ritualen. Vielleicht hast du dich gefragt, ob so etwas wirklich immer funktioniert.

Die Antwort ist: Leider nein.

Oder auch: Zum Glück.

Es gibt einige potenzielle Störfaktoren, die verhindern können, dass Magie wie erwünscht wirkt. Neben einer »inkorrekten« Ausführung eines magischen Rituals – die vor allem darin besteht, dass du Zweifel hegst und unkonkrete Wünsche äußerst – spielen noch weitere Elemente eine Rolle, die den Lauf der Dinge in andere Richtungen lenken können.

Dazu gehören zum Beispiel Intentionen und Handlungen anderer Menschen, die – bewusst oder unbewusst – der Manifestation eines Wunsches direkt entgegenstehen oder seine Erfüllung zumindest behindern können. Aus diesem Grund gelingt es in der Regel relativ gut, einen Parkplatz in Nähe der Haustür zu »bestellen« (falls du das noch nicht probiert hast: Teste es mal, es ist wirklich verblüffend, bei mir klappt es fast immer), aber deine Wunschpartnerin oder deinen Wunschpartner aus einer glücklichen Beziehung »herauszuwünschen«, ist schon bedeutend schwieriger. Dies, weil die betreffende Person natürlich auch noch ein, zwei eigene Gedanken dazu hat. Wenn du dir vorstellst, dass deine Wünsche wie beim Radio eine bestimmte Frequenz haben, so kommt von der anderen Seite ebenfalls ein Radiosignal, das deins überlagern kann. Das ist auch gut so, denn stell dir mal vor, du bist selbst das Ziel eines »Liebeszaubers« im Voodoo-Stil …

Apropos Voodoo: Dean Radins vorhin beschriebenes Experiment hat zwar wunderbar geklappt, allerdings wussten die Zielpersonen, dass ihnen wohlwollende (!) Energien gesendet werden würden – sie wussten nur nicht, wann das geschehen würde. Sie waren aber grundsätzlich offen dafür. Eine solche Offenheit erleichtert erfahrungsgemäß erheblich, dass diese Energien auch wirken. Sollten in Radins Experiment diese positiven Energien die Sender ebenfalls beeinflusst haben (was leider niemand gemessen hat), machte das natürlich nichts, sondern war nur ein angenehmer Nebeneffekt. Doch nehmen wir nun einmal ganz theoretisch an, du kennst ein paar Leute, denen du liebend gerne ein Furunkel auf die Nasenspitze wünschen würdest. Dann rate ich dringend davon ab, das mit Voodoo zu probieren! Denn in einem solchen Fall nährst du zunächst einmal negative Gedanken, und die können sich viel eher in deinem eigenen Leben manifestieren als im Leben der nichts ahnenden Zielperson. Ein bisschen so, als würdest du versuchen, aus dem Inneren einer Mikrowelle Energien zu senden, während das Ziel deiner Aktion sich außerhalb befindet. Wer bekommt dann den Furunkel? Genau!

Komplizierter wird es auch bei Wünschen, die viele Personen betreffen. Nehmen wir beispielsweise an, du wünschst dir Weltfrieden. Das ist grundsätzlich selbstverständlich ein positiver Wunsch, und natürlich wäre es wunderbar, wenn wir Frieden einfach so herbeizaubern und alle Kriege beenden könnten. Doch Kriegsparteien hängen immer Kriegsnarrativen an, die aufgrund der genannten drei Mechanismen auch sehr stark realitätsbestimmend sind. In diese Geschichten sind sehr viele Menschen mit teils diametral entgegengesetzten Absichten verstrickt und dadurch ebenso die Botschaften, die diese in den Raum aller Möglichkeiten schicken. Darum wirst du mit einem Sigillen-Zauber oder einer anderen einzelnen magischen Aktion, mit der du Frieden schaffen möchtest, wohl keinen Erfolg haben.

Was nicht bedeuten soll, dass wir nicht Größeres bewegen können. Dazu müssen wir uns allerdings zusammenschließen. Blättere bitte um.

TEIL III
VERBINDEN

7

DAS WIR-GEFÜHL: WIE WIR UNS IM STAUNEN MIT ANDEREN VERBINDEN UND ZUSAMMEN DIE WELT BEWEGEN

»Gehe ich vor dir, dann weiß ich nicht,
ob ich dich auf den richtigen Weg bringe.
Gehst du vor mir, dann weiß ich nicht,
ob du mich auf den richtigen Weg bringst.
Gehe ich neben dir,
werden wir gemeinsam den richtigen Weg finden.«
Sprichwort aus Südafrika

Ende der Achtzigerjahre des vorigen Jahrhunderts war ich noch ein Teenager. Damals nahmen in Deutschland Ereignisse ihren Lauf, die ich als Saarländer nur im Fernsehen verfolgen konnte, die mir aber heute noch Gänsehaut verursachen, wenn ich daran denke – und da bin ich sicher nicht der Einzige. Hunderttausende Menschen gingen von September 1989 an in der damals noch existierenden DDR bei den sogenannten Montagsdemonstrationen auf die Straße. Je größer die Mengen der durch die Straßen Marschierenden bei den friedlichen Zusammenkünften Woche für Woche wurden, umso mehr Menschen wagten es, ihre heimlichen Träume nicht mehr lediglich als naive Fantasiegebilde zu sehen. Träume von Freiheit und Selbstbestimmung wurden zu einer Vision, die das Zeug hatte, Wirklichkeit zu werden. Plötzlich konnten sich sehr viele Menschen im Osten Deutschlands – und daraufhin auch im Westen und in der ganzen Welt – etwas konkret vorstellen und für möglich halten, was während des totalitären Regimes jahrzehntelang undenkbar gewesen war: ein Ende der SED-Herrschaft, Reisefreiheit und schließlich eine deutsche Wiedervereinigung. Demokratie und Meinungsfreiheit statt Überwachung.

Die Menschen teilten diese Vision, handelten nach ihr, ermutigten dadurch andere und schickten auf diese Weise gemeinsam eine starke Botschaft in den Raum aller Möglichkeiten, die sich immer weiter verstärkte. Alle konnten das verfolgen. Plötzlich fiel das Symbol des geteilten Deutschlands, die Berliner Mauer, und die seit dem Mauerbau geschlossenen Grenzen wurden geöffnet.

Das war echte Magie in Aktion, denn all das hätte nur wenige Monate zuvor niemand für möglich gehalten! Du könntest die Montagsdemonstrationen als kollektiven magischen Akt betrachten, denn die Bürgerinnen und Bürger der DDR hatten – wie im vierten Punkt im magischen Grundrezept aus dem vorigen Kapitel – beschlossen, was ihr Tun bewirken sollte. Und so geschah es dann auch. Ein mit einer Vision verbundener Entschluss hat enorme Energie.

Wenn ich heute an die damaligen Ereignisse zurückdenke und sie mit dem verknüpfe, was ich mittlerweile über die Kraft des Staunens weiß, gewinnen sie noch weitere Dimensionen, die mich verstehen lassen, warum ihre Magie so stark war. Staun-Forscher Dacher Keltner hatte die »moralische Schönheit« als eine der wichtigsten Quellen für ein Awe-Gefühl genannt, also das Staunen über den Mut und das moralisch richtige Handeln anderer Menschen, oft unter erschwerten Bedingungen. Und das, was damals in der Noch-DDR passierte, hatte moralische Schönheit! Menschen, die in einer Gesellschaft aufgewachsen waren, in der Misstrauen herrschte, weil sich niemand wirklich darauf verlassen konnte, dass der Nachbar oder die Verwandte keine Stasi-

Spitzel waren, beschlossen auf einmal, trotzdem zu vertrauen. Sich selbst und den anderen, die mit ihnen auf die Straße gingen. Sie setzten auf die gemeinsame Kraft, Dinge verändern zu können, auch wenn dies scheinbar »unmöglich« war. Dieser Mut, für die eigenen Träume einzustehen, beeindruckt mich heute genauso wie damals.

Die damalige Bewegung hatte noch eine weitere Wow-Ebene: die des kollektiven Überschwangs. Damit sind überwältigende Ereignisse gemeint, die zusammen mit anderen erlebt werden und die – wie alle Wow-Gefühle – die Verbindung mit etwas Bedeutungsvollem spüren lassen, das größer ist als das, was die Staun-Forscher als das *small self* bezeichnen – unser Alltags-Ich. Doch das hier war nicht einfach eine gemeinsam durchtanzte Nacht, sondern das war der kollektive Überschwang eines ganzen Volkes, das sich wieder aufeinander zubewegte und endlich erneut zusammenwachsen konnte. Und das nicht durch blutige Kämpfe voller Gewalt, sondern als friedliche Revolution.

Natürlich war und ist der darauf folgende Prozess des Zusammenwachsens alles andere als reibungslos, das möchte ich gar nicht unter den Teppich kehren. Aber trotzdem gibt mir das, was damals geschehen ist, Hoffnung. Es erinnert mich daran, dass wir Menschen gemeinsam auch Dinge erreichen können, die vielleicht zunächst völlig unmöglich erscheinen. Wenn nur genügend von uns eine Vision von friedlichem Zusammenleben teilen, danach handeln und daran glauben, können Wunder geschehen. Überall. Und auch da, wo in diesen Tagen niemand von Frieden nur zu träumen wagt.

STELLT EUCH VOR, ES WÄRE FRIEDEN: DER MAGISCHE EFFEKT GEMEINSAMER MEDITATION

Möglicherweise findest du das, was ich gerade geschrieben habe, ein bisschen naiv. Weltfremd. Aber das ist es nicht, denn wir selbst konstruieren unsere Welt. Wir erschaffen sie im Sprechen – Abrakadabra –, wir kreieren sie mit unseren Gedanken und unserem Tun. Allein für uns in unserem Alltag – und vor allem gemeinsam mit anderen.

Ein anderes eindrucksvolles Beispiel für die Power der Gemeinschaft und geteilter Visionen von Frieden und Liebe ist das, was als Maharishi-Effekt bekannt geworden ist: der unglaubliche Einfluss von koordinierter Meditation. Der Effekt ist nach dem aus Indien stammenden und 2010 verstorbenen Maharishi Mahesh Yogi benannt, der in den Sechzigerjahren des vorigen Jahrhunderts unter anderem als Guru von Berühmtheiten wie den Beatles oder den Beach Boys bekannt geworden ist und eine der größten Inspirationen der Hippie-Bewegung wurde. Maharishi hat eine besondere Art der Meditation entwickelt und diese 1958 unter dem Begriff »Transzendentale Meditation« (TM) schützen lassen, um sie von Meditations-Praktiken abzugrenzen, die religiösen Hintergrund haben. Bei dieser Form der Meditation (wie auch bei vielen anderen) überschreiten die gemeinsam Meditierenden die Limitierungen von Körper und Alltagsbewusstsein und verbinden sich mit dem, was ich gern den Raum aller Möglichkeiten nenne, also dem alles verbindenden »Nichts«, mit der Quelle allen Seins oder dem allumfassenden Bewusstsein.

Eines der bekanntesten Experimente zum Maharishi-Effekt fand im Sommer 1993 in der US-amerikanischen Hauptstadt Washington D.C. statt. Rund 4000 Menschen meditierten damals täglich über fast zwei Monate hinweg. Das Ziel: sich mit dem kollektiven Bewusstsein – also dem großen Ganzen – im Bereich des Hauptstadtdistrikts zu verbinden. Dadurch sollte dessen »Kohärenz« erhöht und »Stress reduziert« werden.[52] Und es klappte: In dieser Zeit sank die Kriminalitätsrate in Washington D.C. signifikant, um bis zu 23,3 Prozent. Dieser Spitzenwert wurde in der letzten Woche des Versuchs erreicht, als sich noch viel mehr Menschen der kollektiven Meditation angeschlossen hatten – inspiriert von all denen, die das Experiment gestartet hatten. Besonders dramatisch sanken dabei die Zahlen von gewaltbetonten Verbrechen wie Mord, Vergewaltigung und Körperverletzung.

Wenn das kein Wow ist!

Die Anhänger der Transzendentalen Meditation gehen davon aus, dass diese Art der Meditation globale friedensstiftende und gewaltverringernde Effekte hat, wenn mindestens eine Menge Menschen zur Meditation zusammenkommt, die der Wurzel von einem Prozent der Weltbevölkerung entspricht. Ist die Gruppe kleiner, hat sie ebenfalls Effekte, die aber entsprechend lokal begrenzter sind. Die bisher längste Studie zum Maharishi-Effekt erstreckte sich über 17 Jahre. Dabei kam über vier Jahre hinweg – zwischen 2007 und 2010 – immer wieder eine Menge Meditierender von mindestens 2000 Leuten in den USA zusammen, die nach oben genannter Formel groß genug war, um Auswirkungen auf das gesamte Land zu haben. Im Vergleich zur Kontrollperiode in den Jahren zuvor sanken in dieser Zeitspanne USA-weit signifikant die Zahlen für Mord, Vergewaltigung, schwere Körperverletzung, Raub, Kindersterblichkeit sowie die Zahl der Drogentoten, Verkehrstoten und die der Todesfälle durch Verletzungen. In den Jahren, in denen die für den Effekt notwendigen Teilnehmerzahlen nicht erreicht wurden, stiegen die entsprechenden Ziffern wieder an.[53]

Interessant ist: Auch schon in den Achtzigerjahren waren wiederholt sehr große Gruppen zum gemeinsamen Meditieren nach Maharishis TM-Methoden zusammengekommen. Der Präsident der Organisation bringt diese in Zusammenhang mit den großen positiven politischen Umwälzungen der damaligen Zeit, darunter der Fall der Berliner Mauer und das Ende der DDR, das Ende des Kalten Krieges und das Ende der rassistischen Apartheidspolitik in Südafrika.

Natürlich kann auch die beste Studie hier keinen kausalen Zusammenhang beweisen, sondern immer »nur« eine Korrelation – wie bei Synchronizitäten, die du im vorigen Kapitel kennengelernt hast, üblich. Darum werden die Studien zur Transzendentalen Meditation auch nicht von allen ernst genommen. Ganz sicher waren auch die Meditationen nicht die einzigen Faktoren, die zu den genannten Umwälzungen geführt haben. Schon allein, weil die Menschen, die direkt in die jeweiligen Bewegungen eingebunden waren – also in den kollektiven Überschwang in moralischer Schönheit, um in Wow-Begriffen zu sprechen –, ebenfalls Visionen und Intentionen in den Raum aller Möglichkeiten geschickt haben – und durch ihre konzertierten Aktionen schließlich die Veränderung umgesetzt oder maßgeblich angestoßen haben. Wie die Menschen in der damaligen DDR. Ohne sie hätte auch der größte Meditations-Marathon nichts genützt. Aber sehr wahrscheinlich waren die Meditationen eine gute Unterstützung. Etwa als anschiebende Kraft, wie der Schwung, den Erwachsene einem Kind auf der Schaukel geben, bis es sich selbst in die Lüfte befördern kann. Oder auch dadurch, dass sie die sprichwörtlichen Tropfen, die das Fass zum Überlaufen bringen, bereitgestellt haben. Nach allem, was ich über die Kraft der Gedanken und über Magie weiß, hatten sie ganz sicher einen Einfluss.

All das ist für mich eine eindrucksvolle Erinnerung daran, dass wir zusammen wirklich magische Veränderungen bewirken können!

MAKE WOW, NOT WAR – SO WACHSEN WIR IM STAUNEN ZUSAMMEN ÜBER UNS HINAUS

Wow-Erlebnisse zusammen mit anderen – ob nun in Form politischer Bewegungen, auf Festivals und Konzerten, Kunstperformances, bei gemeinsamen Meditationen, bei Demonstrationen für eine Sache, die uns am Herzen liegt, als Publikum in Fußballstadien, als Team im Sport, bei gemeinsamen Erlebnissen in der Natur oder auch bei Hypnosen in größeren Gruppen, wie ich sie schon häufig angeleitet habe – haben eine Besonderheit: Wir verbinden uns in diesen denkwürdigen Momenten mit all diesen anderen und spüren diese Verbindung oft unmittelbar als eine Art Energie, die von allen Beteiligten ausströmt – und werden gemeinsam zu etwas Größerem, das weit über die Summe der einzelnen Individuen hinausgeht.

Das lässt sich beobachten und teilweise sogar messen.

Bewegen wir uns in körperlicher Nähe zueinander, zum Beispiel beim Spazierengehen, synchronisieren sich unsere Bewegungen, und wir sind im Anschluss eher bereit, einander zu helfen.[54] Auch die Körperchemie passt sich an: In einer Untersuchung gingen Jugendliche, die aus einem von Armut geprägten Milieu stammten, mit Kriegsveteranen auf eine gemeinsame Rafting-Tour durch die Sierra Nevada im Westen der USA, eine atemberaubende Berglandschaft. Beide Personengruppen neigen zu höheren Stressniveaus, Depressionen, Ängstlichkeit und chronischen Entzündungen. Die Veteranen leiden aufgrund ihrer Kriegserlebnisse zusätzlich häufig unter posttraumatischen Belastungsstörungen (PTBS).

Vor und während der Rafting-Reise wurden regelmäßig die Level des mit Stress in Verbindung stehenden Hormons Cortisol im Speichel aller Teilnehmenden gemessen. Außerdem zeichneten Kameras den Trip auf, um die Reaktionen analysieren zu können. Während die Boote durch die Stromschnellen tanzten oder auch in grandioser Natur dahinglitten, entfuhren den Raftern häufig synchrone Ausrufe des Staunens wie »Whoa!« und »Oooh!«, oder sie kreischten und johlten gemeinsam. Waren die Cortisol-Werte vor Reiseantritt noch sehr unterschiedlich, hatten sie sich schon nach einem gemeinsamen Tag in körperlicher Nähe auf dem Fluss auf niedrigem Niveau aneinander angeglichen. Noch eine Woche nach dem Ausflug fühlten sich alle Beteiligten weniger gestresst und generell besser. Die Teenager berichteten von einem angenehmeren Verhältnis zu Freunden und Familie, bei den Kriegsveteranen hatten sich die Symptome einer PTBS stark gebessert. Alle waren sehr von der Reise beseelt. Staunen heilt, so lautete das Fazit des Forschungsteams – und der Titel der Studie.

Auch bei beeindruckenden Konzerten passt sich unsere Gehirnaktivität aneinander an. In einer Studie, in der die Teilnehmenden einer Liveband lauschten, synchronisierten sich ihre Gehirnwellen verstärkt auf Deltafrequenzen, den langsamsten unserer Gehirnwellen. Das ist überraschend, denn diese Gehirnwellen treten nur sehr selten im Wachzustand auf. Sie herrschen normalerweise im Tiefschlaf vor und sind mit starker Erholung assoziiert. In Studien wurden Delta-Wellen aber auch bei – Überraschung! – Transzendentaler Meditation, bei achtsamen Bewegungspraktiken wie Qigong oder in Trance gemessen. Die Personen, deren Gehirne sich beim Konzert am stärksten miteinander auf diesen Frequenzen einschwangen, berichteten von stärkerer Verbundenheit mit den anderen Menschen im Publikum und auch mit der Band auf der Bühne. Außerdem empfanden sie die Teilhabe am Event als insgesamt beglückenderes Erlebnis als die übrigen Teilnehmenden. Es gab im Versuch zwei Kontrollgruppen: Eine Gruppe schaute das aufgenommene Konzert zusammen mit vielen anderen auf einem großen Bildschirm an, eine weitere sah ebenfalls ein Livekonzert derselben Band mit einem Programm derselben Stücke, allerdings waren dabei nur sehr wenige Zuschauer zugegen, die sich relativ weit voneinander entfernt befanden. In beiden Kontrollgruppen konnte das Forschungsteam keine ähnlichen Gehirnwellen-Angleichungen feststellen.[55]

Die Musik an sich war also nicht der verbindende Faktor, denn die gab es ja auch in beiden Kontrollgruppen. Auch die Menschenmenge allein war nicht entscheidend, denn die gab es auch vor dem Bildschirm. Das Konzert hatte offensichtlich live und mit genügend anderen Menschen in unmittelbarer räumlicher Nähe einen wesentlich stärkeren Wow-Effekt. Nur dann fühlten sich die Menschen einander nah, im Staunen vereint.[56]

Ich muss hier gleich an Woodstock denken, das legendäre dreitägige Hippie-Festival im Jahr 1969, bei dem insgesamt fast eine halbe Million Menschen zusammenkamen, tanzten, sangen und eine Botschaft von Liebe und Frieden in die Welt schickten – bestimmt mit einem mindestens genauso tiefgreifenden Effekt wie die gemeinsamen Transzendentalen Meditationen nach Maharishi, auch wenn das leider niemand gemessen hat.

Meiner Erfahrung nach wird vieles, was uns tief berührt und zum Staunen bringt – ob das nun Livemsik ist oder etwas anderes –, gemeinsam noch viel intensiver. Und es bekommt einen Effekt, der weit über uns hinauswirkt – wie konzentrische Wellen auf einem See, nachdem ein Stein die Oberfläche getroffen hat. Wenn wir davon ausgehen, dass wir alle über den Raum aller Möglichkeiten verbunden sind, ist das auch überhaupt nicht verwunderlich. Der Autor Alexander Allen listet in einem Artikel zwanzig gesellschaftliche und kulturelle Strömungen auf, die Woodstock verstärkt und teils auch erst angestoßen hat.[57] Darunter die Bewegung hin zu mehr Diversität, sexueller Selbstbestimmung, größerem Einfluss von Künstlerinnen in der Musikindustrie, mehr Teilhabe an politischen Prozessen, wachsendem Umweltbewusstsein und das Eintreten für Frieden und Freiheit.[58]

Nicht erwähnt hat Allen die überragenden Erinnerungen, die fast eine halbe Million Menschen, die vor Ort dabei waren, sicher für ihr gesamtes restliches Leben geprägt und auf eine subtile Art zusammengeschweißt haben. Aber auch für viele andere derselben Generation war dieses Festival ein prägender Meilenstein. Und es ist ein historisches Wow-Ereignis, das selbst heute noch Menschen Gänsehaut macht, wenn sie darüber nachdenken, wie es sich wohl angefühlt haben mag, dabei zu sein.

Mir zum Beispiel.

Allerdings ist keineswegs so ein Mega-Ereignis notwendig, um Wow-Gefühle auszulösen, uns mit anderen Menschen zu verbinden und kostbare Erinnerungen zu schaffen. Wichtig ist allein, dass uns etwas tief berührt und in unserem Herzen etwas Neues schafft, das zuvor nicht da war.

AUCH ALLEIN VERBINDEN WIR UNS IM STAUNEN MIT ALLEM, WAS IST

Das Erstaunliche beim Staunen ist: Auch wenn wir allein staunen, etwa in der Natur, beim Betrachten von Kunst, beim Lesen eines Romans, dessen Verfasser uns in die Seele geschaut zu haben scheint, oder wenn wir unserem klassischen Lieblingsstück lauschen, verbindet uns das Wow-Gefühl trotzdem mit anderen und der Welt – und beeinflusst unsere zukünftigen Handlungen. Wir fühlen uns weniger einsam, spüren unser Eingebundensein ins große Ganze – und damit auch unsere Verantwortung, uns so zu verhalten, dass es niemandem schadet und möglichst das Leben für alle besser macht.

Wenn du über die Natur dieses Planeten staunst, ist es eine logische Reaktion, sie schützen zu wollen. Staunst du über den Mut von Menschen, die gegen Unterdrückung und Ungerechtigkeit kämpfen, möchtest du ihnen dabei helfen. Staunst du über die Tiefe der Liebe, die du zu deinem Kind verspürst, wirst du alles tun, um ihm eine gute Zukunft zu ermöglichen.

Alle tiefen Staun-Erlebnisse haben die Tendenz, das Alltags-Ich, unser *small self* mit seinen Alltagssorgen, vielleicht seinem Streben nach Status und Bewunderung, aus seiner Egozentriertheit aufzuwecken. Die um uns selbst kreisenden Gedanken halten an. Staun-Erlebnisse lassen uns spüren, dass da mehr ist und dass wir zu etwas Großem gehören. Das heißt natürlich nicht, dass unser gewöhnliches Ich etwas Schlechtes ist. Im Staunen merken wir aber sehr deutlich, was im Leben wirklich wichtig ist – und was nicht –, und dadurch kann es als ein Kompass in Richtung Sinn fungieren.

Du hast schon gelesen, dass Staunen unmittelbar die Hilfsbereitschaft erhöht: Leute, die gerade noch über majestätische Bäume gestaunt hatten, halfen bereitwilliger, heruntergefallene Stifte und Bücher aufzusammeln, als Menschen, die eine wenig majestätische Hausfassade betrachtet hatten. Ein weiteres Forschungsergebnis: Menschen, die eine bewegende Naturdokumentation – *Planet Erde* des BBC – schauten und dabei tiefes Staunen über die Natur verspürt hatten, waren im Anschluss daran deutlich generöser: Sie überließen Wertpunkte, mit denen sie Geld gewinnen konnten, viel großzügiger Unbekannten als die Kontrollgruppe, die lustige Tiervideos geschaut hatte.[59]

In Untersuchungen der Hirnaktivität stellt sich immer wieder heraus, dass Awe-Gefühle Aktivitäten im sogenannten Default Mode Network (DMN) im Gehirn verringern. Dieser 2001 etablierte Begriff, der sich etwa mit »Grundzustandsnetzwerk« übersetzen lässt, beschreibt nicht etwa ein isoliertes und scharf umgrenztes Gehirnareal, bei dem immer die gleichen Synapsen – neuronale Verbindungen – aktiviert werden. Er umfasst vielmehr neuronale Aktivität, die weite Bereiche der Großhirnrinde einbezieht. Das DMN arbeitet unter anderem, wenn wir tagträumen, uns in innerem Dialog mit uns selbst befinden und uns bewusst an zurückliegende Ereignisse erinnern und für die Zukunft planen. Das DMN ist aber mutmaßlich auch eingebunden in die unbewusste Verarbeitung von Informationen, in Lern- und Erinnerungsprozesse und in das Finden kreativer Lösungen, darum ist es auch im Schlaf aktiv.

Dieses Netzwerk ist also ziemlich wichtig.

Ein zentrales Merkmal der Aktivität des DMN ist allerdings, dass diese sich nicht mit Dingen im Hier und Jetzt beschäftigt. Anders ausgedrückt: Ist das DMN in Aktion, kreisen wir um uns selbst, außerdem um das, was sich in der Vergangenheit ereignet hat, und um potenzielle Ereignisse in der Zukunft. Das DMN ist auch dann sehr aktiv, wenn wir grübeln und uns in destruktive Gedankenspiralen verstricken, die Stress erzeugen.

Sobald aber etwas unsere Aufmerksamkeit fesselt oder wenn wir auf andere Weise unsere Gedanken zur Ruhe bringen – zum Beispiel in der Meditation oder der Hypnose –, wird das DMN leiser. Wir öffnen uns für neue Erfahrungen, für andere und die Welt. Besonders einfach und unmittelbar geschieht das im Staunen.

Staunen hat also hier eine einer Meditation vergleichbare Wirkung, ohne dass du dich lange auf eine Yogamatte setzen und ein Mantra zu singen brauchst (allerdings kannst du in der Meditation auch Wow-Erlebnisse haben).

Einen unmittelbaren Wow-Effekt, der uns für die Wunder der Welt und die Gemeinschaft mit anderen öffnet, kann auch Selbsthypnose haben:

DER REGENBOGEN-LIFT

Der Regenbogen-Lift ist eine wunderbare Selbsthypnose, die dich ins Staunen bringt und dir frische Energie gibt. Sie lässt deine Gedanken zur Ruhe kommen und deine Glückshormone regnen. Sie geht so:

Spanne für etwa 30 Sekunden jeden Muskel in deinem Körper an, atme dabei so normal wie möglich weiter.

Schließe deine Augen. Entspanne blitzartig deinen kompletten Körper, und atme tief aus.

Du bist in einer wunderbaren Landschaft. Plötzlich siehst du über dir einen atemberaubenden großen Regenbogen. Du befindest dich genau dort, wo er die Erde berührt.[60]

Du wirst nun von unten nach oben diesen Regenbogen hindurchschweben, bis du auf seinem höchsten Punkt bist.

Erlaube dir, dass dich jede Farbe nacheinander vollkommen erfüllt, deinen Geist und deinen Körper.

Hier die Reihenfolge und die Bedeutungen der einzelnen Farben:

Violett steht für das Königliche in dir, deine ureigene Kraft und mit Selbstbewusstsein und Selbstvertrauen gelebte Extravaganz.

Indigo erinnert an die Tiefe der Nacht, an Mystik und Unendlichkeit. Alles ist eins.

Blau vermittelt ein tiefes Gefühl der Ruhe und Zufriedenheit.

Grün ist das Sinnbild für ein Leben in Authentizität, Wahrhaftigkeit und Natürlichkeit. Es steht für die Verbundenheit mit der Natur.

Gelb vermittelt Licht, Wärme und Positivität, außerdem steht es für Kreativität, Neugier, Intellekt und Wissbegierde.

Orange stärkt deine Motivation und Lebensfreude.

Rot schließlich bringt Lebenskraft und wilde Leidenschaft.

Auf dem höchsten Punkt des Regenbogens hörst du plötzlich (Somewhere) Over the Rainbow, *entweder in der von Judy Garland gesun-*

genen Original-Version aus dem Film Der Zauberer von Oz, *in der Version von Glenn Miller oder auch einer anderen Variante, die dir gefällt.*
Nun beginnst du, auf dem Regenbogen zu tanzen. Um dich herum tut sich eine magische Welt auf.
Jetzt schaust du von oben auf die ganze Welt, die dir zu Füßen liegt.
Du erkennst, dass du in alles, was ist, eingebettet und damit verbunden bist.

Du kannst für die Selbsthypnose den oben beschriebenen Schritten folgen und dabei in den einzelnen Farben des Regenbogens so viel Zeit verbringen, wie du willst – oder du nutzt den folgenden Link und lässt dich von meiner Stimme durch den Regenbogen führen:
www.jan-becker.com
Übrigens: Die Selbsthypnose funktioniert auch als Regenbogen-Drop und ist in diesem Fall stark entspannend – ideal zum Einschlafen. Dabei beginnst du auf dem höchsten Punkt des Regenbogens im Rot und lässt dich von oben nach unten durch die wundervollen Farben sinken, bis du am Fuße des Regenbogens im Violett angekommen bist.

WER STAUNT, BAUT BRÜCKEN UND VERHINDERT GESELLSCHAFTLICHE SPALTUNG

Staun-Erlebnisse sind offensichtlich in der Lage, unsere Offenheit für neue Ideen und Toleranz für andere Menschen und andere Sichtweisen erheblich zu steigern. In einem weiteren Versuch kamen ebenfalls die spektakulären *Planet Erde*-Naturdokumentationen des BBC zum Einsatz, um gezielt Awe-Gefühle hervorzurufen.[61] Die betreffenden Personen neigten anschließend in Diskussionen weniger zu Polarisierung und zu moderateren Tönen als eine Kontrollgruppe.[62]

Auch wenn es vielleicht unspektakulär klingt, ist das vermutlich eine der wichtigsten Erkenntnisse, die die Forschung übers Staunen bisher hervorgebracht hat, denn die zunehmende gesellschaftliche Polarisierung ist eines der größten Probleme unserer Zeit.

Der Philosoph Philipp Hübl hat in einem Interview mit dem Journalisten Tobias Haberl im Magazin der *Süddeutschen Zeitung* vor Kurzem sehr treffend davon gesprochen, dass in den vergangenen Jahren eine »Kultur der Einschüchterung« entstanden sei. Diese bringt leider gerade Leute zum Schweigen, die tolerant sind, differenziert denken und das Für und Wider eines Themas sorgfältig abwägen. Diese eher sensiblen Menschen kommen in einem Klima der Feindseligkeit zum Schluss, lieber nichts zu sagen, als missverstanden zu werden und Hass und andere negative Konsequenzen in Kauf zu nehmen. Statt ihrer äußern sich Personen mit dickerem Fell, die eher antisozial eingestellt sind und unbekümmert ihre Meinung herausposaunen. Oder diejenigen, denen der Gegenstand der Diskussion eigentlich egal ist, die sich aber opportunistisch als moralisch überlegen präsentieren, denn damit riskieren sie wenig und sichern sich Beifall.[63]

Das ist sehr besorgniserregend, denn wenn ausgerechnet die Menschen, die sich ein Miteinander wünschen und Brücken zwischen den Positionen bauen könnten, nicht mehr den Mund aufmachen, sind nur noch die extremen Ansichten sichtbar. Und wozu extreme Ansichten führen können, wissen wir leider alle aus der Geschichte und auch aus aktuellen Geschehnissen: zur Ausgrenzung, Erniedrigung und Verfolgung anderer Menschen. Dabei müssen wir alle gemeinsam handeln, um die großen Herausforderungen unserer Zeit zu meistern, statt uns gegenseitig zu Feinden zu machen.

Staunen hingegen bewirkt das Gegenteil. »Awe (…) richtet uns anscheinend so aus, dass wir uns Dingen außerhalb von unserem individuellen Selbst hingeben. Es lässt uns Opfer bringen und unterstützen. Es lässt uns spüren, dass die Grenzen zwischen unserem individuellen Selbst und anderen sich bereitwillig auflösen, dass unsere wahre Natur kollektiv ist«, schreibt Dacher Keltner.[64] Im Staunen sind wir alle gleich, völlig egal wo wir herkommen, wie wir aussehen, wie viel oder wenig wir verdienen, ob wir jung sind oder alt. Staunen findet immer Gemeinsamkeiten, das Trennende löst sich auf. Und beim Staunen geht es immer um größere Systeme – die Natur, die Gesellschaft, das Universum –, in die wir eingebunden sind, nicht um separate Individuen und Objekte. Staunen vereint.

Wir brauchen also dringend mehr Staunen!

Und dabei mehr echte Begegnungen statt Pseudo-»Diskussionen« auf den Plattformen in den sozialen Medien, die nur der Selbstdarstellung dienen und uns nicht weiterbringen. Für den Anfang habe ich da einen Vorschlag, der in meinen Seminaren immer wieder für viel Spaß und großes Staunen sorgt. Ein lustiges Experiment, das zeigt, wie ähnlich wir eigentlich alle ticken und wie leicht es sein kann, die Perspektive zu wechseln:

DAS ORAKEL AUF DER STRASSE

Für diese Übung tun sich immer zwei Personen zusammen. Zunächst schreiben alle eine Frage, die ihnen auf den Nägeln brennt, heimlich auf einen Zettel, den sie niemand anderem zeigen. Dabei darf sich die Frage nicht einfach mit »Ja« und »Nein« beantworten lassen, sondern sie muss offen gestellt sein. Also zum Beispiel:

Wie wird mein nächstes Jahr?
Was ist das Sinnvollste, was ich in dieser Situation tun kann?
Was brauche ich, um mein Projekt zum Laufen zu bekommen?
Wie wird sich mein Problem lösen?
Wie kann ich meiner Tochter bei ihrer Krise helfen?

Im nächsten Schritt zieht das kleine Team los, raus in die Stadt, etwa in die Fußgängerzone oder in einen Park. Ein Mitglied des

Zweierteams fängt an. Die Aufgabe ist es, eine beliebige Person zu fragen, was ihr Lebensmotto ist. Dabei kommen Sachen raus wie:
»Machen! Machen! Machen!«
»Ich tu mein Bestes, und das muss reichen!«
»Immer schön gechillt bleiben!«
»Einen Schritt nach dem anderen.«
»Think Pink!«
»Dinge anpacken, nicht aufschieben.«
»Don't worry, be happy!«

Die Antwort ist dabei auch die Antwort auf die heimliche Frage des anderen Teammitglieds. Dann ist der oder die Zweite dran. Dieses Orakel bringt häufig völlig verblüffende Ergebnisse zutage. Da ist natürlich einmal die Antwort auf die Frage, die bei den Teilnehmenden oft ganz neue Gedankengänge ins Rollen bringt. Doch es gibt noch weitere Komponenten: Die Angesprochenen bekommen nämlich auch einen Impuls. Oft wird ihnen in diesem Moment ihr Lebensmotto überhaupt erst bewusst. Ein Teilnehmer erzählte von einer Frau, die ganz dankbar wurde und sagte: »Deine Frage erinnert mich an etwas. Ich fahre jetzt direkt zu meiner Mutter und kläre etwas Wichtiges mit ihr.« Die Seminarteilnehmer waren also nicht die Einzigen, die an diesem Tag einen Wow-Moment erlebt haben.

Eine weitere ebenso verblüffende wie zauberhafte Möglichkeit, mit anderen in Verbindung zu treten, ist die folgende magische Meditation. Sie entspannt nicht nur und bringt dich selbst in Kontakt mit dem Universum – dem Raum aller Möglichkeiten, dem »Nichts«, in dem Gedanken, Wünsche und Ideen den Weg zur Verwirklichung antreten. Sie lässt zudem auf einer tiefen Ebene einem Menschen deiner Wahl Gutes zufließen.

Mit »magische Meditation« meine ich: Sie ist ein magischer Akt. Du stellst dir nicht »nur« vor, dass du dich verbindest, und es passiert nicht »nur« etwas mit dir (was tatsächlich bereits eine ganze Menge wäre), sondern du verbindest dich darüber hinaus tatsächlich mit jeder Person, der du in dieser Meditation Gutes wünschst – so wie sich die »Sender« in Dean Radins Experiment im vorigen Kapitel direkt mit den »Empfängern« verbunden haben.

Wenn du diese Meditation machst, werden danach oft Synchronizitäten eintreten. Der Schulfreund, den du aus den Augen verloren hast und dem du Gutes wünschst, ruft dich an – oder steht plötzlich vor der Tür. Du bekommst eine Einladung, ein Geschenk oder begegnest der betreffenden Person ganz unverhofft.

Gelingt es dir, Menschen von Herzen Gutes zu wünschen, die dir Unrecht getan haben oder mit denen du – warum auch immer – im Streit auseinandergegangen bist, so kann die Meditation eine heilsame Wirkung entfalten. Eine Art Maharishi-Effekt im Kleinen. Du brauchst dabei erfahrenes Unrecht nicht zu vergessen und zu verzeihen, aber der anderen Person trotzdem gute Wünsche zu schicken, kann sehr wohltuend sein. Vielleicht lässt dich das auch erkennen, dass dich das zurückliegende Ereignis nicht mehr berührt und du Neutralität – und vielleicht sogar Vergebung – ohnehin erreicht hast. Häufig wird sich die betreffende Person auf einmal bei dir melden, um dich um Verzeihung zu bitten, mit dir Frieden zu schließen. Es kann auch sein, dass du nach der Meditation selbst das Bedürfnis zu einem Gespräch verspürst.

Alles Gute, was du dem anderen Menschen in der Meditation wünschst, wirkt auch intensiv auf dich, es vervielfacht sich in deinem Leben.

Ich empfehle dir, den Text der Meditation einige Male aufmerksam zu lesen, damit du weißt, was zu tun ist, und sie dann aus dem Gedächtnis durchzuführen. Sie ist sehr unkompliziert, und der genaue Wortlaut der guten Wünsche ist nicht so wichtig!

Du kannst auch eigene spezifische Wünsche formulieren, du solltest allerdings dabei nur positive Worte verwenden, also Verneinungen sowie Begriffe wie »angstfrei« oder »furchtlos« meiden, weil darin »Angst« und »Furcht« als starke Bilder stecken. Verwende stattdessen zum Beispiel besser Worte wie »geborgen« oder »mutig«.

Wenn du willst, kannst du den Text auch als Audio aufnehmen und ihn anschließend als Selbsthypnose verwenden. Dann lies ihn bitte langsam, und mache viele Pausen. Nach jedem Absatz ungefähr eine Minute, damit du Zeit hast, das Gesagte wirken zu lassen.

Wichtig: Das Wesen, das dir zu Beginn der Meditation das Herz aufgehen lässt, darf für dich nicht problembehaftet sein! Diese Person oder dieses Tier muss in dir wirklich reine Liebe auslösen.

DAS FELD DER LIEBE[65]

Suche dir einen Ort, an dem du ungestört bist. Setz dich bequem hin, stelle die Füße fest auf den Boden, und lege die Hände locker auf die Oberschenkel. Konzentriere dich auf einen Punkt in deinem Blickfeld. Atme tief durch die Nase ein und aus. Ein und aus.

Schließe die Augen. Denke an ein Wesen, das dich genau so liebt, wie du bist. Das kann ein Mensch sein oder ein Haustier. Es kann auch ein Mensch oder Tier sein, der oder das schon verstorben ist und dir zu Lebzeiten bedingungslos zugetan war.

Denke intensiv an dieses Wesen, nimm seine Gegenwart wahr und seine Liebe. Beim Einatmen nimmst du diese Liebe in dich auf. Sie verteilt sich in deinem ganzen Körper, vom Kopf bis zu den Zehenspitzen.

Mache die Wow-Faust, um dieses Gefühl noch zu verstärken.

Spüre die Liebe in deinem ganzen Körper. Du bist das Ziel, aber auch die Quelle dieser Liebe. Vom Herz ausgehend dehnt sich dieses Energiefeld der Liebe nun allmählich aus. Mit jedem Einatmen wird das pulsierende Feld aus Liebe intensiver, mit jedem Ausatmen wird es weiter und größer, ein pulsierender Ball der Liebe, mit dir im Zentrum. Schicke jetzt diese Liebe einem Menschen (oder Tier) deiner Wahl. Das kann jemand aus deinem engeren Umfeld sein, den du liebst oder gern magst, es kann aber auch jemand anders sein, dem du Gutes schicken möchtest.
Nimm diese Person in dein Feld der Liebe auf.
Nun sage oder denke intensiv:
Mögest du sicher und aufgehoben sein.
Voller Energie und Wohlgefühl.
Stark und gesund.
Glücklich und erfüllt.
Mögest du Wunder erfahren.
Dehne nun das Energiefeld der Liebe noch weiter aus. Sieh es von außen, mit dir im Zentrum. Es umfasst nun das gesamte Gebäude. Dann auch die nähere Umgebung. Nun die Stadt oder den Ort. Das ganze Land. Den gesamten Kontinent. Die ganze Erde. Das Universum. Alle Lebewesen darin.
Nun zieht sich das Energiefeld der Liebe zusammen, mit allem darin, dem gesamten Universum, und konzentriert sich auf dich.
Es ist Teil von dir, du bist Teil von ihm.
Spüre, wie es dich liebt. Bade in dieser Liebe. Spüre das Feld um dich herum und schließlich in dir, in deinem Herzen.
Du trägst es immer in dir.

Das war schon mal ein kleiner Vorgeschmack auf das nächste Kapitel, in dem es darum geht, wie und womit du dich gezielt mit anderen im Staunen verbinden kannst – und wie du auf diese Weise die Welt zu einem besseren Ort machen kannst.

8

ÜBERRASCHUNG! WIE DU GEMEINSAME WOW-MOMENTE SCHAFFST, AUF DEINE ART ZUM STAUNEN BRINGST UND DICH DABEI TIEF MIT ANDEREN MENSCHEN VERBINDEST

»Eine echte Begegnung kann in einem einzigen Augenblick geschehen.«
Anaïs Nin, Schriftstellerin

Mein bester Freund Martin Eder hat am 31. August Geburtstag, am selben Tag wie ich. Da bietet es sich natürlich an, zusammen zu feiern, und das haben wir vergangenen August auch endlich einmal wieder getan.

Martin ist bildender Künstler und hatte neben vielen anderen Leuten Jonas Burgert eingeladen, der ebenso wie Martin ein bekannter Maler ist. Drei Stunden vor dem Fest, als wir noch schwer mit den Vorbereitungen beschäftigt waren, hatte ich plötzlich den Eindruck, Jonas kurz durchs Fenster zu sehen. Aber da er im nächsten Moment wieder vom Erdboden verschluckt war, habe ich es als Einbildung abgetan. Andererseits haben Künstler ja allgemein den Ruf, manchmal etwas eigen zu sein, darum hätte mich so ein kurzer Cameo-Auftritt auch nicht groß verwundert.

Wirklich zum Staunen brachte er uns ein paar Stunden später. Jonas erschien pünktlich zum Partybeginn – mit zwei Ölgemälden, eines zeigte Martin, das andere mich.

»Vorsicht«, mahnte Jonas, »die sind noch feucht!«

»Wow!«, entfuhr es Martin und mir gleichzeitig, denn die Bilder waren nicht nur ganz großartig, sondern wir begriffen, dass er sie gerade erst gemalt hatte.

Jonas erzählte uns, wie er lange gegrübelt hatte, was er uns schenken sollte. Dann war er – sozusagen in letzter Minute – darauf gekommen, das zu tun, was er am besten kann, nämlich malen. Unsere Porträts hatte er in der kurzen Zeit meisterhaft hinbekommen – eine fantastische und völlig unerwartete Überraschung.

Natürlich hätten Martin und ich uns auch über ein anderes Geschenk gefreut, ein Mitbringsel wie eine Flasche Wein, eine Schachtel leckerer Pralinen oder was sonst noch gerne an Geburtstagen verschenkt wird. Wir hätten dann den Wein irgendwann aufgemacht und getrunken, die Pralinen gefuttert – und da vielleicht schon vergessen gehabt, wer uns die Sachen mitgebracht hatte.

Die Porträts von Jonas sind aus mehreren Gründen anders: Er hat etwas Besonderes geschaffen, was uns direkt mit ihm verbindet. Er hat uns seine Zeit geschenkt und sein Talent. Ganz ähnlich, wie meine Verwandten über meinen Zaubertrick als Kind gestaunt haben, hatte Jonas seine ureigene Kompetenz dazu genutzt, uns aus den Socken zu hauen und zu begeistern. Und: All das hatten wir null erwartet, es war eine echte Überraschung!

Das hat dieses Geschenk zu einem echten Wow-Moment in Martins und meinem Leben gemacht, einem Moment, den wir niemals vergessen werden – genauso wenig wie vermutlich Jonas. Die Erinnerung an diesen Augenblick verbindet uns für die Dauer unserer Leben.

MESSAGE VON DEINEM DOPAMIN: BITTE MEHR WOW-ERLEBNISSE MIT ANDEREN MENSCHEN!

Neben dem, was tiefes Staunen immer tut – also Stress reduzieren und das Gefühl vermitteln, bei etwas Besonderem dabei zu sein, was uns mit der ganzen Welt verbindet –, ist hier noch etwas anderes passiert: Wenn wir, ohne etwas Spezifisches erwartet zu haben, plötzlich eine tolle Überraschung erleben, wird in unserem Gehirn besonders viel Dopamin ausgeschüttet. Die Dopaminausschüttung kennst du ja bereits vom Differenzmodell des positiven Erlebens aus Kapitel fünf: Der Botenstoff motiviert uns, in Zukunft das zu wiederholen, was zur Wow-Situation geführt hat.

Nun lässt es sich natürlich nicht wirklich planen, tolle Geburtstagsüberraschungen zu bekommen – genauso wenig, wie es sich planen lässt, bei einem Spaziergang übers Feld einen wunderbaren Regenbogen zu sehen oder im Wald Auge in Auge mit einem Reh zu stehen, das uns neugierig betrachtet, bevor es wieder im Unterholz verschwindet.

Aber vielleicht erinnerst du dich an die Übung aus Kapitel zwei »Deine Wow-Momente – und was sie mit dir zu tun haben«. Dort hast du dir die Frage gestellt:

Habe ich dazu beigetragen, dass ich diesen Wow-Moment erleben konnte?

Wenn ja, wie genau?

Und wenn du einmal genau darüber nachdenkst, lässt sich auch in diesem Fall feststellen, dass Martin und ich sehr wohl Voraussetzungen dafür geschaffen haben, ein solches Wow-Gefühl erleben zu können: Wir haben eine Party gegeben. Wir haben Menschen eingeladen und zusammengebracht. Wir haben mit anderen zusammen das Leben gefeiert.

Stopp, bevor du mich jetzt missverstehst: Das klingt jetzt vielleicht so, als wollten wir ständig Geschenke kriegen und dabei möglichst nur noch Ausnahme-Gaben.

Doch darum geht es überhaupt nicht! Ein besonderes Geschenk zu bekommen, ist toll, aber nur eins von vielen Beispielen für Wow-Momente, die wir mit anderen erleben können. Worum es hier geht, ist eine Erkenntnis, die du schon aus dem vorigen Kapitel mitgenommen hast:

Eine große Quelle für Wow-Momente unterschiedlicher Art ist das Zusammensein mit anderen Menschen!

Dieses Zusammensein muss dabei überhaupt nicht unter spektakulären oder besonderen äußeren Umständen wie Woodstock, friedlichen Revolutionen oder gemeinsamen Meditationen für den Weltfrieden stattfinden. Es muss auch keine große Geburtstagsparty oder sonst etwas Außergewöhnliches sein.

So wie *wild awe*, also das Staunen in der Natur, nicht zwingend atemberaubender Nordlichter oder seltener Doppelregenbogen bedarf, sondern mit entsprechender Aufmerksamkeit auf jedem Spaziergang erfahren werden kann, nährt auch ganz alltägliches Zusammensein unsere Seele – und kann gemeinsame Wow-Erlebnisse bereithalten. Das Wunder ist überall, und wenn wir es gemeinsam erfahren, verbindet es uns auf, ja, *wunder*same Weise.

WIR BRAUCHEN MINDESTENS EINEN ECHTEN FREUND ODER EINE ECHTE FREUNDIN FÜR EIN ERFÜLLTES, GESUNDES LEBEN

Es gibt zwei bekannte Langzeitstudien der Universität Harvard, die Grant- und die Glueck-Studie. Beide Studien laufen bereits seit rund 85 Jahren und befassen sich mit der wichtigen Frage, was wir Menschen wirklich für ein zufriedenes, erfüllendes Leben brauchen und was uns langfristig gesund erhält.

Die zentrale Erkenntnis aus diesen 85 Jahren Forschung: Unabhängig von allen anderen Umständen, also ob wir wohlhabend sind oder eher knapp bei Kasse, ob wir eine Berühmtheit sind oder unbekannt, ob wir einen Beruf haben, der uns erfüllt oder eher langweilt, brauchen wir zum Glücklichsein sozialen Kontakt zu anderen. Vor allem zu Menschen, die uns etwas bedeuten. Dabei kommt es nicht auf die Quantität an, ein großer Freundeskreis ist gar nicht vonnöten. Stattdessen brauchen wir – mindestens – einen Menschen, in dessen Gegenwart wir uns nicht verstellen müssen und der sich von Herzen für uns interessiert.

Kurz: Wir brauchen mindestens einen echten Freund oder eine echte Freundin!

Allein zu wissen, dass da dieser eine besondere Mensch ist, auf den wir zählen können, wenn etwas passiert, dem wir unser Herz ausschütten und mit dem wir fröhliche Momente teilen können, verbessert bereits erheblich unser ganzes Lebensgefühl, schützt vor Einsamkeit und Depressionen und vermindert – wie du auch schon weißt – schädliche Prozesse im Körper wie gesteigerte Entzündungen.

Und haben wir sogar noch ein, zwei tiefe Verbindungen mehr dieser Art, ist das wie eine zusätzliche Lebensversicherung für ein glücklicheres, gesünderes und auch längeres Leben.

ECHTE BEGEGNUNGEN SCHAFFEN NÄHE – UND WUNDERVOLLE ERINNERUNGEN

Doch so eine Freundschaft will auch gepflegt werden. So wunderbar und wichtig dabei Kommunikationsmöglichkeiten wie Video-Calls, der Austausch von Text- und Sprachnachrichten oder Telefongespräche auch sind – am besten ist es, wenn wir diese(n) besonderen Menschen auch immer wieder persönlich treffen. Nicht unbedingt jeden Tag oder jede Woche, aber doch häufiger als nur alle paar Jahre.

Zum einen wirkt körperliche Nähe heilsam. Bei echten Begegnungen wird immer auch vermehrt Oxytocin ausgeschüttet. Das »Bindungshormon« lässt uns einander besonders nah fühlen und wirkt negativem Stress entgegen. Die bekannten US-amerikanischen Psychologen John und Julie Gottman, deren Lebenswerk die Erforschung glücklicher Beziehungen ist, raten, Mut zum Anfassen zu haben: Mindestens 20 Sekunden sollte eine Umarmung dauern – nicht nur bei Paaren – und mindestens sechs Sekunden ein Kuss zwischen Liebenden, denn erst dann ist die Oxytocin-Produktion spürbar in Gang gekommen.[66]

DIE HERZ-UMARMUNG

Diese Art der Umarmung kommt ursprünglich aus dem Tantra. Sie schafft eine tiefe Verbindung, nicht nur zwischen Liebespaaren. Sie ist supereinfach: Umarme dein Gegenüber etwas schräg nach rechts gedreht, sodass eure Herzen auf einer Höhe sind. Haltet das, so lange ihr mögt, aber – siehe John und Julie Gottmans Ratschlag – mindestens 20 Sekunden. Ich gebe zu, das ist für eine Begrüßung selbst unter Freunden ziemlich lang, aber du kannst der anderen Person ja eröffnen, dass du von der Herz-Umarmung gelesen hast und gern ein Experiment machen möchtest. Ist sie einverstanden, werdet ihr deutlich spüren, wie sich eure Energien aufeinander einschwingen.

Noch etwas spricht für die echte Begegnung: Es sind allein solche unmittelbaren Begegnungen, die die Bedingungen für gemeinschaftliche Wow-Erlebnisse schaffen. Oder kannst du dir vorstellen, dass du bei einem Video-Call einen erinnerungswürdigen Moment erlebst? Das ist vielleicht nicht ganz unmöglich, aber doch recht unwahrscheinlich. Entsprechend fühlen sich Menschen, die überwiegend Online-Freundschaften haben, häufig einsamer.[67]

Echte Begegnungen und gemeinsame Erlebnisse sind stattdessen der Stoff, aus dem tiefe Freundschaften und Beziehungen gewebt sind. Eigentlich logisch: Nur, wenn wir gemeinsam an einem Ort sind, können wir auch zusammen etwas erleben, was dann allen Beteiligten als verbindende Erinnerung erhalten bleibt.

DER TRICK FÜR UNVERGESSLICHE MOMENTE: GEMEINSAM GENIEßEN

Unvergessliche Erlebnisse haben also sehr oft mit Menschen zu tun, die uns etwas bedeuten. Ein weiteres Element. Es spielen dabei fast immer auch sinnliche Wahrnehmungen eine wichtige Rolle. Das ist nicht verwunderlich, denn je mehr Sinne an einer Erfahrung beteiligt sind, umso eindrucksvoller ist das Erlebnis, umso mehr Synapsen entstehen im Gehirn und umso besser können wir uns später auch daran erinnern. Nach einer sogenannten

»Happy Memory«-Studie des Glücksforschungsinstitutes in Kopenhagen sind es nicht nur, aber sehr oft sinnliche Erfahrungen von Geschmack und Geruch, die am häufigsten Wow-Erinnerungen begleiten.[68]

Wenn eine geschmacksvermittelte Erinnerung uns plötzlich überwältigt, hat das in der Psychologie sogar einen speziellen Namen: Madeleine-Effekt. Diese Bezeichnung geht auf das muschelförmige französische Backwerk namens Madeleine zurück, das der Ich-Erzähler im ersten Band von Marcel Prousts Roman *Auf der Suche nach der verlorenen Zeit* zum Tee kostet, wodurch er plötzlich einen echten Wow-Moment erlebt, der ihn zurück in seine Kindheit katapultiert:

»In der Sekunde nun, als dieser mit dem Kuchengeschmack gemischte Schluck Tee meinen Gaumen berührte, zuckte ich zusammen und war wie gebannt durch etwas Ungewöhnliches, das sich in mir vollzog. Ein unerhörtes Glücksgefühl, das ganz für sich allein bestand und dessen Grund mir unbekannt blieb, hatte mich durchströmt. Mit einem Schlage waren mir die Wechselfälle des Lebens gleichgültig, seine Katastrophen zu harmlosen Mißgeschicken, seine Kürze zu einem bloßen Trug unsrer Sinne geworden; es vollzog sich damit in mir, was sonst die Liebe vermag, gleichzeitig aber fühlte ich mich von einer köstlichen Substanz erfüllt: oder diese Substanz war vielmehr nicht in mir, sondern ich war sie selbst. Ich hatte aufgehört mich mittelmäßig, zufallsbedingt, sterblich zu fühlen.«[69]

Du hast es sicher direkt bemerkt: Diese Beschreibung entspricht – literarisch ausgefeilt – ziemlich genau der Definition eines Awe-Momentes: ein Augenblick, in dem wir uns als verbunden mit etwas Bedeutungsvollem fühlen, in dem das Alltags-Ich mit seinen Sorgen unbedeutender wird und sich das eigene Verständnis von der Realität spontan erweitert.

Andere Namen für einen Moment, in dem eine lange zurückliegende Erinnerung sich durch das erneute Auftauchen eines Geschmacks oder Geruchs wieder in all ihren Facetten, inklusive der begleitenden Gefühle, zeigt, sind »Proust-Effekt« oder sogar

»Proust'sche Erleuchtung« (mehr zum Thema Erleuchtung erwartet dich übrigens im nächsten Kapitel). Dieses jähe Zurückkatapultieren in die Vergangenheit funktioniert natürlich nur, weil es dort bereits Wow-Momente gegeben hat, die mit dem betreffenden Geschmack in Verbindung stehen.

Es kann also eine gute Idee sein, zusammen mit deinen Freundinnen und Freunden oder mit dir nahestehenden Verwandten wunderbare Erinnerungen zu schaffen, indem ihr zusammen etwas Besonderes zubereitet, esst oder trinkt. Etwas, das ihr im Idealfall immer nur mit denselben Personen konsumiert, denn dann wird der Geschmack zum Anker, der eure gegenseitige Erinnerung zuverlässig mit den daran Beteiligten verknüpft.

Wenn du mit einer bestimmten Freundin – und nur mit dieser – jedes Mal Marmorkuchen backst oder wenn du jeden Sommer mit einer Clique von Freunden angeln gehst und ihr danach jedes Mal die selbst gefangenen Fische gemeinsam am Lagerfeuer zubereitet, sind diese Momente zum einen wunderbare Gelegenheiten für Wow-Augenblicke im Hier und Jetzt. Zum anderen werden sich die Gerüche und Geschmäcker zuverlässig mit euren Erinnerungen verweben, und ihr werdet noch viele Jahre später Proust'sche Erleuchtungen erleben können. Vielleicht sitzt du eines Tages im Seniorenheim auf der Terrasse, irgendwo in der Nachbarschaft wird im Garten ein Feuer gemacht, dir steigt der Geruch in die Nase, und du bist plötzlich wieder jung, sitzt am Lagerfeuer am See und bist staunend erfüllt vom Glück des Daseins.

DIE HYPNOTISCHE HANDSEIFE

Eine meiner Seminarteilnehmerinnen erzählte mir, dass es eine bestimmte Handseife gibt, die ein bisschen so riecht wie die inzwischen nicht mehr erhältliche Sonnencreme in den Urlauben ihrer Kindheit und die darum in ihr unmittelbar ein Gefühl tiefer

Entspannung auslöst. Weil sie nicht möchte, dass sich dieser Effekt abnutzt, benutzt sie die Seife aber nicht jeden Tag. Stattdessen nimmt sie einen Spender mit der Seife immer mit in den Sommerurlaub und tauscht die Seife im Bad der Ferienwohnung dagegen aus. Dadurch vertieft sich ihre Entspannung, und nach den Ferien ist der Seifengeruch ein Anker für Erholung – inzwischen für die ganze Familie. Zu Hause wird die Handseife am Wochenende und an freien Tagen herausgeholt und versprüht die Leichtigkeit des Sommers. Nachahmenswert.

ZUSAMMEN NEUES ZU ERLEBEN, VERBINDET DICH FEST MIT ANDEREN

Du hast derzeit keine Freundschaft, der du das Siegel »echt« verleihen würdest, und fühlst dich oft einsam? Es klingt in diesem Zusammenhang fast ironisch, aber: Damit bist du nicht allein. Je nach Altersgruppe fühlen sich zwischen 27 und 40 Prozent aller Menschen oft einsam, besonders häufig junge Erwachsene und Menschen mittleren Alters, Frauen mehr als Männer.[70]

Wir haben ja schon viel über die transformierende Kraft des Neuen gesprochen – und sie kann auch hier eine Lösung sein: Neue Erfahrungen helfen dir in jedem Alter, unkompliziert neue Freundschaften zu knüpfen. Besonders empfehlenswert sind dabei Anfängerkurse. Was du dabei lernst – eine neue Sprache, Segeln, Bauchtanz oder Makramee –, ist nahezu egal. Es sollte allerdings aus den genannten Gründen kein Online-Kurs sein, sondern eine Veranstaltung, bei der du tatsächlich mit anderen Leuten zusammenkommst.

Neue Situationen sind – wie du ja bereits weißt – ein hervorragender Humus, aus dem Wow-Erfahrungen wachsen können. Entsprechend wurden in der »Happy Memory«-Studie neben sinnlichen Erfahrungen auch besonders häufig erste Erfahrungen als glückliche Erinnerungen genannt.[71] Außerdem ist es ein sehr zuverlässiger Freundschafts-Anbahner, gemeinsam in einer für alle Beteiligten neuen Situation zu sein. Oder anders ausgedrückt: Zusammen Neues zu erleben, verbindet Menschen. Auch solche, die sich zuvor nicht oder noch nicht so gut kannten. In einer Studie der Uni Leipzig entstanden Freundschaften nahezu automatisch zwischen Erstsemester-Studentinnen und -studenten, wenn diese in der Einführungsveranstaltung ihres Studienganges nebeneinander oder zumindest in der gleichen Reihe saßen.[72]

Tatsächlich scheint nach dem ersten Treffen nur eine gewisse Regelmäßigkeit der Begegnung wichtig zu sein, um sich freundschaftlich näherzukommen. In der chinesischen Metropole Nanchang gibt es zum Beispiel traditionell Gruppen von Frauen, die gemeinsam tanzen, auf öffentlichen Plätzen oder einfach auf einem Parkplatz. In einer Untersuchung zeigte sich: Frauen, die drei Monate lang mindestes an fünf Tagen pro Woche immer bei derselben Tanzgruppe mitmachten, schlossen automatisch mit den Mittänzerinnen Freundschaft – und hatten später ein viel geringeres Risiko, eine Depression zu entwickeln, als die Kontrollgruppe.[73] Dies galt quer durch alle Altersgruppen, und auch die Hintergründe in puncto Einkommen oder Beziehungsstatus waren ganz unterschiedlich.

Auf diese Weise lassen sich natürlich auch vorhandene, bislang eher oberflächliche Bekanntschaften vertiefen: Wenn ihr gemeinsam Neues ausprobiert, ist eine Freundschaft fast sicher.

SMART TALK STATT SMALL TALK: KOMMUNIKATION MIT ERINNERUNGSFAKTOR

Vielleicht stresst dich schon der Gedanke daran, mit unbekannten Leuten etwas auszuprobieren, weil du nicht weißt, worüber du mit ihnen sprechen sollst. Small Talk wird schnell langweilig und versiegt, ernstere – zum Beispiel politische – Themen scheinen oft unangebracht oder übergriffig. Mehr Sicherheit gibt es dir im Beruf wie im Privaten, wenn du weißt, welche Art der Kommunikation sich in Studien als angenehm und verbindend herausgestellt hat – und wenn du ein paar zusätzliche »hypnotische«

Tricks kennst. Die folgenden Punkte helfen logischerweise nicht nur im Gespräch mit Unbekannten, sondern ganz generell in der Kommunikation mit anderen Menschen.

- **Frage nicht nur nach Fakten, sondern auch nach Gefühlen**
  Erste Fragen unter Menschen, die sich noch nicht kennen, beziehen sich häufig auf Eckdaten aus dem Leben des oder der anderen: Was machst du beruflich? Wo wohnst du? Das ist auch als Einstieg völlig okay, aber diese Fragen sind immer schnell beantwortet, und danach herrscht dann oft unangenehmes Schweigen. Das passiert nicht, wenn du Folgefragen dazu stellst, wie sich dein Gegenüber im Zusammenhang damit fühlt: Was ist das Beste an deinem Job? Macht er immer Spaß, oder kannst du dir auch noch etwas anderes vorstellen? Oder: Wohnst du gerne hier? Was gefällt dir an der Gegend? Hast du schon mal woanders gewohnt? Wie war es da im Vergleich? Solche Fragen gehen tiefer und sind persönlich, ohne zu weit vorzudringen, dass es unangenehm werden könnte. Und ihr findet viel schneller Gemeinsamkeiten. So stellen solche Fragen schnell eine vertrautere Gesprächsbasis und eine angenehme Atmosphäre her.
- **Höre mit dem Herzen zu**
  Wer das Gefühl hat, der oder die andere wartet nur darauf, endlich etwas selbst sagen zu können, wird oft unsicher und verschließt sich wieder. Damit das nicht passiert, stell dir vor, nicht mit dem Kopf, sondern mit deinem Herzen zuzuhören. Dadurch verurteilst du nicht, sondern bleibst offen und sehr aufmerksam, was sich dann auch in deiner Mimik und Gestik ausdrückt. Im Gespräch zeigst du dein »aktives Zuhören« durch weitere Folgefragen, die sich auf die jeweilige Antwort deines Gegenübers beziehen. Das hat unter anderem den Nebeneffekt, dass dir automatisch Vertrauen entgegengebracht wird und du gemocht wirst.[74] Eine weitere Versicherung ist es, das, was du gerade erfahren hast, in eigenen Worten zusam-

menzufassen und dann nachzufragen, ob du alles richtig verstanden hast.

- **Sei wie eine Sanduhr**
  Ein guter Trick zum aktiven, aufmerksamen Zuhören ist es auch, wenn du dir vorstellst, du seist eine große Sanduhr, deren schmalste Stelle sich auf Höhe deines Solarplexus befindet. Während du zuhörst, rieselt der Sand durch diese schmale Stelle vom oberen in den unteren Teil. Nun lässt du dieses Rieseln langsamer werden. Verspürst du den Impuls, dein Gegenüber zu unterbrechen und selbst etwas zu sagen, lass diesen Drang in den unteren Teil der Sanduhr rieseln. Das Gleiche machst du mit negativen Gefühlen oder Ungeduld, auch sie lässt du nach unten rieseln.
  Durch die Vorstellung der Sanduhr stoppst du störende Gedanken, und du fokussierst dich völlig auf dein Gegenüber, was die Person wahrscheinlich als angenehme, von dir ausgehende Vibration wahrnimmt. Du wirst gemocht. Und du selbst bist aufmerksamer, und dir entgeht nicht das kleinste Detail der Körpersprache des oder der anderen.
  In einem Streitgespräch bleibst du auf diese Weise ruhig und lässt dich nicht von negativen Gefühlen beeinflussen oder zu unbedachten Reaktionen hinreißen. Du bleibst auf die Sache fokussiert.
- **Beantworte Persönliches mit Persönlichem**
  Erzählt dir dein Gegenüber etwas Persönliches, bedeutet das, dass sich die Person dir gegenüber öffnet und dadurch verletzlich macht. Das ist ein kleines Wagnis. Wenn du willst, dass sich die andere Person in eurem Gespräch weiter wohlfühlt, reagierst du am besten mit einer ähnlich persönlichen Geschichte darauf, weil sonst ein Ungleichgewicht entsteht. Wenn du zum Beispiel erzählt bekommst: »Ich fange am Montag einen neuen Job an und bin ein bisschen nervös«, könntest du erzählen: »Oh, das kenne ich, ich erinnere mich noch genau, wie ich meine Stelle angetreten habe, ich war so unsicher.

Mir hat es geholfen, mit dem Rad zur Arbeit zu fahren, das hat vermutlich die Stresshormone abgebaut.« Auch Sätze wie »Verrückt, ich habe gerade genau das Gleiche gedacht!« schwingen euch auf einer Wellenlänge ein.

- **Gestikuliere nach oben**
  Erinnerst du dich noch an das Lagerregal? Abgesehen davon, dass das Wort ein Palindrom ist, ging es in dem Abschnitt darum, dass nach oben gerichtete Bewegungen gute Laune machen. Das tun sie auch beim Reden, und das betrifft dich selbst und dein Gegenüber. Gestikulierst du von unten nach oben, wirkst du sofort sympathischer.
- **Benutze den Namen deines Gegenübers**
  Es gibt kein Wort, das Menschen so gern hören wie den eigenen Namen. Benutze den Namen deines Gegenübers möglichst oft – aber achte darauf, dass du ihn richtig aussprichst. Durch das Verwenden des Namens zeigst du, dass dir dein Gegenüber wichtig ist, sonst hättest du ihn dir schließlich nicht gemerkt. In gehobenen Hotels werden die Angestellten darauf geschult, im Gespräch mit dem Gast möglichst oft dessen Namen zu erwähnen, weil das Nähe und Sympathie herstellt.
- **Nutze die Blitzhypnose**
  Du weißt schon, dass die Fokussierung auf etwas immer eine Trance herstellt – so kurz sie auch sein mag. Besorge dir darum ein auffälliges Detail: eine Brosche, einen besonderen Ohrring, einen Anhänger, eine Armbanduhr (weil die heute so selten sind, ist jede ein Blickfang) oder was dir sonst gefällt. Am besten etwas, wozu es eine Geschichte gibt. Merkst du, dass der Blick des oder der anderen daran hängen bleibt, suche den Blickkontakt und lächle. Durch die kurze Trance ist der Weg ins Unterbewusstsein deines Gegenübers frei, und du wirst als sympathisch abgespeichert. Und natürlich kann so ein Detail auch Gesprächsstoff bieten: »Oh, den Anhänger habe ich in Syndney auf so einem tollen Markt gekauft.« Und schon sprecht ihr über die zugehörige Reise.

Auf diese Weise mit einfühlsamen Fragen den üblichen Small Talk zu vertiefen und in moderatem Tempo in Richtung zu mehr Persönlichem zu kommen, kann sogar das Entstehen von Freundschaften befördern.[75]

ALTE LIEBE ROSTET SELTEN – ALTE FREUNDSCHAFT EBENSO WENIG

Manchmal verlieren wir auch mit der Zeit Menschen, die uns eigentlich sehr wichtig sind, aus den Augen.

Gründe dafür gibt es viele. Wir oder die anderen ziehen um. Es passieren Dinge, die unsere Aufmerksamkeit beanspruchen und in neue Richtungen lenken. Wir studieren oder machen eine Ausbildung, gründen eine Familie, ein Business, fangen einen neuen Job an, ziehen an andere Orte oder sogar in andere Länder. Und plötzlich sind Jahre vergangen, und obwohl wir häufig in den sozialen Medien weiterhin »friends« sind, scheint die Freundin oder der Freund von früher Lichtjahre entfernt zu sein. Auch die Herkunftsfamilie mit all ihren Verzweigungen in Cousins und Cousinen, Tanten und Onkeln, Geschwistern oder auch den Eltern rückt in der »Rushhour des Lebens« häufig weiter weg.

Davor, in dieser Situation wieder aufeinander zuzugehen und mehr als ein »Like« zu wagen, schrecken viele zurück. Sie haben Vorbehalte à la: »Das ist alles schon so lange her. Bestimmt will er oder sie nichts mehr von mir wissen, sonst hätte er oder sie sich ja längst gemeldet.« Oder: »Ich will mich da auch nicht aufdrängen.« Oder: »Was soll ich denn da sagen, nach all der Zeit?« Auf diese Weise konstruieren und bestätigen wir aber genau die Wirklichkeit, die wir befürchten – und lassen noch mehr Zeit verstreichen. Das ist enorm schade! In meinen Seminaren mache ich darum häufig das folgende Experiment und möchte dich ermutigen, es auch zu tun – und zwar, wenn es geht, sofort:

I JUST CALLED TO SAY I LOVE YOU

Rufe *jetzt* einen Menschen an, der dir viel bedeutet und mit dem du lange nicht mehr gesprochen hast, und sage ihm, dass du ihn liebst oder – im Falle von Freundschaften – von Herzen gernhast und den gegenseitigen Kontakt sehr vermisst.

Das war es schon. Diese Aufgabe, die in meinen Seminaren immer wieder für Freudentränen sorgt, erinnert uns daran, dass wir alle auf einer tieferen Ebene stets miteinander verbunden sind – und bleiben.

Viele trauen sich zunächst nicht, denn ein Anruf mit dieser Message bedeutet, den Panzer des Alltags komplett abzulegen und sich ganz zu öffnen. Wer auf diese Weise die eigenen Gefühle in Worte fasst, fühlt sich verletzlich. Und theoretisch ist es natürlich möglich, dass das Gegenüber sagt: »Ach, jetzt brauchst du auch nicht mehr anzurufen!« Praktisch passiert das, zumindest meiner Erfahrung nach, nie. Im Gegenteil. Die Angerufenen sind immer positiv überrascht und tief gerührt, dass sie nicht nur nicht vergessen wurden, sondern weiterhin geliebt werden. Etwas, womit sie oft offenbar nicht gerechnet haben. Die Rührung steckt auch die Anrufer an, und aus dieser Übung ergeben sich jedes Mal Verabredungen, die Fäden vorübergehend eingeschlafener Freundschaften werden wieder aufgenommen, und manchmal werden sogar direkt Reisepläne gemacht.

Viele Menschen unterschätzen die Kraft der Stimme im unmittelbaren Austausch. Anders als eine SMS, eine E-Mail oder eine schnell getippte WhatsApp-Nachricht transportiert ein persönliches Gespräch sehr viel mehr Emotionen. Leider ist Telefonieren in den vergangenen Jahren fast aus der Mode gekommen. Wenn überhaupt, werden Sprachnachrichten hinterlassen, bei denen das konzentrierte Zuhören allein dem Adressaten oder der Adressatin zufällt und ein echter Austausch nicht stattfindet.

Häufig rufen die Menschen bei dieser Übung ihre Eltern an. Genau das hat eine Seminarteilnehmerin aus der Mongolei gemacht, die ihre Mutter seit 16 Jahren nicht mehr gesehen oder gehört hatte. Die beiden hatten nur schriftlich per E-Mail kommuniziert. Diese Frau hat nun also ihre Mutter endlich angerufen, um ihr zu sagen, dass sie sie liebt. Das Ergebnis war natürlich vor allem für Tochter und Mutter, aber auch für alle anderen im Seminar, ein echtes Wow-Erlebnis, weil die Emotionen so überliefen, dass wir alle davon angesteckt wurden.

FÜR DIE RENAISSANCE EINER UNTERSCHÄTZTEN KUNST: DAS BRIEFESCHREIBEN

Auch eine andere Art der Kommunikation ist aus der Mode gekommen: das Briefeschreiben. Ich meine nicht E-Mails, sondern richtige Briefe mit Umschlag und Briefmarke. Während das Schreiben von Briefen in meiner Kindheit und Jugend noch normal war, hat spätestens seit der Jahrtausendwende die digitale Kommunikation komplett übernommen. Allenfalls eine schnell hingekritzelte Postkarte wird heute noch manchmal verschickt, aber das war es meistens schon.

Das macht Briefe zu einem hervorragenden Vehikel, um andere Menschen mit einem echten Wow-Moment zu überraschen – und lose gewordene Freundschaftsfäden wieder aufzunehmen!

Eine Freundin hatte über die sozialen Medien davon erfahren, dass eine ehemals nahestehende Freundin geheiratet hatte. Das machte ihr schlagartig klar, wie sehr sie beide auseinandergedriftet waren. Früher wäre sie sicher zu diesem besonderen Ereignis eingeladen gewesen, auch wenn beide schon lange nicht mehr im selben Land lebten. Sie hatte schon oft gedacht, dass sie ihre alte Freundin vermisste, grübelte aber immer wieder, ob sie vielleicht bei ihrem letzten Kontakt etwas getan oder gesagt hatte, was die andere vor den Kopf gestoßen hatte.

Sie wollte vor diesem Hintergrund nicht einfach so auf Facebook oder per SMS gratulieren, das erschien ihr unangemessen.

Ein Geschenk zu schicken, fand sie auch heikel, sie fürchtete, dass das wirken könnte, als wollte sie anklagend darauf hinweisen, nicht eingeladen gewesen zu sein.

Schließlich hatte sie eine Idee!

Sie setzte sich hin und schrieb einen Brief an die Freundin. Ganz altmodisch auf Papier mit Füllfederhalter. Acht Seiten, auf denen sie aus ihrem Leben erzählte und berichtete, wie oft und gern sie sich immer noch an ihre gemeinsamen Erlebnisse erinnerte und wie viel ihr das bedeutete. Dann legte sie noch eine selbst gemachte Karte mit guten Wünschen zur Hochzeit für das frischgebackene Ehepaar bei. Statt eines Standardumschlags faltete sie aus Zeitschriftenseiten einen Umschlag, wie sie das als Teenie zuletzt gemacht hatte – und schickte schließlich den Brief mit einer gewissen Nervosität ab.

Zunächst passierte logischerweise nichts, denn so ein Brief muss ja erst einmal ankommen. Doch nach einigen Tagen erhielt sie – nein, keinen Antwortbrief. Sondern eine WhatsApp, in der die Freundin schrieb, wie sehr sie sich gefreut habe. So sehr, dass sie erst einmal vor Rührung weinen musste. Der Brief hat einen echten Wow-Effekt gehabt – für beide.

Am nächsten Wochenende telefonierten die beiden schon, was sie seitdem regelmäßig tun – und in Kürze steht der erste Besuch seit vielen Jahren an. Dass Briefe positive Kraft haben, wird auch immer wieder wissenschaftlich bestätigt. Zum Beispiel verbessert das Schreiben von Dankesbriefen – und um so etwas Ähnliches handelte es sich hier ja auch – das Wohlbefinden der schreibenden Person enorm und verringert Symptome, die mit Depressionen oder depressiver Verstimmung zusammenhängen.[76]

Mein Tipp dazu liegt auf – beziehungsweise in – der Hand:

SCHWARZ AUF WEISS

Schreibe einer Person, mit der du gerne wieder Kontakt aufnehmen würdest, einen Brief. Per Hand. Schreibe über eure gemeinsamen Erinnerungen und was du mit ihnen verbindest. Schreibe, was die Person dir bedeutet. Schicke den Brief ab. Und dann lass dich überraschen, was passiert.

SCHENKEN MACHT GLÜCKLICH – BESCHENKTE UND SCHENKENDE

Ein handgeschriebener Brief ist heutzutage ein kostbares, selbst gemachtes, extrem persönliches – und sehr seltenes – Geschenk. Es dauert eine Weile, einen Brief zu schreiben, denn du musst dir vor dem Niederschreiben überlegen, was du sagen willst, weil du nicht problemlos alles wieder löschen kannst wie am Computer. Und dann musst du den Brief noch einpacken, frankieren und zum Briefkasten bringen. Damit sendest du über das Geschriebene hinaus eine weitere Botschaft: Du bist mir Lebenszeit und Mühe wert. Du bedeutest mir etwas. Ein von Herzen verfasster Brief ist wie ein Riesenkompliment.

Diese Botschaften begleiten alle mit Liebe gemachten Geschenke, nicht nur Briefe. Auch mit einer Tüte selbst gebackener Kekse, mit einem Glas liebevoll verpackter selbst gekochter Marmelade, einem eigens für einen bestimmten Abend einstudierten Klavierstück oder einem Bild, wie Martin und ich es von Jonas bekommen haben, sendest du eine solche besondere Botschaft. Allein diese Botschaft hat schon einen Wow-Effekt! Den hatte ein selbst gemachtes Geschenk auch in früheren Zeiten, aber heute, wo alles immer schneller und bequemer geht und sich fast niemand mehr Zeit nimmt, wirkt all das noch viel wertvoller.

Das bedeutet aber nun nicht, dass ausschließlich selbst hergestellte Gaben erfreuen und ein echtes »Wow!« auslösen können. Teuer müssen gelungene Geschenke auch nicht sein. Es geht um die Haltung, um das Mitdenken des anderen. Darum geht dir auch das Herz auf, wenn du mit einem Lächeln eine einzelne Blume bekommst, die jemand für dich gepflückt hat, oder wenn dir deine Nachbarn einen Beutel mit Äpfeln aus ihrem Schrebergarten mitbringen.

Viele Menschen schenken Dinge, die sie selbst gerne hätten, aber die Kunst für den wahren Wow-Effekt ist es, sich ins Gegenüber hineinzuversetzen. Einem Kaffeeliebhaber eine besondere Kaffeesorte zu schenken, ist ein genauso sensibles Geschenk wie ein sorgfältig ausgesuchtes Buch, für das du dich mit dem Geschmack der anderen Person auseinandergesetzt hast. Ich spreche aus Erfahrung: Das antike Buch über Hypnose von Hanussen, das mir meine Mutter in den Achtzigerjahren vom Flohmarkt mitgebracht hat, hat ins Schwarze getroffen und nicht weniger als mein Leben verändert – oder besser gesagt: Es hat eine bereits eingeschlagene Richtung feinjustiert, denn es hat maßgeblich mitbestimmt, dass ich mich schon als Teenager vom Zauberkünstler, der Tricks vorführt, zum Hypnotiseur entwickelt habe, mit dem Ziel tiefgehender, echter Verwandlung.

Du siehst: Beschenkte freuen sich besonders dann, wenn das Geschenk ihnen das Gefühl vermittelt, ihrem Gegenüber etwas zu bedeuten. Das gilt übrigens auch für geschäftliche Kontakte. Wenn du statt eines Nullachtfünfzehn-Geschenkes etwas aussuchst, was eure besondere Verbindung widerspiegelt, wirst du eure Verbindung wesentlich effektiver stärken. Dein Business-Kontakt wird über dein Einfühlungsvermögen staunen und sich sehr geschätzt fühlen.

Aber die Forschung hat gezeigt: Auch die Schenkenden werden glücklich! In einem Experiment an der Uni Zürich wurden den Teilnehmenden 25 Franken in Aussicht gestellt. Die eine Gruppe wurde verpflichtet, das Geld nur für sich auszugeben, die andere sollte mit dem Geld unbedingt anderen etwas Gutes tun. Direkt nach der Ankündigung des Geldgeschenks wurden die Leute gebeten, an einer weiteren Untersuchung teilzunehmen, bei der

Großzügigkeit eine Rolle spielte. Die Personen, die zuvor zum Weiterschenken verpflichtet worden waren, trafen dabei viel großzügigere Entscheidungen. Im funktionellen Magnetresonanztomografen (fMRT) wurde dabei das Gehirn beobachtet. Bei den Großzügigen leuchteten Areale auf, die schon zuvor mit Generosität in Verbindung gebracht worden waren. Obendrein fühlten sich diese Leute wesentlich glücklicher als die andere Gruppe.[77]

Hinzu kommt, dass Geschenke immer auch das Bedürfnis auslösen, dem oder der Schenkenden etwas zurückzugeben, das ist ein psychologisches Gesetz. Wenn du von Herzen etwas geschenkt bekommst, erhältst du auch nie nur das Geschenk selbst, sondern dir fließt positive, verbindende Energie zu. Und diese Energie kannst du nutzen, konservieren, verstärken und weitergeben, ohne dass dir selbst etwas davon verloren geht. Im Gegenteil: Diese Energie wird mehr, wenn du sie dir bewusst machst – und dann weiterfließen lässt.

DIE SPIRALE DER LIEBE

Wenn du das nächste Mal von jemand anderem etwas geschenkt bekommst, über das du dich freust – von einem »Wortgeschenk« wie einem Kompliment über ein mitgebrachtes Stück Kuchen, ein Hilfeangebot bis hin zu Geburtstagsgeschenken –, oder wenn du selbst etwas verschenkst, kannst du den Wow-Faktor noch vergrößern:

Dass du dich für ein Geschenk beim Schenkenden bedankst, ist wahrscheinlich klar. Aber wenn du außerdem deine Dankbarkeit pflegst, indem du abends in deinem Journal in Worte fasst, was das Geschenk mit dir gemacht hat, wie wertgeschätzt, geliebt und verbunden du dich gefühlt hast, verstärkst du das positive Gefühl – und kannst immer wieder zu diesem Moment zurückkehren. Dankbarkeit zu kultivieren, schützt vor Depressionen und dem Gefühl, einsam zu sein.

Unterstütze dein Glücksgefühl, indem du deinen »Wow-Anker« (aus der »Zwei Fäuste für ein Halleluja«-Übung aus Kapitel sechs) setzt.
Du kannst auch – siehe oben – einen Dankesbrief schreiben oder dich noch einmal telefonisch für das wunderbare Geschenk bedanken. Das verbindet zusätzlich.
Hast du etwas bekommen, überlege, wie du gleich heute oder morgen den Ball der Liebe und Wertschätzung weiterspielen kannst. Das bedeutet nicht, dass du dich bei der Person, die dir etwas geschenkt hat, »revanchieren« sollst, indem du etwas Gleichwertiges zurückschenkst. Es geht darum, dass du die positive Energie pflegst und weitergibst, indem du zum Beispiel anderen anerkennende Worte schenkst, eine kleine Aufmerksamkeit zukommen lässt oder bei etwas hilfst. Du kannst auch die Meditation DAS FELD DER LIEBE aus dem vorigen Kapitel machen. So erzeugen Geschenke eine Spirale der Liebe, die immer weitere Kreise zieht.

JEDE(R) KANN ETWAS BESONDERES ODER: SEI MIT LEIDENSCHAFT APFELBAUM

Jonas hat Martin und mir Bilder geschenkt, weil Malen sein Metier ist, das, was er am besten kann, und hat genau damit gepunktet. Als ich im Sommer in Griechenland im Urlaub war, habe ich eines Abends in der Taverne eine Gabel sich wie von Zauberhand auf einer Flasche drehen lassen. Das war eine Spielerei, die eigentlich vor allem für meine Kinder gedacht war. Es wurde dann aber ungeplant zu einer kleinen Show, weil immer mehr begeisterte Gäste sich um den Tisch meiner Familie sammelten.

Mich verblüfft das tatsächlich immer wieder, denn ich vergesse gerade im Urlaub, dass das, was ich kann, für andere etwas ganz Besonderes ist und einen Beitrag zu dieser gemeinsamen Welt leistet, weil es anderen etwas gibt. Leider gibt es viele Menschen, die das, was sie am besten können und am liebsten tun, nicht der Rede wert finden. Weil es sie keine Mühe kostet, haben sie einen blinden Fleck für ihre eigene Magie. Weil sie so vermeintlich normal ist und sich – für sie selbst – so unspektakulär anfühlt.

Menschen sind oft wie ein Apfelbaum, der meint, ganz andere Früchte hervorbringen zu müssen, weil das gerade gefragt zu sein scheint. Aber ein Apfelbaum ist nun mal ein Apfelbaum, und der »kann« Äpfel und keine Bananen, Gurken, Basilikum oder Kokosnüsse. Die Äpfel sind das, was den Apfelbaum ausmacht, und sie sind umso saftiger, wenn alle Voraussetzungen erfüllt sind, damit der Baum gut gedeiht. Wenn er also genügend Sonne, Wasser und Nährstoffe bekommt und er mit anderen »kooperiert«: Nur wenn ihn im Frühjahr Bienen und andere Insekten mit dem Pollen passender anderer Apfelbäume bestäuben, trägt er überhaupt Früchte.

Trotzdem versuchen wir – die Apfelbäume – oft, unser Glück mit etwas anderem. Wir probieren, Erfolgskonzepte anderer nachzumachen, statt uns auf unsere Stärken zu besinnen und daraus etwas Eigenes zu entwickeln, was zu uns passt. Vor allem, wenn wir andere beeindrucken oder etwas erreichen wollen, im Job, beim Dating oder manchmal auch im Freundeskreis, glauben wir, dass wir, so wie wir sind, nicht genügen.

Dabei ist es genau anders: Der größte Wow-Effekt und die tiefste Verbindung mit anderen steckt in dem, was deiner ganz eigenen Persönlichkeit entspricht – ganz egal, ob es dabei um private oder berufliche Zusammenhänge geht. Wir alle verfügen über ein inneres Wissen darüber, was uns ausmacht, was unsere Aufgabe in diesem Leben ist. Um im Bild zu bleiben: welcher Apfelbaum wir sind und was dieser zum Gedeihen braucht. Die Aufgabe hat in der Regel mit dem zu tun, was du gerne tust, was du gut kannst und was ein Feuerwerk der Begeisterung in dir auslöst, wenn du nur daran denkst. Etwas, womit du auf deine Weise der Welt etwas geben kannst.

Auch wenn es viele Apfelbäume gibt, sind deine Äpfel etwas

Besonderes. Nur du kannst sie hervorbringen. Wenn du dich darum kümmerst, dass es dir gut geht und du die richtige Unterstützung bekommst, werden sie saftig und wohlschmeckend sein. Du kannst sie tauschen und dich so mit anderen verbinden.

Aber manchmal wurde uns abtrainiert, auf uns selbst zu vertrauen. Hätte ich als Teenager auf das gehört, was mir die Berufsberatung geraten hat – ich glaube, es war Bürokaufmann –, statt auf das, was ich in mir als meine Aufgabe gespürt habe, würdest du nun sicher nicht dieses Buch lesen, weil es dieses Buch nicht gäbe.

Vielleicht bist auch du verunsichert. Und natürlich eignet sich nicht jede Leidenschaft zum Herstellen eines Geburtstagsgeschenks, und nicht jede Stärke kann zu einer spontanen Show im Restaurant werden.

Das ist aber auch gar nicht nötig.

Das, was du von Herzen gerne tust, muss auch nicht unbedingt zugleich dein Beruf sein, aber es sollte eine Rolle in deinem Leben spielen. Das Thema, über das du am liebsten mit Freunden sprichst, und die Tätigkeit, der du dich am liebsten widmen würdest, wenn Geld keine Rolle spielte, kann dir gute Hinweise darauf geben, wo du deine ureigene Magie finden kannst. Und wenn du sie gefunden hast: Betone sie und bau sie aus. Im Job und auch privat. Dann fällt dir nicht nur alles leichter, sondern du wirkst auch authentisch, vertrauenswürdig und besonders.

Die folgende einfache meditative Selbsthypnose kann dir helfen, in Kontakt mit dem zu kommen, was dich ausmacht. Du kannst den Text zuvor lesen und sie als Meditation aus dem Gedächtnis machen. Du kannst dir den Text langsam von jemand anderem vorlesen lassen, oder du kannst ihn auch selbst aufnehmen und dann als Selbsthypnose-Audio abspielen.

DEIN INNERES WOW

Setze dich bequem auf einen Stuhl,
mit gerader Wirbelsäule
und den Füßen fest auf dem Boden.
Die Hände locker auf den Oberschenkeln.
Fokussiere dich auf einen Punkt dir gegenüber.
Das O aus dem Wort Wow.
Dein Wow.
Dein O.
Konzentriere dich nur auf dieses O.
Atme dabei tief in den Bauch ein.
Und wieder aus.
Tief ein.
Und aus.
Warte, bis deine Gedanken sich beruhigt haben.
Dann schließe deine Augen.
Frage nun:
Wie schwer ist es, ich selbst zu sein?
Lasse diese Frage auf dich wirken,
während du weiter tief atmest.
Ein und aus.
Frage dann:
Wie schwer ist es, jetzt hier in diesem Moment ich selbst zu sein?
Lasse auch diese Frage auf dich wirken,
während du weiter tief atmest.
Ein und aus.
Öffne die Augen.
Schreibe deine Antworten in dein Journal.

Bei dieser Übung finden meine Coachees häufig heraus, dass es eigentlich nicht schwer ist, sie selbst zu sein, aber dass die Umstände dazu geführt haben, dass sie ihren persönlichen Wow-Faktor aus den Augen verloren haben. Das ist sehr wertvoll, denn wenn du diese Umstände identifizierst, kannst du dir erste Schritte überlegen, wie du sie änderst.

Du bist noch nicht ganz sicher, was wohl dein persönlicher Wow-Faktor sein mag? Dann können dir vielleicht die weisen Zitate eines meiner Vorbilder, des großen Magiers Eugene Burger, auf die Sprünge helfen. Du kannst auch darüber meditieren, also dich bequem hinsetzen, dein Wow-O fixieren und den jeweiligen Satz in dein Unterbewusstsein sinken lassen, damit es im Gegenzug eine Antwort aufsteigen lässt:

MIT EUGENE DEINE MAGIE ENTDECKEN

»Die grundlegendste Frage des Lebens ist: Worin soll meine Magie bestehen?«

Du weißt: Du bist der Schöpfer oder die Schöpferin deiner Wirklichkeit. Also kannst auch du bestimmen, was dein ganz eigenes Ding ist.

»Ich habe euch heute Abend etwas Wundervolles mitgebracht!«

Was ist das Wundervolle, das du mitgebracht hast und das du zeigen oder wovon du erzählen kannst? Anders gesagt: Was wäre *dein* Thema, wenn du einen TED-Talk halten solltest?

»Das Einzige, was wir immer tun können, ist, unseren Song zu singen.«

Auch du hast einen »Song«, den du »singen« kannst. Wovon handelt er?

»Der erste Schritt zum Verfolgen deiner Träume ist es, aufzuwachen.«

Gemeint ist: Wenn du nur träumst, setzt du nicht um, also hör auf zu träumen, und tu den ersten Schritt. Der »Raum aller Möglichkeiten« aus Kapitel vier kann dir dabei helfen. Du weißt ja: Neues ist ein Garant für Wow-Erlebnisse. Worin besteht der erste Schritt zur Umsetzung deiner Träume?

Um dir zu bestätigen, worin deine Stärken liegen, kann es eine gute Idee sein, mit Menschen zu sprechen, die dir nahestehen. Frage deine Familie, Freundinnen und Freunde oder auch nette Menschen aus deinem Team bei der Arbeit, was sie besonders an dir schätzen. Was dich besonders macht. Worüber du ihrer Meinung nach am ehesten einen TED-Talk halten könntest. Manchmal kommen bei solchen Fragerunden auch überraschende Erkenntnisse zutage.

Falls die Sicht der anderen dich enttäuscht, weil sie offenbar nicht sehen, was dich wirklich ausmacht, gibt dir auch das wertvolle Hinweise, und du kannst einmal überlegen: Was möchtest du in Zukunft ausbauen und mehr in den Vordergrund stellen? Wie könnte das aussehen? Auch darüber kannst du mit Menschen diskutieren, denen du vertraust.

Auf Martins und meiner Geburtstagsfeier hat eine Freundin von uns aus solchen Fragen sogar ein kleines Partyspiel gemacht: Jeder Partygast bekam einen Zettel, auf dem anonym notiert wurde, was er oder sie an Martin und mir besonders mag. Auch das war – nebenbei bemerkt – eine wunderbare Überraschung:

WAS MAGST DU AN MIR?

Dieses Spiel ist eine tolle Party-Überraschung für Geburtstagskinder, Brautpaare oder Jubilare, die für ganz viele kleine Staun-Momente sorgt. Versorge dazu alle Gäste mit einem oder mehreren Zetteln – je nachdem, ob es um eine oder mehrere Personen geht. Darauf können Fragen stehen wie:

Was magst du an X besonders?
Welche besondere Erinnerung verbindest du mit X?
Wenn X ein Tier wäre, was wäre er oder sie – und warum?
Was glaubst du, was macht X in zehn Jahren?
Was kann X, was du bewunderst?

Du kannst dir vorher – allein oder mit anderen – alle möglichen Fragen dieser Art ausdenken. Wähle aber höchstens zwei bis drei, das Ganze soll ja schnell geschrieben sein. Die Gäste beantworten die Fragen anonym, bevor du die Zettel einsammelst. Sie werden dann von einer Person oder von mehreren laut vorgelesen. Alternativ könnt ihr eine Box aufstellen, in die die Antworten geworfen werden – zum späteren Lesen. Ihr könnt euch sicher sein, dass dieses Spiel dem, der oder den Beschenkten einige Aha-Erlebnisse beschert.

9

DAS »WOW DER WOWS«: WARUM DU NICHT INS KLOSTER GEHEN ODER AUF EINEN MEDITATIONS-RETREAT FAHREN MUSST, UM »ERLEUCHTUNG« ZU ERFAHREN

»Würden die Pforten der Wahrnehmung gereinigt, erschiene den Menschen alles, wie es ist: unendlich.«
William Blake

Nimm dir bitte einmal dein Journal und einen Stift zur Hand. Dann setz dich bequem hin, und schau dir einmal folgenden Begriff an:

ERLEUCHTUNG

Lass das Wort ein bisschen auf dich wirken. Vielleicht schließt du kurz die Augen und öffnest sie dann wieder, um deine Assoziationen aufzuschreiben. Das ist kein Quiz, es geht hier nicht um Richtig oder Falsch, sondern um das, was dir zu diesem Begriff spontan einfällt. Alles ist erlaubt. Bitte schreib auch auf, ob das Wort irgendwelche Gefühle in dir hervorruft. Wir werden später auf deine Notizen zurückkommen. Doch vorher möchte ich dir erzählen, woran ich denke, wenn ich dieses Wort lese oder höre.

ALS MEINE KLEINE WELT VERLOREN GING – UND ICH DIE GROßE FAND

Als ich elf Jahre alt war, bin ich von der Grundschule auf dem Dorf, in dem wir wohnten, auf die weiterführende Schule in der Stadt gewechselt. Dort war ich erst einmal alles andere als glücklich. Ich wurde nicht warm mit der neuen Schule und den Klassenkameraden dort, die sich einen Spaß daraus machten, mich, den Jungen aus dem Kuhdorf, zu ärgern.

Dann wurde ich plötzlich krank. Ich fühlte mich schnell geblendet, war geräuschempfindlich, hatte Gleichgewichtsprobleme und wollte mich nur verkriechen. Unser Hausarzt hatte keine Ahnung, was mit mir los war. Im Rückblick würde ich sagen, ich hatte eine durch den Schulwechsel und alles, was damit zusammenhing, ausgelöste Depression, aber so eine Diagnose war Mitte der Achtzigerjahre undenkbar. Seelische Probleme hatte »man« nicht, Kinder schon gar nicht. Mehr aus Mangel an Alternativen schrieb mich der Arzt schließlich krank – ein ganzes Jahr. Damals verbrachte ich meine Zeit überwiegend lesend in meinem abgedunkelten Zimmer.

Doch eines Nachts geschah etwas.

Ich wachte auf, und um mich herum war ein wunderschönes warmes Licht. Ich war nicht getrennt davon, sondern ein Teil dieses Lichts, und es dehnte sich rasant aus, umfing die Unendlichkeit. Das hört sich jetzt vielleicht etwas seltsam an, aber genauso war es. Dabei hatte ich ein sehr friedliches, angenehmes und schwereloses Gefühl. Ich spürte, ja, ich *wusste* in diesem Augenblick, dass alles eins ist. Dann zog sich alles wieder zusammen, und ich fand mich staunend in meinem Bett wieder, in meinem dunklen Zimmer. Aber *in mir* leuchtete etwas. Dieses Leuchten, der Nachklang des Gefühls und die Erkenntnis der Einheit von allem blieb. Auch wenn das Ausdehnen und Zusammenziehen wahrscheinlich nur ein paar Sekunden gedauert hatte – genau sagen konnte ich das nicht, denn es fühlte sich gleichzeitig ultrakurz und wie eine Ewigkeit an –, gab mir diese Erfahrung eine unglaubliche Ruhe und Zuversicht.

Mehr Wow geht nicht!

Wieder war eine Verwandlung mit mir vorgegangen. Doch diese hier war anders als der Moment vier Jahre zuvor, als ich als Siebenjähriger meiner Verwandtschaft meine Zauberkunststücke vorgeführt hatte. Mit sieben hatte ich mir selbst bewiesen, dass ich etwas kann, wenn ich nur will. Ich hatte etwas gefunden, was ich gern tue. Ich hatte erfahren, dass es möglich ist, mit Beharrlichkeit Schritt für Schritt etwas zu lernen, bis ich es beherrsche. Ich hatte die Kraft in mir selbst entdeckt, und all das war sehr wertvoll und wichtig und schon ein ziemliches Wow!

Aber nun hatte ich eine völlig andere Dimension betreten. Ich hatte erfahren, dass ich nicht nur Kraft aus mir selbst schöpfen kann. Dass es etwas gibt, was mir aus einer unerschöpflichen Quelle Kraft gibt und was dabei untrennbar mit mir verbunden ist. Etwas, auf das ich mich verlassen kann und in dem ich verwurzelt bin. Ich hatte erfahren, dass ich nicht allein bin. Nicht nur wegen meiner Eltern, die für mich sorgen, sondern weil da etwas ist, das schon immer da war und immer da sein wird, mein ganzes Leben lang und darüber hinaus.

All das hatte ich in diesem kurzen Moment begriffen, allerdings ohne es schon so formulieren zu können. Mir war ein intuitives, tiefes Wissen zuteilgeworden. Die Verwandlung, die sich in diesem Augenblick vollzogen hatte, half mir schließlich, langsam wieder aus meinem Schneckenhaus herauszukommen.

Bis ich achtzehn Jahre alt war, hatte ich diese Erlebnisse einbis zweimal im Monat, dann wurden sie seltener und hörten schließlich ganz auf. Es war ein bisschen, als hätten sie mich ins Erwachsenenleben begleiten wollen, um sicherzustellen, dass ich meinen eigenen Weg finde. Und meinen eigenen Weg ging ich. Mit dem Gedankenlesen und der Hypnose hatte ich etwas entdeckt, was mich tief erfüllte. Jede Woche probierte und lernte ich etwas Neues, ich stellte erste Bühnenprogramme zusammen, gab kleine Vorstellungen, testete alles mit Freunden. Das wurde nicht ohne Sorge von meinen Eltern beobachtet. Ich komme aus einer

Handwerkerfamilie, da tanzte ich mit meinen Interessen schon ziemlich aus der Reihe. Lange hielten sie meine Beschäftigungen für ein etwas spleeniges Hobby, aber dass ich das jetzt tatsächlich als Karriere anstreben wollte, war für sie nicht ganz leicht zu verdauen. Vielleicht hätte ich mich abbringen lassen, wenn ich nicht eine Gewissheit gehabt hätte, die mir glasklar sagte: Hier entlang und nirgendwo anders.

Die nächtlichen Expansions-Erlebnisse kehrten noch einmal zurück, als ich vor einigen Jahren plötzlich sehr krank wurde. Im Krankenhaus, das ich damals monatelang nicht verlassen durfte, passierte nachts auf einmal wieder genau das Gleiche wie als Kind und Teenager: Da war das Licht, da war das Ausdehnen und das Sich-wieder-Zusammenziehen. Da war das Gefühl der Zugehörigkeit und tiefer Zuversicht. Es fühlte sich ein bisschen so an wie eine Botschaft vom Universum, die lautete: »Mach dir keine Sorgen, alles wird gut!« Und so war es dann auch. Obwohl es zeitweise sehr schlecht aussah und die Ärzte sich nicht festlegen wollten, ob ich es schaffe, wurde ich wieder gesund.

Hätte ich nicht bereits die Erinnerung an die nächtlichen Episoden als Kind gehabt, möglicherweise hätte ich die Erlebnisse im Krankenhaus für eine Nahtoderfahrung gehalten, dabei wird ja auch immer wieder von einem wunderbaren Licht berichtet. Da ich als Kind aber keineswegs dem Tod nahe gewesen war, denke ich, dass ich bei den verschiedenen Gelegenheiten etwas erlebt habe, was sich als »Erleuchtung« bezeichnen lässt: ein Ereignis, das eine bleibende, tiefe intuitive Einsicht über die Zusammenhänge des Daseins und des Universums hinterlässt.

Ich könnte auch »Wow der Wows« dazu sagen.

ES IST NICHT DIE »RICHTIGE« TECHNIK, DIE UNS ERLEUCHTET – DER MOMENT IST ENTSCHEIDEND

Das Spannende ist: Ich musste mich für dieses »Wow der Wows« kein bisschen anstrengen. Musste nicht fasten und mich in Askese üben, nicht jahrelang im Schneidersitz in einer kargen Berghöhle meditieren, kein Yoga, kein Tai-Chi und kein Qigong machen, nicht ins Kloster gehen, keine Rosenkränze beten, keine Pilgerwanderung absolvieren und auch nicht zum Buddhismus konvertieren.

Bitte nicht missverstehen: Ich habe absolut nichts gegen den Buddhismus oder irgendeine der vielen anderen Religionen. Ich habe auch ganz und gar nichts gegen Meditation, nichts gegen Yoga, Tai-Chi, Qigong und was es sonst noch an Methoden gibt, die – unter anderem – zum Ziel haben können, die Übenden mit der Quelle allen Seins zu verbinden und dabei dann vielleicht auch Erleuchtung zu finden. Ich sage »unter anderem haben können«, weil es bekanntlich viele Menschen gibt, die diese Dinge praktizieren, um fitter zu werden oder Stress zu bekämpfen, nicht aus spirituellen Gründen.

Die Leute, die sich sehnlichst wünschen, erleuchtet zu werden, und deshalb eine als spirituell geltende Technik üben und für die Fitness und Entspannung lediglich Nebeneffekte sind, gibt es natürlich ebenso. Diese Menschen bemühen sich in der Regel sehr, »alles richtig« zu machen. Also »korrekt« zu meditieren, oft nach Buddhas Vorbild. Das »Ich« zu überwinden und die Regeln des »achtfachen Pfades« zu befolgen. Nach der buddhistischen Lehre müssen nämlich erst eine ganze Menge Voraussetzungen geschaffen werden, bis der Geist sich mit seiner wahren Natur verbinden und die großen Zusammenhänge begreifen kann. Je nach Richtung können diese Regeln jeweils ein bisschen anders aussehen. Und klar – wenn ich das glaube, ist das so. Unsere Glaubenssätze bestimmen unsere Realität, das gilt auch hier.

Mich erinnert das daran, wie ich vor einigen Jahren mit einem befreundeten Hypnotiseur abends in einer Bar saß. Wie ich steht er häufig auf der Bühne und ist darum ebenfalls recht bekannt. Die Barkeeperin erkannte uns und sah ihre Chance gekommen. Sie wandte sich zunächst an meinen Kumpel und sagte, sie wolle auch so gerne einmal Hypnose erleben, ob er ihr vielleicht eine kleine Kostprobe geben könne? Er war ziemlich zögerlich und sagte, es sei in der Bar leider ein bisschen zu laut und das Ganze dauere auch zu lange. Er dachte dabei natürlich an die Technik, die er im Normalfall anwendet.

In dem Moment hatte ich eine Idee.

Ich fragte die Frau, ob auch ich ihr als Hypnotiseur recht sei, was sie bejahte. Also ging ich hinter die Bar und schaute ihr in die Augen. Ich bat sie, ein paarmal tief ein- und auszuatmen. Dann sagte ich unvermittelt: »Und schlaf.« Sie war sofort in tiefer Hypnose, auch wenn sie – wie du aus Kapitel fünf weißt – nicht wirklich schlief, weil Hypnose nichts mit unserem Nachtschlaf zu tun hat. Ich habe aber das Bild des Schlafes benutzt, weil wir das alle kennen und mit tiefer Entspannung verbinden. Der Augenblick der unmittelbaren Hypnose war für die Barkeeperin ein unglaubliches Wow-Erlebnis, aber für mich genauso: In diesem Moment habe ich erkannt, dass der richtige Moment entscheidender ist als die Technik! Diese Frau war bereit, Hypnose zu erleben. Sie war offen für das Erlebnis. Sie erwartete, Hypnose zu erleben. Darum reichte ein Wimpernschlag, in dem sie sich auf meine Worte fokussierte und in Trance fiel.

Hätte ich der Barkeeperin vermittelt, dass sie erst bestimmte Schritte durchlaufen muss, um einen hypnotischen Zustand zu erreichen, wäre das so gewesen – ich bin die Autorität, der sie geglaubt hätte. So ähnlich ist es mit den Menschen, die bestimmte Techniken erlernen und ein bestimmtes Leben leben, mit dem Ziel, erleuchtet zu werden. Jemand sagt ihnen: Du musst das und das soundso lange machen, das und das lesen und verstehen, erst dann klappt es – eventuell – mit der Erleuchtung. Und dann halten sie sich daran und konstruieren damit aktiv eine Wirklichkeit, in der das ganz genauso ist wie erwartet.

Sie könnten aber auch eine Realität kreieren, in der alles ganz anders ist und in der die Erleuchtung einen Wimpernschlag entfernt ist.

Denn das ist sie.

DIE HARTNÄCKIGEN MYTHEN RUND UM DIE ERLEUCHTUNG

Es ist ein Irrtum, dass es nur ganz bestimmte Wege gibt, die zur Erleuchtung führen. Und es ist Unsinn, dass es jahrelanger Übung bedarf, in einen »erleuchtungsfreundlichen« Zustand zu kommen – ähnlich, wie es ein Missverständnis ist, dass fürs Erreichen eines meditativen Trancezustandes jahrelange Praxis vonnöten ist. Oder dass es eine bestimmte Zeit dauert, jemanden in Hypnose zu führen.

Zusammengefasst gibt es aus meiner Sicht folgende Mythen rund ums Erlangen der Erleuchtung:

- Es gibt nur ganz bestimmte Methoden, mittels derer Erleuchtung erlangt werden kann.
- Du musst dafür ganz bestimmte Schritte in der richtigen Reihenfolge tun, was sehr schwierig ist und wofür du viel üben musst.
- Dein Alltags-Ich ist ein Riesenhindernis, und du musst es überwinden und deinem irdischen Dasein komplett entsagen.
- Nach der Erleuchtung ist in deinem Leben alles komplett anders.
- Jede Erleuchtung ist gleich.

FÜNFMAL »WOW DER WOWS«, FÜNFMAL ANDERS

Fangen wir mal von hinten an, also mit dem Missverständnis, dass jede Erleuchtung gleich abläuft. Meine Geschichte – die erste der fünf – kennst du schon, schauen wir uns mal ein paar andere an:

Buddha, ursprünglich Siddhartha Gautama, ist vermutlich der prominenteste Erleuchtete aller Zeiten – und ungefähr das bedeutet »Buddha« ja auch: der Erwachte. Siddharta probierte es zunächst mit allem Möglichen. Er lernte eine bestimmte, relativ komplizierte Art der Meditation, dann lebte er jahrelang asketisch im Wald, dummerweise ohne irgendwelche tieferen Einsichten. Eines Tages hatte er keine Lust mehr auf die harte Tour, er verließ den Wald und kehrte wieder zur Meditation zurück.

Diese praktizierte er erneut mehrere Jahre. Eines Tages setzte er sich zum Meditieren unter einen Feigenbaum, und die Überlieferungen klingen ein wenig so, als habe er die Faxen dicke gehabt und in diesem Moment einfach bestimmt: Ich bleibe jetzt hier sitzen, bis die Erleuchtung kommt, basta! Er hatte – sozusagen – eine Bestellung ans Universum abgeschickt. In etwa:

Bitte so schnell wie möglich Erleuchtung schicken, Adresse: Feigenbaum. Danke im Voraus! Mit freundlichen Grüßen, Siddhartha

Und so geschah es dann auch. Nach einer Woche soll er mit einem Mal von tiefem Frieden erfüllt gewesen sein und über tiefes Wissen verfügt haben. Er entdeckte den Raum hinter allem Leid, wo Irdisches keine Rolle spielt. Nach allem, was du inzwischen über Wow-Erlebnisse weißt, speziell die in der Natur, über das *small self* und die Verbindung mit etwas Größerem, kommt dir das jetzt wahrscheinlich ziemlich bekannt vor (was nicht heißen soll, dass jedes Wow-Erlebnis eine Erleuchtung ist, dazu gleich mehr).

Der heute lebende britische Philosoph und Speaker Tim Freke erzählt in seinem Buch *The Mystery Experience* von seinem eigenen »spontanen Erwachen«. Er war zwölf Jahre alt, als er und sein Mischlingshund Scrag wie schon so oft auf einem Hügel saßen, von wo aus er seine kleine Heimatstadt überblicken konnte. Dort dachte er staunend – wie schon viele Male zuvor – über das Leben nach. Das englische Verb *wonder*, das er bei seiner Beschreibung dieses Moments im Buch verwendet, bedeutet nämlich beides: über etwas nachdenken und staunen, was den Kern der Sache ziemlich gut trifft. Im Deutschen wäre vielleicht »sinnieren« ein passendes Verb. Tim hatte sich schon oft gefragt, warum die Erwachsenen sich immer mit trivialen Dingen beschäftigten, aber niemals erwähnten, wie zutiefst mysteriös das Leben ist. Denn so schien es Tim: mysteriös und wundervoll. Auf ihn wirkte das Leben wie eine große Frage, und er war sich sicher, wenn er die Antwort auf diese Frage finden würde, würde er auch wissen, was er mit seinem Leben tun soll. So saß er also da, und dann, schreibt er, »passierte etwas Magisches. **Das Staunen** absorbierte mich derart, dass mein Bewusstseinszustand sich spontan verwandelte.« Auf einmal hatte er das Gefühl, als pulsiere das ganze Universum in unendlicher Liebe und er löste sich in dieser Liebe auf. »Ich hatte keine Ahnung, was mit mir passierte«, heißt es weiter, »aber ich wusste, ich hatte die große Antwort auf die große Frage des Lebens gefunden. Und die Antwort war keine clevere Theorie. Es war eine mysteriöse Erfahrung, in der sich die große Frage in einem Ozean der Liebe auflöste. Diese Entdeckung hat mein Leben verändert.«[78]

Auch der spirituelle Lehrer Eckhart Tolle hatte ein spezifisches Erleuchtungserlebnis. Bis er 29 Jahre alt war, fühlte er sich häufig depressiv und hatte sogar Selbstmordgedanken. Eines Nachts, er studierte damals in Cambridge, wachte er auf und fühlte sich schlimmer als je zuvor. Er dachte »Ich kann mit mir selbst nicht mehr leben« – und stutzte. Er fing an, über die Aussage nachzudenken. Wenn er nicht mehr mit sich selbst leben konnte, musste es zwei von ihm geben. Das »Ich« und das »Selbst«, mit dem das »Ich« nicht leben konnte. Er fragte sich weiter, ob vielleicht nur einer von diesen beiden real war. Darüber **staunte** er so sehr, dass er aufhörte zu denken. Dann fühlte er sich in einen Energiestrudel hineingezogen, der sich langsam beschleunigte. Er bekam Angst, hörte aber aus seinem Brustkorb kommend den Satz »Wehre dich nicht«. Er wurde in eine Leere hineingezogen, und die Angst verschwand. An das, was danach passierte, kann er sich nicht erinnern, aber als er am nächsten Morgen aufwachte, war er verwandelt. Er hatte auf einmal das Wissen, dass es unendlich mehr gibt als das, was wir wahrnehmen. Alles, was ihm begegnete, war voller Wunder, voll tiefem Frieden und er spürte Glückseligkeit.[79]

Eine Freundin erzählte mir, dass sie, seit sie Yoga macht – ursprünglich wegen ihres Beckenbodens, also keineswegs, um erleuchtet zu werden –, gelernt hat, sich immer besser auf den Fluss ihrer Atmung zu konzentrieren. Wenn sie das macht, nicht nur beim Yoga, sondern auch zum Beispiel beim Spazierengehen, stoppen ihre Gedanken für einen Moment oder länger, und sie fühlt sich in einer Einheit mit allem. »Da ist dann eine Art Energie, die mich durchströmt, mal schwächer, mal stärker, und sie ist es, die mich verbindet. Und ich habe das paradoxe Gefühl, alles, was ist, ist gleichzeitig außerhalb und innerhalb von mir.« Sie erlebt das immer wieder, wenn sie sich auf ihren Atem fokussiert, und hat seitdem eine Gelassenheit und eine intuitive Einsicht, wie alles zusammenhängt.

Keins dieser Erlebnisse ist wie das andere.

ERLEUCHTUNG IST KEIN ANSTRENGENDER MARATHON – EHER EIN ACHTSAMER SPAZIERGANG

Du findest jetzt vielleicht, dass der letzte Bericht nicht sonderlich spektakulär klingt. Jedenfalls nicht so spektakulär wie mein Erlebnis oder jenes von Eckhart Tolle mit Special Effects wie im Kino – Licht, Stimmen, Energiestrudel und so weiter.

Genau dieses Unspektakuläre ist aber wichtig!

Auch wenn das Erlebnis der Freundin viel stiller daherkommt – wie übrigens auch Buddhas –, handelt es sich dabei trotzdem um eine Erleuchtung: Die Freundin verfügt seitdem über ein sie zutiefst beruhigendes Wissen um die tieferen Zusammenhänge des Seins, das sie vorher nicht hatte – und obendrein hat sie über den Atem eine Möglichkeit, sich bewusst mit dieser tiefer liegenden Schicht des Daseins zu verbinden. Sie fühlt sich glücklicher, ruhiger und hat mehr Vertrauen in ihre Intuition. Ansonsten hat sich ihr Leben – von außen betrachtet – nicht sehr verändert, sie hat nicht alles hingeschmissen, um andere als Guru ebenfalls »zu erleuchten«, wohnt mit ihrer Familie immer noch am gleichen Ort und hat nicht mal den Job gewechselt. Es ist auch nicht so, dass sie jetzt nie mehr Stress oder Angst hätte oder sich Sorgen machte – sie kommt allerdings leichter aus diesen Zuständen heraus, sie ist resilienter.

Einer der Gründe, warum so viele Leute denken, die »Erleuchtung« sei schwer zu erreichen, hat auch damit zu tun, dass sie glauben, ihr Ich – die Person, die sie im Alltag sind, mit ihrer ganz eigenen Geschichte, ihren Plänen und Gedanken, ihrem Job, ihren Hobbys und so weiter – sei irgendetwas Schlimmes. Etwas, was sie möglichst aufgeben müssen, um Zugang zu höheren – eben erleuchteten – Sphären zu bekommen. Doch es geht überhaupt nicht ums Aufgeben, sondern lediglich darum, die Bedingungen dafür zu schaffen, dass dieses Alltags-Ich ab und zu beiseitetritt, um Platz zu machen für eine neue Erfahrung.

Ein anderer Grund liegt in ihrer Erwartung, bei der Erleuchtung würde irgendetwas Spektakuläres passieren, weswegen sie meinen, es sei viel mühevolles »Training« vonnöten, wie für einen Marathon. Gerade, weil sie immer wieder hören und lesen, sie müssten erst gefühlte Ewigkeiten meditieren und »Om« singen und weise Schriften lesen und was weiß ich noch alles tun, damit sie eines Tages vielleicht »wissend« werden.

Ich stelle mir das ein bisschen so vor, als wenn du unbedingt einschlafen möchtest, aber je mehr du dich anstrengst, dich zu entspannen, umso weniger klappt es. Oder als wenn du möchtest, dass eine Katze, die unterm Sofa sitzt, zu dir kommt, um sich streicheln zu lassen, und du fordernd die Hand unters Sofa streckst. Das wird sie sehr wahrscheinlich nur dazu bringen, sich ans andere Ende zu verkriechen.

Und weil die Leute sich so anstrengen, merken sie überhaupt nicht, dass es gerade die Anstrengung ist, die ihnen den Weg versperrt. Sie übersehen dabei die ständigen Zugänge zu dem, was ich Raum aller Möglichkeiten nenne.

Was das für Zugänge sind?

Genau das, worüber wir in diesem Buch sprechen: Momente des Staunens. Wow-Erlebnisse. Awe-Momente, die dich auf einer tieferen Ebene mit anderen Menschen und einem großen Ganzen in Verbindung bringen. Manchmal nur ganz kurz, manchmal länger. Im Zen-Buddhismus werden diese Momente Satori-Momente genannt, was im Grunde nichts anderes als Erleuchtungs-Momente bedeutet. Wenn du dir die Erleuchtung – im übertragenen

Sinne – als ein hell erleuchtetes Haus vorstellst, dann sind diese Momente die Augenblicke, in denen du einen Blick durchs Fenster ins wunderbar heimelig leuchtende Innere erhaschst.

Lebst du so, dass Wow-Momente immer wieder vorkommen – indem du zum Beispiel mit einem *Beginner's Mind* durchs Leben gehst und dich darin übst, die Wunder in allem zu sehen –, schaffst du die Voraussetzung dafür, dass dein Unterbewusstsein sich dieser Erlebnisse annimmt – und eines Tages plötzlich den gemeinsamen Nenner versteht. So erkläre ich mir »spontane« Erleuchtung. »Verstehen« meine ich dabei nicht im rationalen Sinne, wie du eine mathematische Formel verstehst oder wie du verstehst, dass die Erde um die Sonne kreist, sondern im Sinne eines tiefen intuitiven Wissens über die Natur des Seins, den Ursprung und den Grund von allem.

Um im Beispiel mit dem erleuchteten Haus zu bleiben: Wenn du immer wieder durchs illuminierte Fenster guckst, überkommt dich plötzlich die Einsicht, dass sich ein paar Meter weiter ja die stets geöffnete Tür zum zugehörigen Haus befindet und du ganz einfach eintreten kannst. In diesem Fall wird die Erleuchtung permanent, denn auch wenn du nicht nonstop im Haus bleiben möchtest – wenn du einmal weißt, wo es reingeht, vergisst du das nicht. Dann kannst du jederzeit zurückkommen. Es kann auch sein, dass du weiterhin immer wieder durchs Fenster schaust, aber noch nicht kapierst, dass das Haus, in das du schaust, auch dir gehört und dass auch du darin Wohnrecht besitzt.

Verstehst du es aber, verändert sich dein Leben noch stärker zum Positiven als beim Gucken durchs Fenster – also bei den Wow-Momenten –, die Veränderung geht tiefer, wird zu einer Art ermutigender Hintergrundenergie. Es kann zum Beispiel so sein, dass du plötzlich weißt, was du mit deinem Leben machen möchtest, dass depressive Zustände sich auflösen, durch Vertrauen und Freude ersetzt werden und du ein untrügliches Bauchgefühl entwickelst.

VIELE WEGE FÜHREN ZUR ERKENNTNIS: DAS FREESTYLE-PRINZIP DER ERLEUCHTUNG

Vor einiger Zeit gab es mal ein Buch, das den Titel trug *Der Erleuchtung ist es egal, wie du sie erlangst*. Ich muss zugeben, ich habe das Buch nie gelesen, aber der Titel stimmt! Es ist der Erleuchtung wirklich vollkommen schnuppe, wie du zu ihr kommst. Oder, um einen alten Spruch abzuwandeln: Es führen nicht nur viele Wege nach Rom, sondern auch viele Wege zur Erleuchtung!

In Kapitel sechs hast du von der rebellischen Magiebewegung des »Chaos Magick« gelesen. Dabei ging es darum, dass zum Gelingen von Magie entgegen der verbreiteten Annahme nur sehr wenige Grundzutaten notwendig sind. Ich möchte dir in Anlehnung an dieses Konzept das Freestyle-Prinzip der Erleuchtung vorstellen: Es gibt zwar viele Hilfsmittel und Methoden, die den Weg dorthin ebnen *können* – darunter, siehe oben, Meditation, Atemübungen, Achtsamkeit, Tai-Chi, Yoga, Qigong und so weiter und so fort –, aber es gibt nicht den einen sicheren Weg.

Egal, welchen Weg du beschreitest, all diese Methoden haben einen gemeinsamen Nenner: Sie führen dich – wie auch alle Wow-Erlebnisse – ins Hier und Jetzt. Nur dort ist Erleuchtung möglich. Eine Erleuchtung kann als plötzliche Erkenntnis erlebt werden, oder die Erkenntnis kann sich mit wachsender Erfahrung mit Wow-Momenten beziehungsweise Wundern (wie dem Wunder allen Seins, dem Wunder magischer Erfahrungen, dem Wunder, was durch die Vorstellungskraft möglich ist, oder dem Wunder der Verbindung mit anderen Menschen) allmählich einstellen. Im ersten Fall wird das Licht plötzlich angeknipst, im letzteren Fall leuchtet es erst schwach und wird dann, wie mit einem Drehregler am Lichtschalter, immer stärker. Erst erkennst du nur schemenhaft Konturen, dann werden sie nach und nach deutlicher, und schließlich hast du das ganze Bild in aller Klarheit. Schwups, erleuchtet!

Es gibt also drei Elemente, die bei allen Erleuchtungen gleich sind:

- Erleuchtungen geschehen im Hier und Jetzt.
- Du verstehst intuitiv, wie alles zusammenhängt. Aber nicht intellektuell mit deiner Ratio, sondern fühlend, auf einer tieferen allumfassenden Ebene, die dadurch für dich zugänglich wird.
- Dieses Wissen verändert dein Leben zum Positiven.

Die Ähnlichkeit zu den Wow-Erlebnissen, mit denen wir uns bisher befasst haben, ist frappierend: Auch Erstere geschehen ausnahmslos im Hier und Jetzt und verwandeln dich. Allerdings spürst du zwar die Zugehörigkeit zu etwas, das größer ist als du, aber du erkennst nicht notwendigerweise die Zusammenhänge. Doch der Schritt dahin ist ein kleiner – das Staunen kann dir den Weg zur Erleuchtung ebnen.

Tim Freke hat durch seine Angewohnheit, auf dem Hügel mit seinem Hund im Arm übers Leben zu sinnieren, immer wieder Staun-Momente erlebt und »durchs erleuchtete Fenster geguckt« – bis er eines Tages entdeckte, wie alles zusammenhängt, und er, um im Bild zu bleiben, die Tür zum Haus mit den illuminierten Fenstern gefunden hat. Die Freundin ist durch ihre Yoga-Atemübungen immer wieder mit dem alles verbindenden Raum aller Möglichkeiten in Kontakt gekommen und hat den Kontakt nach und nach »ausgebaut«. Und auch, wenn ich selbst damals mit elf nichts bewusst getan habe, um »erleuchtet« zu werden, kam die Erfahrung auch bei mir nicht von ungefähr.[80]

Ich hatte im vorigen Kapitel schon erwähnt, dass mir meine Mutter ein Buch vom Flohmarkt mitgebracht hatte, nämlich »Gedankenlesen/Telepathie« des Star-Hypnotiseurs der 1920er-Jahre, Jan Erik Hanussen.[81] Die vorgestellten Übungen fesselten mich vom ersten Augenblick an, und ich übte sie enthusiastisch.

Ich denke heute, dass mich dieses Üben und das ständige Staunen dabei immer wieder durchs erleuchtete Fenster haben schauen lassen. Kannst du dich noch an das Default Mode Network (DMN) erinnern, über das wir in Kapitel sieben gesprochen haben? Dieses Netzwerk im Gehirn, in dem sich unser normaler alltäglicher Gedankenstrom, das Planen und Sorgenmachen und das Denken an gestern und morgen abspielt. Durch tiefes Staunen wird dieses Netzwerk, genauso wie durch eine tiefe Meditation, abgeschaltet. Ich stelle mir vor, dass sich in dem Moment eine Trennwand zurückschiebt und du in direkten Kontakt mit dem Bewusstsein, das alles verbindet, trittst, dem Raum aller Möglichkeiten. Das ist übrigens auch das, was passiert, wenn du in einem magischen Ritual Gnosis erlebst. Das ist es, was Magie ermöglicht.

Und wenn das häufig genug passiert, dieses Zurückschieben der trennenden Wand durch Staunen oder Meditieren oder das Üben von Magie, dann schiebt sich die Wand auch schon mal längere Zeit beiseite – lange genug, dass du ins illuminierte Haus hineingehen und dich umsehen kannst.

EINFACHE MÖGLICHKEITEN, DAS »WOW DER WOWS« IN DEIN LEBEN EINZULADEN

Ich hatte vorhin die scheue Katze erwähnt, die unter dem Sofa sitzt. Solange du vor dem Sofa auf dem Bauch liegst und versuchst, die Katze zu greifen und hervorzuziehen, wird sie sich noch weiter verkriechen. Mit Anstrengung und Gewalt erreichst du rein gar nichts.

Das Einzige, was du tun kannst, ist, das Vertrauen der Katze zu gewinnen. Das machst du, indem du ihr Zeit lässt. Indem du mit ihr sprichst, ohne sie zu bedrängen. Irgendwann wird sie hervorkommen – aber erst, wenn sie das für richtig hält. Bleibst du geduldig, sind die Chancen groß, dass sie sich auch irgendwann streicheln lässt und schnurrend auf deinem Schoß liegen mag.

So ähnlich kannst du auch die Erleuchtung einladen. Du kannst die Voraussetzungen schaffen. Du kannst – und solltest – den Erkenntnisprozess nicht forcieren, aber du kannst sicher sein, dass das »Wow der Wows« irgendwann den Weg zu dir findet.

Ich habe dazu ein paar ziemlich einfache Vorschläge, die definitiv kein jahrelanges Training erfordern. Die Übergänge dazwischen sind übrigens fließend, und sie überlappen sich, denn das Resultat – du kommst ganz ins Jetzt und verbindest dich mit dem großen Ganzen – ist immer das gleiche. Die Vorschläge beschreiben nur jeweils einen anderen Ansatzpunkt:

- ***Staune regelmäßig***, wie in diesem Buch vorgeschlagen. Begib dich auf Staun-Safari. Suche Wunder in allem. Würdige sie. Sei dankbar für das Wunder, dass du hier bist. Wie bereits erwähnt, sind Wow-Erlebnisse, das Erkennen der Wunder im Alltag, nur einen Schritt von der Erleuchtung entfernt.
- ***Wechsle immer wieder in die Rolle eines oder einer Beobachtenden*** – mehr dazu gleich. Damit verankerst du dich nicht nur im Hier und Jetzt, sondern du erhältst Zugang zur »anderen Seite«. Du merkst, dass es zwei Perspektiven gibt: dein Ich, das mit deinem Gehirn denkt und fühlt und deinen Namen trägt, einen Beruf hat, Hobbys, vielleicht eine Familie, ein Haus und so weiter – und noch eine andere Instanz, die dieses Ich beinhaltet, aber die es auch beobachten kann und darum notwendigerweise auch außerhalb dieses Ichs ist.
- ***Meditiere.*** Aber nicht nach komplizierten Vorgaben, sondern ganz einfach in wenigen Schritten, die dich ins Hier und Jetzt bringen, deine Gedanken verlangsamen und dich mit der Quelle allen Seins verbinden. Auch dazu gebe ich dir gleich Vorschläge an die Hand.

Zum ersten Punkt hast du ja schon sehr viele Vorschläge bekommen. Zum zweiten Punkt – dem Wechsel in die Rolle des oder der Beobachtenden – kommen wir jetzt:

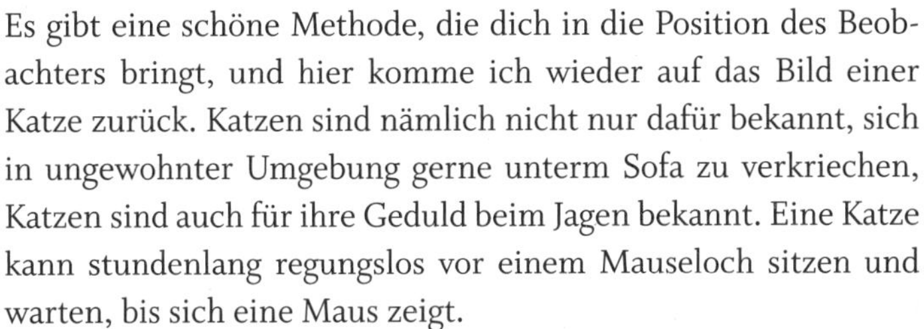

DIE BEOBACHTERKATZE UND DIE GEDANKENMÄUSE

Es gibt eine schöne Methode, die dich in die Position des Beobachters bringt, und hier komme ich wieder auf das Bild einer Katze zurück. Katzen sind nämlich nicht nur dafür bekannt, sich in ungewohnter Umgebung gerne unterm Sofa zu verkriechen, Katzen sind auch für ihre Geduld beim Jagen bekannt. Eine Katze kann stundenlang regungslos vor einem Mauseloch sitzen und warten, bis sich eine Maus zeigt.

Darum möchte ich dich jetzt einmal bitten, dir vorzustellen, ein Miniaturexemplar so einer geduldigen Jägerin hätte es auf die »Gedankenmäuse« in deinem Kopf abgesehen. Die Katze nimmt von ihrer lauernden Position aus alles wahr, was du wahrnimmst, und wartet dabei auf das Auftauchen der »Mäuse«, also deiner Gedanken. Keine Angst, sie wird den Gedankenmäusen nichts tun, denn die Katze ist natürlich nicht real. Aber lass dich bitte einmal für ein paar Minuten auf diese spielerische Metapher ein. Lass dann das Bild der Katze gehen, bleibe in der Position des Beobachters und warte ab, was passiert.

Falls du mit dieser Vorstellung (oder mit Katzen) gar nicht zurechtkommst, kannst du dir alternativ auch einfach so die Frage stellen: »Wo wird mein nächster Gedanke herkommen?« Lass dann nach einer Weile die Frage los und verweile im Beobachten. Was passiert?

Schreibe anschließend deine Erfahrungen in dein Journal.

Dieses Experiment ist inspiriert von Eckhart Tolle. Du wirst vermutlich bemerken, dass dein nächster Gedanke ziemlich lange auf sich warten lässt. Nicht, weil er Angst vor der Katze hat, sondern weil du in eine beobachtende Position gewechselt bist.

Wenn du konzentriert beobachtest, kannst du nicht denken. Dein Geist wird still, und dadurch entsteht ein – normalerweise durch deine Gedanken blockierter – Zugang, der dich mit dem Raum aller Möglichkeiten verbindet und damit mit dem Bewusstsein, das alles verbindet. Kurz: Du bist ganz im Jetzt.

Vermutlich nimmst du das, was um dich herum ist, mit ganz neuer Klarheit und Lebendigkeit wahr. Unmittelbarer, ohne den deine Wahrnehmung lenkenden Filter deines kommentierenden Verstandes. Keine Gedanken an Vergangenes oder Zukünftiges lenken dich ab. Wenn du diese Übung zum Beispiel bei deiner Staun-Safari machst – wozu ich dich ausdrücklich ermuntern möchte –, wirst du vielleicht merken, dass du mehr und viel intensiver auf eine andere Art und Weise wahrnimmst. Natürlich wird früher oder später der nächste Gedanke trotzdem auftauchen (möglicherweise lautet er ungefähr so: »Wann kommt denn jetzt endlich der nächste Gedanke?«). Das ist auch gar nicht schlimm. Aber wenn du willst, kannst du mit der Übung fortfahren, diesen Gedanken einfach anhören, ohne ihn zu kommentieren oder zu beurteilen (das wäre dann nämlich schon wieder der nächste Gedanke), und ihn dann loslassen. So kannst du verstehen, dass es einmal die Stimme in deinem Kopf gibt, die Sprecherin deiner Gedanken. Und es gibt die Instanz, die zuhört – und diese Instanz ist nicht dein Verstand, sondern das alles verbindende Bewusstsein.

Das heißt unter anderem:

Du bist nicht deine Gedanken!

René Descartes' »Ich denke, also bin ich!« war also eine Fehlannahme, denn ganz offensichtlich bist du ja auch noch da, wenn du nicht denkst – das zeigt dir der Wechsel in die beobachtende Rolle sehr deutlich.

Nicht jede Methode funktioniert allerdings für jede Person gleich gut. Vielleicht lenkt dich in der vorigen Übung das Bild der Katze ab, weil du eine Katze, die du kennst, vor Augen hast. Und wenn du die Frage-Variante »Wo wird mein nächster Gedanke herkommen?« testest, klammert sich dein Verstand möglicherweise an die Frage, und du wiederholst sie ununterbrochen im

Geiste. So kommen deine Gedanken natürlich nicht zur Ruhe. Das Bild der Katze und die Frage sollen aber nur »Schuhanzieher« sein und verschwinden, sobald du »drin« bist.

Falls das nicht klappt, probiere doch einmal das Folgende:

DER BLICK VORBEI
Schau für eine Weile an deinen Gedanken vorbei.
Was passiert?

Das war vermutlich die kürzeste Übung, die ich je formuliert habe. Und hier kommt als letzte Beobachtungsmöglichkeit nun noch eine Variante der von Luke Jermay inspirierten Übung »Der Raum aller Möglichkeiten« aus Kapitel vier – aber ohne Zettel und Stift, allein in deiner Vorstellung.

PLATZ DA!
Denke an das Wort:

EMPTY

Denke dir das E am Anfang weg:

MPTY

Wenn du das Wort in Gedanken aussprichst, klingt es immer noch wie »empty«. Denke nun das Y am Ende weg:

MPT

Immer noch klingt es wie »empty«! Denke das P in der Mitte weg.

MT

Es klingt weiterhin wie »empty«. Denke nun die letzten beiden Buchstaben weg. Wo sie waren, ist nun Platz:

Beobachte den Platz, den du geschaffen hast.

Noch einen Weg, in die beobachtende Position zu wechseln, kennst du schon von Émile Coué: Konzentriere dich immer zu hundert Prozent auf das, was du tust. Schnippelst du zum Beispiel Gemüse und hältst dabei immer ganz das, was du tust, in deiner Aufmerksamkeit, aber ohne es im Kopf zu kommentieren, wirst du dabei ähnliche Erfahrungen machen.

Solche Übungen sind übrigens bereits eine Form der Meditation, ich sagte ja schon, dass sich die Ansätze überschneiden. Du kannst sie völlig ohne Vorerfahrung praktizieren, ohne Meditationskissen, ohne Lotussitz und ohne Meditationsretreat – auch wenn du das alles nutzen kannst, wenn du möchtest, daran ist nichts falsch.

Es wird nur hinderlich, wenn du meinst, darauf komme es an.

Ein weiterer sehr einfacher Weg, einen präsenten meditativen Zustand zu erreichen, ist die Konzentration auf die Sinnesempfindungen: den Wind auf der Haut, die Wärme der Sonne, das Rauschen der Blätter in den Bäumen und so weiter. Auch das kennst du schon aus der Staun-Safari in Kapitel drei: Dort hast du alles, was dir begegnet, angeschaut, als würdest du es zum ersten

Mal sehen – du hast gestaunt –, und von da aus hast du dich auf das konzentriert, was du spürst.

Tim Freke nennt das Staunen – zum Beispiel über die Natur – *wondering* und die Fokussierung auf die sinnlichen Empfindungen *entering*, also Hineintreten. Damit meint er ein Hineintreten in einen Zustand, in dem du vorübergehend (!) deine Aufmerksamkeit von deiner *story* – der Geschichte deines Ichs – abziehst. Mit *story* ist all das gemeint, was du mit deinem Namen verbindest, dein Job, deine Familie, dein Haus, deine Erinnerungen, deine Pläne (also alles, womit sich dein Default Mode Network so gern beschäftigt). Diesen Zustand der sinnlichen Wahrnehmung jenseits deiner *story* dann bewusst zu erleben – ohne ihn zu kommentieren –, nennt Freke *presencing*. Auf Deutsch ließe sich diese Wortschöpfung ungefähr mit »jetzten« übersetzen, also das Auskosten des Jetzt.[82]

DIE MAGIE DES ATEMS – UND WIE DU SIE NUTZEN KANNST

Die Freundin, die durch ihre Yoga-Praxis unbeabsichtigt »aufgewacht« ist, nutzt häufig verschiedene Atemübungen und damit auch die Fokussierung auf eine sinnliche Erfahrung – nämlich das Ein- und Ausströmen des Atems –, um sich mit dem Raum aller Möglichkeiten zu verbinden.

Es ist kein Zufall, dass das Fokussieren auf den Atem auch den Großteil der Hypnosen und Meditationen einleitet. Den Atem haben wir immer dabei, und er ist in seinem Auf und Ab ein eigener hypnotischer Rhythmus, der uns in Trance leiten kann, wenn wir uns auf ihn konzentrieren.

In den spirituellen Schulen vieler Kulturen wird der Atem als die wichtigste Verbindung mit dem Göttlichen oder, neutraler formuliert, dem universellen Bewusstsein betrachtet, das alles durchdringt (ich würde sagen: mit dem Raum aller Möglichkeiten).

Der Atem gilt als Träger, aber auch Vermittler der Lebensenergie, die nicht nur uns Menschen, sondern alles, was ist, in mehr oder weniger starkem Maße durchfließt, so wie Mesmers *fluidum*.

Diese Energie wird zum Beispiel in China *Qi* genannt und in Japan *Ki*, in der christlichen Terminologie erinnert *der Heilige Geist* an dieses Konzept. In Indien, der Heimat des Yoga, heißt die Lebensenergie *Prana*. Prana ist bezeichnenderweise auch das Wort für Atem. Unser Atem ist also aus dieser Perspektive die pure Lebensenergie.

Die Atemübungen im Yoga heißen *Pranayama*, was sich aus Prana und dem Begriff Ayama zusammensetzt, der so viel wie »erweitern« bedeutet. Die Lebensenergie kann also demzufolge durch gezielte Atemübungen erweitert – oder ausgeweitet – werden, auch über den physischen Körper hinaus.

Eine wunderbare Basisübung, die dich also buchstäblich über dich hinauswachsen lässt, ist die sogenannte wechselseitige Nasenatmung, *Nadi Shodana Pranayama*. Die *Nadis* sind im Yoga die Kanäle, durch die Prana, die Lebensenergie, fließt. *Shodana* bedeutet Reinigung. Der alternative Sanskrit-Name *Anuloma Viloma* bedeutet schlicht Wechselatmung. Die Wechselatmung ist obendrein auch noch hochwirksam gegen Stress und Angst, gleicht die Gehirnaktivität aus, ebenso wie das autonome Nervensystem, stärkt das Konzentrationsvermögen und gibt Energie.

Du solltest dabei nicht sofort eine Out-of-Body-Erfahrung erwarten, wie sie der Yogi Gopi Krishna beschrieben hat. Aber du wirst sicher schon deutlich spüren, dass sich etwas in deiner Wahrnehmung verschiebt oder auch: verwandelt. Deine Gedanken kommen zur Ruhe, du bist vollkommen im Hier und Jetzt.

DIE LEBENSENERGIE ZUM FLIESSEN BRINGEN
mit *Nadi Shodana/Anuloma Viloma*

Bevor du beginnst, nimm bitte zunächst dein Journal zur Hand und schreibe auf, wie du dich fühlst, *bevor* du die Übung machst. Achte besonders darauf, ob du in irgendeiner Weise negative Gefühle oder Körperempfindungen hast. Bist du ein bisschen müde?

Niedergeschlagen? Ängstlich? Tut dir etwas weh? Bist du verspannt?

Setze dich dann aufrecht und mit geradem Rücken auf einen Stuhl, die Füße hüftbreit fest auf den Boden gestellt. Wenn du dich darin wohlfühlst und bequem gerade sitzen kannst, kannst du dich auch in den Schneidersitz setzen.

Hebe deine rechte Hand zur Nase, die linke ruht auf dem Oberschenkel.

Verschließe nun mit dem Ringfinger dein linkes Nasenloch, und atme tief durch das rechte Nasenloch ein. Zähle dabei im Kopf bis vier.

Verschließe nun mit dem Daumen auch noch das rechte Nasenloch, halte den Atem an, und zähle dabei bis sechzehn (oder so weit du kommst, mit der Zeit kannst du dich bis sechzehn steigern).

Gib das linke Nasenloch frei, und atme langsam durch dieses aus, wobei du (möglichst) mindestens bis acht zählen solltest. Je länger du ausatmest, desto besser. Du solltest auf jeden Fall mindestens so lange ausatmen, bis deine Lungen vollständig leer sind.

Atme nun durch dasselbe Nasenloch, durch das du ausgeatmet hast, wieder ein, und zähle dabei bis vier.

Verschließe das linke Nasenloch erneut mit dem Ringfinger, halte den Atem an, und zähle im Geiste erneut bis sechzehn (oder so weit du kommst).

Gib nun das rechte Nasenloch frei, und atme durch dieses aus – während du möglichst bis acht oder noch weiter zählst. Damit hast du bereits einen vollständigen Atemzyklus abgeschlossen.

Wiederhole diesen Atemzyklus zunächst drei Mal.

Übe die wechselseitige Nasenatmung regelmäßig, am besten täglich zu einer festgelegten Zeit – zum Beispiel, bevor du mit deiner Arbeit beginnst, oder nach der Mittagspause, um Energie für den Nachmittag zu bekommen. Füge jedes Mal einen Atemzyklus hinzu, bis du bei 20 Atemzyklen angekommen bist.

Warte nach der Übung eine Weile, um wirklich wahrzunehmen, was auch immer es wahrzunehmen gibt. Schreibe dann in dein Journal, wie du dich jetzt fühlst. Haben sich negative Gefühle oder Empfindungen verbessert?

Wichtig: Dass ich dir diese Übung vorstelle, bedeutet nicht, dass du sie unbedingt brauchst, um dich auf deinen Atem zu fokussieren oder um ein »Wow der Wows« zu erleben. Du kannst dich jederzeit auch ganz ohne Vorgaben auf das Ein- und Ausströmen deines Atems konzentrieren! Die wechselseitige Nasenatmung ist eine spezielle Form des Atmens, mit ganz spezifischen Wirkungen, aber sie ist trotzdem nur eine Möglichkeit von vielen!

Auch der schon erwähnte britische Magier Alan Chapman schlägt die wechselseitige Nasenatmung vor, um den sogenannten ätherischen (oder: energetischen) Körper spüren zu können, also die Lebensenergie in ihren Kanälen in dir. Eckhart Tolle verwendet einen dem ätherischen Körper ähnlichen Begriff, und zwar den »inneren Körper«. Der ist sozusagen das »Nichts« in dir – in uns allen. Der scheinbar leere Raum, der zwischen allen Molekülen, Atomen und subatomaren Teilchen besteht und uns mit allem verbindet, weil ja auch alles andere hauptsächlich aus diesem leeren Raum besteht. Jeder Stein, Baum, jedes Meer, der Weltraum, alle Planeten und Sterne. Dieses Nichts kannst du, wenn du dich darauf konzentrierst, als Energiefeld wahrnehmen – dabei hilft dir die Nasenatmung. Weil das »Nichts« nicht nur in dir ist, sondern eben in allem, ist dieses innere Energiefeld deines Körpers direkt mit allem anderen verbunden.

BILDER, IM FEUER GEBOREN UND IM FEUER AUFGELÖST

Naheliegende Assoziationen beim Thema Erleuchtung sind Licht und Feuer. Ich denke da immer automatisch an ein heimelig knisterndes Lagerfeuer, und das ist vermutlich kein Zufall.

In der Entwicklung unserer menschlichen Kultur spielte das Feuer eine große Rolle. Wenn unsere Vorfahren vor Tausenden von Jahren abends am Feuer zusammenkamen, herrschte Frieden, Ruhe und Entspannung von den Mühen des Tages. Unsere Ahnen erzählten sich Geschichten, tauschten sich aus, kamen auf neue Ideen. Dabei schauten sie in die hypnotisch flackernden Flammen, spürten die wohlige Wärme und nahmen dort Bilder wahr, die zu ihren Geschichten und Gedanken passten. Die Bilder bewegten sich mit den Flammen, kamen und gingen. Diese friedlichen Zusammenkünfte stecken noch in unseren Genen, darum fühlen wir uns am offenen Kamin so wohl, oder auch am Lagerfeuer oder im Kerzenschein.

Du kannst die Vision eines knisternden Feuers darum auch hervorragend für eine meditative Selbsthypnose nutzen, bei der du ebenfalls die Rolle eines oder einer Beobachtenden einnimmst und dabei in einen tiefen Trancezustand kommst. Ich nutze das folgende Skript sehr häufig in der Zusammenarbeit mit meinen Coaches, und der transformierende Effekt ist jedes Mal verblüffend.

Du kannst dir das Skript ein paarmal durchlesen und dann aus der Erinnerung heraus meditieren, indem du dir ein knisterndes Feuer vorstellst.

ETERNAL FLAMES

Lege dich hin.
Atme tief in den Bauch ein.
Und wieder aus.
Tief ein.
Und aus.
Schließe deine Augen.
Stelle dir ein knisterndes Feuer vor.
Schaue in dieses Feuer.

Atme weiter tief ein.
Und aus.
Spüre die wohlige Wärme, die vom Feuer ausgeht.
Die Ruhe und Entspannung.
Spüre, wie dein Körper völlig entspannt.
Während du weiter ins Feuer schaust.
Und tief atmest.
Ein.
Und aus.
Jeden Gedanken, der sich zeigt, lässt du kommen.
Und gehen.
Kommen.
Und gehen.
Wie Bilder im Feuer.
Jede Emotion, die aufsteigt, lässt du kommen.
Und gehen.
Kommen.
Und gehen.
Wie Bilder im Feuer.
Jedes Geräusch, das du hörst, lässt du kommen.
Und gehen.
Kommen.
Und gehen.
Wie Bilder im Feuer.
Aufwachen ist wie ein leuchtendes Feuer.
Bilder entstehen im Feuer.
Keines dieser Bilder ist besser als das andere.
Sie kommen.
Und gehen.
Im Feuer kommen sie.
Und im Feuer lösen sie sich auf.
Feuer.
Brenne.
Aufwachen ist wie ein leuchtendes Feuer.

Bilder entstehen im Feuer.
Keines dieser Bilder ist besser als das andere.
Sie kommen.
Und gehen.
Im Feuer kommen sie.
Und im Feuer lösen sie sich auf.
Feuer.
Brenne.
Schaue ins knisternde Feuer.
Feuer.
Brenne.
Löse den Blick vom Feuer.
Komme langsam zurück.
Wenn du gleich die Augen aufschlägst und aufstehst,
bist du wie neugeboren.
Öffne die Augen.
Setze dich auf.

Na, fühlst du dich neugeboren?

Wenn du diese meditative Selbsthypnose machst, wirst du – nein, nicht unmittelbar Erleuchtung erlangen. Die lässt sich, wie gesagt, nicht erzwingen. Aber du übst deinen Geist darin, zur Ruhe zu kommen. Du kannst Gedanken, Gefühle, und was dich sonst noch ablenken mag, immer besser davonziehen lassen. Und das ist eine wunderbare Vorbereitung dafür, die Tür zum erleuchteten Haus zu finden. Jenem Haus, in dem das »Wow der Wows« zu Hause ist und der Kamin verheißungsvoll knistert.

ERLEUCHTUNG RELOADED

Zu Beginn dieses Kapitels hatte ich dich gebeten, in deinem Journal deine spontanen Assoziationen zum Begriff

ERLEUCHTUNG

aufzuschreiben. Ich möchte dich nun noch einmal bitten, dein Journal zur Hand zu nehmen und deine Notizen anzuschauen. Sind deine Gedanken zum Thema nach der Lektüre dieses Kapitels und nach den darin enthaltenen Übungen noch die gleichen? Was hat sich geändert?

Egal, was du vorher notiert hast, ich hoffe, ich konnte dir zeigen, dass es hier nicht um einen Wettbewerb geht und Erleuchtung nicht die Medaille für die größte Anstrengung ist. Wie so oft ist der Weg das Ziel. Staune einfach weiter – und der Rest wird sich fügen.

NACHWORT

STAUNEN IST EIN KOMPASS

Liebe Leserin,
lieber Leser,
vielen Dank, dass du dich mit mir auf einen Weg voller Staunen und Wunder begeben hast. Ich möchte mich mit einer persönlichen Geschichte von dir verabschieden:

Vor einigen – okay, mittlerweile ziemlich vielen – Jahren habe ich eine junge Frau zum Staunen gebracht.

In dem Varieté, in dem meine Hypnose- und Gedankenlese-Show stattfand, ging sie mit ihrem Bauchladen herum, und sie war mir gleich aufgefallen. Als der Großteil des Publikums nach dem Auftritt schon wieder aus dem Theater geströmt war, sprach sie mich an. Sie fragte, ob ich erraten könne, was sie für ein Bild zeichnet. Wir einigten uns darauf, dass sie heimlich eine Zeichnung anfertigte, während ich das von ihr Dargestellte ebenfalls zu Papier brachte.

Ich war ein bisschen nervös, als ich versuchte, ihr Bild zu erraten, und hatte schon etwas Sorge, dass ausgerechnet jetzt der Vorführeffekt zuschlagen und ich danebenliege würde. Doch als wir die Zeichnungen hochhielten, fiel mir ein Stein vom Herzen: Ihr Bild war ein Kaninchen, meines auch – sie sahen sich tatsächlich ähnlich.

Die junge Frau staunte, wir kamen ins Gespräch.

Am Ende des Abends tauschten wir unsere Telefonnummern aus. Heute sind wir glücklich verheiratet, Eltern von zwei tollen Kindern, arbeiten in meiner Akademie zusammen, haben schon sehr viele Wow-Erlebnisse geteilt, und ich bin sehr zuversichtlich, dass noch zahlreiche dazukommen werden.

Vermutlich hätten wir uns nie kennengelernt, wenn ich nicht immer dem Weg des Staunens gefolgt wäre und immer das getan hätte, was mich wirklich tief berührt.

Staunen ist ein Kompass.

Es kann dir den Weg deines Herzens zeigen. Den Weg, der für dich richtig ist. Und es kann andere zu dir führen, die deine Vision teilen.

Auch wenn du nun dieses Buch zuklappst, ist der Weg des Staunens nicht zu Ende. Ich wünsche dir von Herzen, dass du ihn mit Zuversicht und tiefer Freude weitergehst – und ich wünsche dir jede Menge wunderbare Wow-Momente!

Dein Jan Becker

VERZEICHNIS DER EXPERIMENTE UND ÜBUNGEN

LITERATUR- UND QUELLENVERZEICHNIS

Allen, Alexander: *20 World-Changing Impacts Stemming from Woodstock's Legacy.* Online-Artikel im Zusammenhang mit der Konferenz »Cul-Tur Efree« im Februar 2024 in Tucson, Arizona, USA, veröffentlicht 2023. Online unter: free-culture.org/20-world-changing-impacts-stemming-from-woodstocks-legacy

Anderson, Craig L.; Monroy, Maria et al.: *Awe in nature heals: Evidence from military veterans, at-risk youth, and college students.* In: Emotion 18(8): 1195–1202, 2018. DOI: 10.1037/emo0000442

Aron, Arthur; Melinat, Edward et al.: *The Experimental Generation of Interpersonal Closeness: A Procedure and Some Preliminary Findings.* In: Personality and Social Psychology Bulletin 23(4), 1997. DOI: https://doi.org/10.1177/0146167297234003

Arvay, Clemens: *Der Heilungscode der Natur*, Goldmann, 2018

Awad, Sarah; Debatin, Tobias et al.: *Embodiment: I sat, I felt, I performed – Posture effects on mood and cognitive performance.* In: Acta Psychologica 218, 2021. DOI: doi.org/10.1016/j.actpsy.2021.103353

Back, Mitja; Schmukle, Stefan C. et al.: *Becoming Friends by Chance.* In: Psychological Science 19(5): 439–440, 2008. DOI: doi.org/10.1111/j.1467-9280.2008.02106.x

Bai, Yang; Maruskin, Laura A. et al.: *Awe, the Dimished Self, and Collective Engagement: Universals and Cultural Variations of the Small Self.* In: Journal of Personality and Social Psychology 113(2): 185–209, 2017

Balconi, Micela; Fronda, Giulia; Vanutelli, Maria E.: *When gratitude and cooperation between friends affect inter-brain connectivity for EEG.* In: BMC Neuroscience 21, Artikel 14, Online-Publikation, 2020. DOI: doi.org/10.1186/s12868-020-00563-7

Bernardi, Caroline Di; Zioga, Ioanna et al.: *Right temporal alpha oscillations as a neural mechanism for inhibiting obvious associations.* In: PNAS 115(52), E12144–E12152, 2018. DOI: doi.org/10.1073/pnas.1811465115

Buxton, Rachel T.; Pearson, Amber L. et al.: *A synthesis of health benefits of natural sounds and their distribution in national parks.* In: Proceedings of the National Academy of Sciences 118(14), e2013097118, 2021. DOI: doi.org/10.1073/pnas.2013097118

Caldwell-Harris, Catherine; Wilson, Angela L. et al.: *Exploring the atheist personality: well-being, awe, and magical thinking in atheists, Buddhists, and Christians.* In: Mental Health, Religion & Culture, 14(7), 659 – 672, 2011. DOI: doi.org/10.1080/13674676.2010.509847

Chabin, Thiebault; Gabriel, Damien et al.: *Audience Interbrain Synchrony During Live Music Is Shaped by Both the Number of People Sharing Pleasure and the Strength of This Pleasure.* In: Frontiers in Human Neuroscience, Sec. Cognitive Neuroscience 16, 2022. DOI: doi.org/10.3389/fnhum.2022.855778

Chapman, Alan: *Advanced Magick for Beginners.* Aeon, 2008

Clay, Rebecca. A.: *Green is good for you.* In: Monitor on Psychology, 32(4), 2001. www.apa.org/monitor/apr01/greengood

Crum, Alia J.; Corbin, William R. et al.: *Mind over milkshakes: mindsets, not just nutrients, determine ghrelin response.* In: Health Psychology 30(4): 424 – 429, 2011 DOI: 10.1037/a0023467

Csíkszentmihályi, Mihály: *Flow. Das Geheimnis des Glücks.* Klett-Cotta, 2010

Ekman, Paul: *An Argument for Basic Emotions.* In: Cognition and Emotion 6(3-4): 169 – 200, 1992. DOI: doi.org/10.1080/02699939208411068

Ekman, Paul: *Nonverbal Messages: Cracking the Code: My Life's Pursuit.* Paul Ekman Group, 2016

Elk, van Michiel; Gomez; M. Andrea Arciniegas et al.: *The neural correlates of the awe experience: Reduced default mode network activity during feelings of awe.* In: Human Brain Mapping 40(12): 3561 – 3574, 2019. DOI: 10.1002/hbm.24616.

Ende, Michael: *Momo.* Thienemann, 1973

Feldman Barrett, Lisa: *How Emotions are Made. The Secret Life of the Brain.* Pan, 2017

Feldman Barrett, Lisa: *Seven and a Half Lessons About the Brain.* Picador, 2023

Feldman Barrett, Lisa im Interview mit Nele Pollatschek: *»Wut kann sich fantastisch anfühlen.«* In: sueddeutsche.de, 2023. www.sueddeutsche.de/kultur/psychologie-interview-lisa-feldman-barrett-wie-gefuehle-entstehen-buch-1.6002675

Freke, Tim: *The Mystery Experience. A revolutionary Approach to Spiritual Awakening.* Watkins Publishing, 2012

Fromm, Erich: *Die Seele des Menschen – ihre Fähigkeit zum Guten und zum Bösen.* dtv, 1992

Georgiou, Michail; Morison, Gordon et al.: *Mechanisms of Impact of Blue Spaces on Human Health: A Systematic Literature Review and Meta-Analysis.* In: International Journal of Environmental Research and Public Health 18(5): 2486, 2021. DOI: doi.org/10.3390/ijerph18052486

Gottman, John und Julie im Interview mit Steven Bartlett: *The Gottman Doctors: Women Tend to Be More Unhappily Married & Non-Cuddlers Have an Awful Sex Life!* Online bei Youtube im Kanal »The Diary of a CEO«: www.youtube.com/watch?v=mS3bfCt0K88

Greengross, Gil; Silvia, Paul J.; Crasson, Sara J.: *Psychotic and autistic traits among magicians and their relationship with creative beliefs.* In: BJPsych Open 9(6):e214, 2023. doi:10.1192/bjo.2023.609

Hagelin, John S.; Rainforth, Maxwell V. et al.: *Effects of Group Practice of the »Transcendental Meditation« Program on Preventing Violent Crime in Washington, D.C.: Results of the National Demonstration Project, June – July 1993.* In: Social Indicators Research 47(2), 153 – 201, 1999

Hammond, Claudia: *Who feels lonely? The results of the world's largest loneliness study.* In: BBC, 2020. Online unter: www.bbc.co.uk/programmes/articles/2yzhfv4DvqVp5nZyxBD8G23/who-feels-lonely-the-results-of-the-world-s-largest-loneliness-study

Hanussen-Steinschneider, Jan Erik: *Gedankenlesen/Telepathie.* Walheim-Eberle, 1920

Haslam, Catherine; Steffens, Niklas K.; Dick van, Rolf: *Die Heilkraft des Wir.* In: Spektrum der Wissenschaft 8, 12 015019, 2020

Hout, Mies van: *Heute bin ich.* Aracari, 2012

Hübl, Philipp im Interview mit Tobias Haberl: »*Wer heute öffentlich eine Meinung vertritt, wird früher oder später attackiert.*« In: Süddeutsche Zeitung Magazin, 2024. Online unter: sz-magazin.sueddeutsche.de/93839

Hunter, MaryCarol; Gillespie, Brenda W. et al.: *Urban Nature Experiences Reduce Stress in the Context of Daily Life Based on Salivary Biomarkers.* In: Frontiers in Psychology 10, 2019. DOI: 10.3389/fpsyg.2019.00722

Jahreis, Melanie: *44 Erfinderinnen, die unsere Welt verändert haben.* C. H. Beck, 2020

José, Marco: Emotionen und Gefühle. In: *Positive Psychologie und Achtsamkeit im Schulalltag*: 55 – 64, 2016

Joye, Yannick; Bolderdijk, Jan Willem: *An exploratory study into the effects of extraordinary nature on emotions, mood, and prosociality.* In: Frontiers of Psychology 5, 2014. DOI: https://doi.org/10.3389/fpsyg.2014.01577

Kaplan, Stephen: *The restorative benefits of nature: Toward an integrative framework.* In: Journal of Environmental Psychology 15(3), 169 – 182, 1995

Keltner, Dacher: *Awe. The Transformative Power of Everyday Wonder.* Allen Lane, 2023

Keltner, Dacher; Haidt, Jonathan: *Approaching awe, a moral, spiritual, and aesthetic emotion.* In: Cognition & Emotion 17, 297 – 314, 2003. DOI: 10.1080/02699930302297

Killingsworth, Matthew A.; Kahnemann, Daniel; Mellers, Barbara: *Income and emotional well-being: A conflict resolved.* In: Proceedings of the National Academy of Sciences (PNAS) 120(10):e2208661120, 2023. DOI: doi.org/10.1073/pnas.2208661120

Langwara, Ruben; Eilert, Dirk W.: *Die Kraft unserer Emotionen. Resilient und stressfrei mit Mesource.* Junfermann, 2022

Martens, Ekkehard: *Vom Staunen als Erkenntnis-, Sozio- und Psychodrama in Bildungsprozessen.* In: Das Kita-Handbuch, 2003. Online-Publikation unter www.kindergartenpaedagogik.de/fachartikel/paedagogik/1055/

Means, Casey: *Good Energy: The groundbreaking connection between glucose levels, metabolism, limitless health and longevity; feel better, prevent disease, live longer.* Thorsons, 2024

Mueller, Claudia M; Dweck, Carol S.: *Praise for Intelligence Can Undermine*

Children's Motivation and Performance. In: Journal of Personality and Social Psychology 75(1), 33 – 52, 1998. DOI: 10.1037//0022-3514.75.1.33

Monroy, Maria; Keltner, Dacher: *Awe as a Pathway to Mental and Physical Health.* In: Perspectives on Psychological Science 18(2), 2023. DOI: https://doi.org/10.1177/17456916221094856

Orme-Johnson, David Wear; Cavanaugh, Kenneth L. et al.: *Field-Effects of Consciousness: A Seventeen-Year Study of the Effects of Group Practice of the Transcendental Meditation and TM-Sidhi Programs on Reducing National Stress in the United States.* In: World Journal of Social Science 9(2), 2022

Osterkamp, Jan: *Nicht nur Dopaminschwankungen kitzeln Belohnungszentrum.* In: Spektrum – Die Woche 36, 2013. Online: https://www.spektrum.de/news/auswirkungen-von-dopamin-und-dessen-schwankungen-auf-das-belohnungszentrum/1205455

Ostinelli, Massimiliano; Luna, David et al.: *When up brings you down: The effects of imagined vertical movements on motivation, performance, and consumer behavior.* In: Journal of Consumer Psychology 24(2), 271 – 283, 2014. DOI: doi.org/10.1016/j.jcps.2013.12.001

Park, Soyoung Q.; Kahnt, Thorsten et al.: *A neural link between generosity and happiness.* In: Nature Communications 8, Artikel 15964, 2017. DOI: doi.org/10.1038/ncomms15964

Piff, Paul K.; Dietze, Pia et al.: *Awe, the Small Self, and Prosocial Behavior.* In: Journal of Personality and Social Psychology 108(6): 883 – 899, 2015. DOI: 10.1037/pspi0000018

Piff, Paul K.; Moskowitz, Jake P.: *Wealth, Poverty, and Happiness: Social Class Is Differentially Associated with Positive Emotions.* In: Emotion 18(6): 902 – 905, 2018. DOI: doi.org/10.1037/emo0000387

Playfair, Guy Lyon: *If This Be Magic. The Forgotten Power of Hypnotism.* White Crow Books, 2011

Proust, Marcel: *In Swanns Welt. Auf der Suche nach der verlorenen Zeit 1.* Aus dem Französischen übersetzt von Eva Rechel-Mertens. Suhrkamp-Taschenbuch 644, 63 – 64, 1995

Radin, Dean: *Real Magic. Ancient Wisdom, Modern Science and a Guide to the Secret Power of the Universe.* Harmony, 2018

Rajendran, Vani G.; Bouwer, Fleur L. et al.: *What makes musical rhythm special: cross–species, developmental, and social perspectives.* Präsentation bei der jährlichen Konferenz der Cognitive Neuroscience Society in Boston, 2018 – Zusammenfassung im Artikel *Brain Waves Synchronize at Live Music Performances*, abrufbar unter: neurosciencenews.com/music-brain-synch-8740/

Rebman, Janine M.; Wezelman, Rens et al.: *Remote Influence of Human Physiology by a Ritual Healing Technique.* In: Subtle Energies 6(2), 111–134, 1995

Reese, Hope. *How a Bit of Awe Can Improve Your Health.* In: The New York Times (online), 2023. Online unter: www.nytimes.com/2023/01/03/well/live/awe-wonder-dacher-keltner.html

Rosenkranz, Maaria; Chen, Yuanyuan et al.: *Volatile terpenes – mediators of plant-to-plant communication.* The Plant Journal 108(3): 617–631, 2021. DOI: 10.1111/tpj.15453. Erratum in: The Plant Journal 108(6): 1849–1850, 2021

Ryota, Takano; Nomura, Michio: *Neural representations of awe: Distinguishing common and distinct neural mechanisms.* In: Emotion 22(4): 669–677, 2022. DOI: 10.1037/emo0000771. Epub 2020 Jun 4. PMID: 32496077

Schellenbaum, Peter: *Im Einverständnis mit dem Wunderbaren. Was unser Leben trägt.* Kösel, 2003

Shanahan, Danielle F.; Lin, Brenda B. et al.: *Toward improved public health outcomes from urban nature.* In: American Journal of Public Health 105(3). 2015 470–477, 2015 DOI: 10.2105/AJPH.2014.302324

Shiota, Michelle N., Keltner, Dacher; John, Oliver P.: *Positive Emotion Dispositions Differentially Associated with Big Five Personality and Attachment Style.* In: Journal of Positive Psychology 1(2): 61–71, 2006

Smalley, Alexander J; White, Mathew P.: *Beyond blue-sky thinking: Diurnal patterns and ephemeral meteorological phenomena impact appraisals of beauty, awe, and value in urban and natural landscapes.* In: Journal of Environmental Psychology 86, Artikel 101955, 2023. DOI: doi.org/10.1016/j.jenvp.2023.101955

Speer, Megan E.; Delgado, Maurice R.: *Reminiscing about positive memories buffers acute stress responses.* In: Nature Human Behaviour 1, Artikel 0093, 2017. DOI: doi.org/10.1038/s41562-017-0093

Stieger, Mirjam; Flückiger, Christoph et al.: *Changing personality traits with the help of a digital personality change intervention.* In: Psychological and Cognitive Science 118(8) e2017548118, 2021. DOI: doi.org/10.1073/pnas.20175481

Sturm, Virginia E.; Datta, Samir et al.: *Big smile, small self: Awe walks promote prosocial positive emotions in older adults.* In: Emotion 22(5): 1044 – 1058, 2022. DOI: 10.1037/emo0000876. Epub 2020 Sep 21.

Tix, Andy. *A Brief History of Awe.* In: Psychology Today, 2015. Online unter: www.psychologytoday.com/us/blog/the-pursuit-peace/201510/brief-history-awe

Toepfer, Steven M.; Cichy, Kelly; Peters, Patti: *Letters of Gratitude: Further Evidence for Author Benefits.* In: *Journal of Happiness Studies* 13, 187 – 201, 2012. DOI: doi.org/10.1007/s10902-011-9257-7

Tolle, Eckhart: *The Power of Now.* Hodder Mobius, 2005

Trökes, Anna; Knothe, Bettina: *Yoga-Gehirn. Wie und warum Yoga auf unser Bewusstsein wirkt.* O.W. Barth, 2009

Twist, Lynne: *The Soul of Money: Transforming Your Relationship with Money and Life.* WW Norton & Co, 2017

Verrusio, Walter; Ettorre, Evaristo et al.: *The Mozart Effect: A quantitative EEG study.* In: Consciousness and Cognition 35: 150 – 155, 2015. DOI: doi.org/10.1016/j.concog.2015.05.005

Ward, Adrian F.; Duke, Kristen et al.: *Brain Drain: The Mere Presence of One's Own Smartphone Reduces Available Cognitive Capacity.* In: Journal of the Association for Consumer Research, 2017. DOI: 10.1086/691462

Ware, Bronnie: *5 Dinge, die Sterbende am meisten bereuen: Einsichten, die Ihr Leben verändern werden.* Goldmann, 2015

Wiking, Meik: *Die Kunst der guten Erinnerung und wie sie uns dauerhaft glücklicher macht.* Lübbe, 2019

Wiking, Meik: *There's an art to happy memories – you can make more by experiencing more »first« s.* In: Ideas.ted.com, 2020. Online unter: ideas.ted.com/theres-an-art-to-happy-memories-you-can-make-more-by-experiencing-more-firsts/

Yeomans, Michael; Brooks Alison W. et al.: *It helps to ask: The cumulative benefits of asking follow-up questions.* In: Journal of Personality and Social

Psychology 117(6),1139–1144, 2019. DOI: 10.1037/pspi0000220. PMID: 31714109.

Zebroff, Kareen: *Yoga für jeden*. Bertelsmann, 1992

ANMERKUNGEN

1 Das Gedicht wird fälschlicherweise oft unter dem Titel »Mai-Gedicht« Joseph Beuys zugeschrieben. Kennedys Originaltitel ist »How to be an artist«. Die hier zitierte Übersetzung stammt von Bettina Marie Schneider von der Website guteskarmatogo.de, einzusehen unter: https://guteskarmatogoblog.wordpress.com/2016/06/05/jeder-mensch-ist-ein-kuenstler-ein-gestohlenes-gedicht-das-jeder-einmal-gelesen-haben-sollte-3/ [zuletzt aufgerufen am 11.06.24]

2 Peter Schellenbaum: *Im Einverständnis mit dem Wunderbaren. Was unser Leben trägt*. Kösel, 2003

3 Infos zum Journal findest du im Kasten vor diesem Kapitel – falls du noch keines besitzt, tut es auch erst mal ein Bogen Papier.

4 Greengross, Silvia & Crasson, 2023

5 Falls du ein Beispiel sehen möchtest, wie sich der Trick – und ein gelungenes Ablenkungsmanöver – noch gestalten lässt und wie einfach du das Glas verschwinden lassen kannst, schau dir doch einmal dieses Video meines großen Vorbilds Eugene Burger auf Youtube an: Eugene Burger's »An Old Carnival Game«; https://www.youtube.com/watch?app=desktop&v=pUnJO2WcSlw

6 Zitiert aus: Dacher Keltner: *Awe – the Transformative Power of Everyday Wonder*, Allan Lane 2023, S. 19 o. (eigene Übersetzung aus dem Englischen)

7 Lisa Feldman Barrett schreibt etwa: »Sie [gemeint sind: die Emotionen] scheinen nur unter bestimmten Bedingungen universell zu sein – wenn du Menschen ein winziges bisschen Information über westliche Konzepte von Emotionen gibst, ob mit Absicht oder nicht. (…) Tomkins, Ekman und Kollegen haben zu einer bemerkenswerten Entdeckung beigetragen. Es war nur nicht die Entdeckung, die sie erwartet haben.« Feldman Barrett, 2017 (eigene Übersetzung aus dem Englischen)

Ekman führt kulturelle Unterschiede im emotionalen Ausdruck und emotionaler Wahrnehmung vor allem auf die sogenannten *display rules* zurück, die den angeborenen Ausdruck überlagern. Ekman schreibt in seiner Autobiografie: »[*Display rules* sind] Regeln, die wir lernen, während wir aufwachsen, darüber, wem gegenüber wir welche Emotion zeigen können, und wann. Display rules können definieren, dass ein emotionaler Ausdruck unterdrückt, abgeschwächt, übertrieben oder völlig maskiert wird. Da display rules vor allem in der Öffentlichkeit wirken, würde dies erklären, warum Ausdrücke kulturell unterschiedlich *scheinen* (aufgrund verschiedener display rules), besonders wenn sie von Außenstehenden sozialer Situationen beobachtet werden. Darum könnten Mead und Darwin *beide* recht haben.« Ekman, 2016 (eigene Übersetzung aus dem Englischen)

8 Vgl. Keltner, 2023, S. 7

9 Ich gebe hier zwar Keltners Einteilung wieder, weil ich sie sehr hilfreich finde, fasse den Inhalt aber in eigenen Worten zusammen und füge auch eigene, weiterführende Gedanken hinzu. Außerdem gebe ich dir größtenteils eigene Beispiele – falls du dir also Keltners sehr lesenswertes Buch besorgen möchtest, sei bitte darauf gefasst, dass er einzelne Punkte vielleicht ein bisschen anders erklärt, als ich es hier in aller Kürze tue.

10 Monroy & Keltner, 2023

11 Keltner, 2023, S. 175

12 Keltner, 2023, S. 209

13 Ich schränke ein: Du kannst das Erscheinen eines Regenbogens nicht beeinflussen, wenn du nicht gerade einen Wetterzauber beherrschst. Ich selbst habe tatsächlich schon erlebt, wie ein Schamane das Wetter komplett umgekrempelt hat – eine echte Wow-Geschichte, die ich in meinem Buch *Du kannst Wunder vollbringen* (Piper) erzähle.

14 z. B. Piff & Moskowitz, 2018

15 Vgl. Twist, 2017

16 Killingsworth, Kahneman & Mellers, 2023

17 Wiking, 2020

18 Vgl. Shiota, Keltner & John, 2006 sowie Keltner, 2023, S. 39 ff.

19 Stieger, Flückiger et al., 2021

20 Feldman Barrett, 2023

21 Endorphine werden oft als »Glückshormone« bezeichnet, weil sie ein bisschen »high« machen. Die ursprüngliche Aufgabe von Endorphinen ist es aber aus wissenschaftlicher Sicht nicht, uns glücklich zu machen oder für Wagnisse zu »belohnen«. Ihr eigentlicher Sinn ist es, potenzielle Schmerzen zu betäuben, falls wir uns auf unserer Expedition verletzen. Wenn wir nicht von Schmerzen abgelenkt sind, können

wir uns besser in Sicherheit bringen. Aber die Endorphin-Ausschüttung ist dennoch real, und sie kann sich tatsächlich wie eine Belohnung anfühlen und uns motivieren, Neues zu wagen.

22 z. B. Shanahan, Lin et al., 2015

23 Vgl. z. B. zum Thema Naturgeräusche die Übersichtsstudie von Buxton, Pearson et al., 2021, und zum Thema Gewässer die Übersichtsstudie von Georgiou, Morison et al., 2021

24 Smalley & White, 2023

25 Sturm, Datta et al., 2022

26 Bai, Maruskin et al., 2017

27 Vgl. zu diesem Abschnitt Arvay, 2018

28 Keltner, 2023, S. 125 (eigene Übersetzung)

29 Rosenkranz, Chen et al., 2021

30 Vgl. Arvay, S. 30 ff.

31 Keltner, 2023, S. 133

32 Keltner, 2023, S. 135

33 Ich gebe hier Ann Makosinskis Schaffensprozess so wieder, wie ich ihn mir vorstelle – natürlich weiß ich nicht genau, wie er wirklich vor sich gegangen ist.

34 Mueller & Dweck, 1998

35 Ostinelli, Luna et al., 2014

36 z. B. Awad, Debatin, 2021

37 Dieses faszinierende Beispiel gab die Neurowissenschaftlerin Lisa Feldman Barrett der Journalistin und Schriftstellerin Nele Pollatschek in einem Interview im Online-Angebot der *Süddeutschen Zeitung*.

38 Crum, Corbin et al., 2011

39 Vgl. Feldman Barrett, 2017

40 Di Bernardi, Zioga et al., 2018

41 Vgl. Playfair, 2011

42 Falls du ebenfalls das Rauchen aufgeben möchtest: Mein Buch *Nichtraucher in 120 Minuten* ist ebenfalls im Piper Verlag erschienen.

43 Vgl. Osterkamp, 2013

44 Rebman, Wezelman et al., 1995

45 Keltner, 2023, S. 204 (eigene Übersetzung)

46 Die ganze Story und noch einiges Wundervolle mehr erzähle ich dir ausführlich in meinem Buch *Du kannst Wunder vollbringen. Finde dein magisches Glück*, ebenfalls erschienen im Piper Verlag.

47 Vgl. Chapman, 2008, S. 37

48 * oder genauer gesagt: kein Zweifel

49 Radin, 2018, S. 73 (eigene Übersetzung)

50 Falls du mein Buch *Du kannst Wunder vollbringen* gelesen hast, merkst du vielleicht, dass ich dort eine alternative Methode vorstelle, um den Satz der Sigille zu verkürzen, nämlich jene, alle doppelt vorkommenden Buchstaben wegzukürzen. Das funktioniert ebenfalls. Denke an Alan Chapmans Regel: Wichtig ist die Entscheidung, dass das, was du tust, ein magischer Akt ist, der das, was du wünschst, herbeizaubert!

51 Das Wort stammt wahrscheinlich aus dem Aramäischen, einer Sprache, die zur Zeit Christi in Palästina gesprochen wurde.

52 Vgl. Hagelin, Rainforth et al., 1999, S. 153

53 Orme-Johnson, David Wear; Cavanaugh, Kenneth L. et al., 2022

54 Keltner, 2023, S. 103

55 Vgl. Rajendran, Bouwer et al., 2018

56 In diese Richtung deutet auch das Ergebnis einer weiteren Studie, die zu dem Schluss kam, dass die Anzahl der Besucher, die ein Konzerterlebnis teilen, und die Stärke des empfundenen Vergnügens entscheidende Faktoren dabei sind, wie stark sich die Gehirnwellen synchronisieren (Chabin, Gabriel et al., 2022).

57 Der Artikel erschien im Rahmen einer Kulturkonferenz Anfang 2024.

58 Allen, 2023

59 Piff, Dietze et al., 2015

60 Das ist in der Realität nicht möglich, weil du den Regenbogen nur aus der Distanz sehen kannst – aber deine Vorstellungskraft ist grenzenlos!

61 Im Zusammenhang mit dem Default Mode Network gibt es noch eine weitere Studie, in der die *Planet Erde*-Dokumentationen des BBC eingesetzt wurden. Eine untersuchte Gruppe schaute die BBC-Dokus und erlebte dabei tiefes Staunen. Eine andere Gruppe bekam eher bedrohliche Videos von Naturereignissen wie Tornados, Vulkanausbrüchen, Blitzeinschlägen oder heftigen Stürmen zu sehen. Auch solche Ereignisse können tiefes Staunen hervorrufen – und dies geschah auch in der erwähnten Studie. Entsprechend reduzierte sich die Aktivität im DMN in beiden Gruppen. Gleichzeitig wurde die Verbindung des DMN zu anderen Netzwerken gestärkt, allerdings – je nach Staun-Auslöser – wurden andere Regionen verbunden. Bei der Gruppe, die eher bedrohliche Videos geschaut hatte, verstärkte sich die Verbindung zur Amygdala, die unter anderem an Kampf- und Fluchtreaktio-

nen beteiligt ist. Bei den Zuschauern der wunderbaren BBC-Naturdokus verstärkte sich die Verbindung zu Strukturen, die mit Belohnung in Verbindung stehen. Vgl. Takano & Nomura, 2022

62 Keltner, 2023, S. 136

63 Hübl im Gespräch mit Haberl, 2024

64 Keltner, 2023, S. 6 (eigene Übersetzung)

65 Diese Meditation ist meine Version der buddhistischen Metta-Meditation »Liebende Güte«.

66 Gottman & Gottman, 2024

67 Hammond, 2020

68 Wiking, 2019

69 Proust, 2004

70 Hammond, 2020

71 Wiking, 2020

72 Back, Schmukle et al., 2008; diese Studie nenne ich exemplarisch, es gibt noch viele andere, die das Gleiche zeigen.

73 Haslam, Steffens & Dick, 2020

74 Yeomans, Brooks et al., 2019

75 Aron, Melinat et al., 1997

76 Toepfer, Cichy & Peters, 2011

77 Soyoung, Kahnert et al., 2017

78 Freke, 2012 (eigene Übersetzung, Hervorhebung von mir)

79 Vgl. Tolle, 2005 (»Ich kann mit mir selbst nicht mehr leben« ist eine eigene Übersetzung aus dem englischen Original.)

80 Ich wollte zunächst schreiben »kam die Erfahrung nicht aus dem Nichts« – aber genau dorther, aus dem alles verbindenden »Nichts«, dem Raum aller Möglichkeiten, kam sie ja.

81 Hanussen war eine zweifelhafte Figur und trotz seiner jüdischen Herkunft Unterstützer der Nazis und Sympathisant Hitlers, bevor er 1933 unter mysteriösen Umständen ermordet wurde. Von alledem wusste ich damals nichts. Wer der Mensch gewesen war, der das Buch verfasst hatte, davon stand nichts darin, und es interessierte mich als Kind auch nicht besonders, muss ich zugeben. Was mich aber interessierte, waren die vorgestellten Techniken.

82 Vgl. Freke, 2012